FAUTE ET RÉPARATION AU CANADA ET AU QUÉBEC CONTEMPORAINS

D1635206

LES AUTEURS

Amélie Bolduc
Joceline Chabot
Hélène Charron
Julie Desmarais
Patricia-Anne De Vriendt
Richard Godin
Marie LeBel
Martin Pâquet
Mathieu Pontbriand
Stéphane Savard

Sous la direction de
MARTIN PÂQUET

FAUTE ET RÉPARATION AU CANADA ET AU QUÉBEC CONTEMPORAINS

ÉTUDES HISTORIQUES

Éditions Nota bene

Les Éditions Nota bene remercient le Conseil des Arts du Canada
et la SODEC pour leur soutien financier.

Nous reconnaissons l'aide financière du gouvernement du Canada par l'entremise
du Programme d'aide au développement de l'industrie de l'édition (PADIÉ)
pour nos activités d'édition.

TABLE DES MATIÈRES

FAUTE ET RÉPARATION AU CANADA ET AU QUÉBEC CONTEMPORAINS

POLÉMIQUES MÉDIATIQUES

JUDICIARISATION DU PASSÉ

À Mariette Raymond,
1933-2006.

Au cœur de la nuit
Le combat, la veille, la compassion.

C'est donc à nous de nous rendre compte que
le passé réclame une rédemption dont peut-être
une toute infime partie se trouve être placée en
notre pouvoir.

Walter BENJAMIN,
« Sur le concept d'histoire », *Écrits français*, II.

AVANT-PROPOS

Naguère, le sociologue et ethnologue Marcel Mauss relevait dans les échanges humains, la circularité du don. Ce qui est donné implique une forme de réception qui engage un contre-don. Qu'il soit historique, culturel ou autre, le savoir ressortit de cet esprit du don puisqu'il renvoie à la nécessaire réciprocité de l'acte de connaissance. Aussi, cet avant-propos traduit-il ce contre-don, cette gratitude engendrée par la libéralité du dialogue et de la reconnaissance.

Certaines contributions prenant place dans ce recueil ont trouvé leur origine à l'automne 2003 dans le cadre d'un séminaire de cycles supérieurs en histoire politique du Canada contemporain, au cours duquel les échanges intellectuels ont été d'une qualité exceptionnelle. Pour leur enthousiasme et leur intelligence, les participantes et participants de ce séminaire méritent d'emblée un hommage. Du même souffle, le directeur de ce recueil sait gré aux autres collaboratrices et collaborateurs d'avoir partagé leur science et leur sagacité. À divers moments du processus, la réflexion sur les notions de faute et de réparation a aussi bénéficié de l'apport fécond du dialogue avec Andrée Courtemanche, Michel de Waele, Donald Fyson, Jean-Philippe Garneau, Yves Gingras, Patrice Groulx, Bogumil Jewsiewicki-Koss, Marcel Martel, Julien Massicotte, Alain Roy, Nathalie Tousignant et Jean-Philippe Warren. Que chacune et chacun d'entre eux trouvent ici la marque d'une reconnaissance pleine et entière.

La parution de ce recueil doit également à la générosité d'institutions et de personnes vouées au développement des connaissances historiques au Québec et au Canada. Aussi, la Chaire Avie Bennett-Historica en histoire canadienne, sise à l'Université York de Toronto ; la Chaire

Hector-Fabre d'histoire du Québec, sise à l'Université du Québec à Montréal ; la Chaire de recherche du Canada en histoire comparée de la mémoire ainsi que la Chaire de recherche du Canada en histoire et économie politique du Québec contemporain – ces deux étant situées à l'Université Laval – ont encouragé cette initiative. Que leurs titulaires respectifs – Marcel Martel, Jean-Marie-Fecteau, Bogumil Jewsiewicki-Koss et Jocelyn Létourneau – ainsi que Robert Comeau en soient vivement remerciés. La profonde sympathie à l'endroit du projet, le professionnalisme et la patience de l'éditeur de ce recueil, Guy Champagne, sont méritoires à cet égard : elles sont sources d'une gratitude sincère. Cette dernière s'étend à toute l'équipe de Nota bene, et en particulier à Isabelle Tousignant, dont la compétence a été chaleureusement appréciée.

Au moment de l'édition de ce livre, la vie de ma mère – une vie toute tendue contre le blasphème de la souffrance – se déclinait alors au passé. Avec cet hommage de son fils, un simple rappel : celui que la mémoire et l'histoire sont avant tout lutte contre la mort et œuvre de vie.

Martin Pâquet
Octobre 2006.

« AMNISTIER LE PASSÉ COMME ON ENLÈVE DES BOTTES ». DES USAGES PUBLICS DU PASSÉ AU CANADA ET AU QUÉBEC CONTEMPORAINS

Martin Pâquet
Université Laval

> Faut s'méfier d'la mémoire
> Y'a des vieux à vingt ans
> Et d'venir amnésique
> Comm'on est innocent
> Amnistier le passé
> Comme on enlève des bottes
> Oublier, oublier
>
> CharlÉlie COUTURE,
> « Oublier », *Poèmes rock.*

Cap-de-la-Madeleine, le 15 septembre 1999. En conférence de presse, Mgr Pierre Morissette, évêque de Baie-Comeau et président de l'Assemblée des évêques catholiques du Québec, rend compte de la consultation auprès des institutions de l'Église catholique impliquées dans le dossier dit des « orphelins de Duplessis ». La position ecclésiastique est sans équivoque : « l'Église n'entend pas présenter d'excuses à ceux et celles qui s'identifient comme les orphelins et les orphelines de Duplessis, parce qu'un tel geste constituerait un désaveu du travail historique accompli dans des conditions difficiles par les communautés religieuses ». De plus, il ne saurait être question de compensations financières, puisque l'institution juge, à l'instar du

13

gouvernement de Lucien Bouchard, que « la société québécoise dans son ensemble a un devoir moral à l'endroit de ses membres qui ont vécu cette situation ». « On ne peut, hélas, refaire l'histoire » conclut le prélat (Assemblée des évêques catholiques du Québec, 1999). La réplique la plus vigoureuse proviendra d'une plume prestigieuse et fort symbolique. Dans une lettre ouverte au premier ministre Lucien Bouchard et à l'Assemblée des évêques catholiques du Québec, Annette, Cécile et Yvonne Dionne, les trois survivantes des célèbres quintuplées, en appellent entre autres à la révision de la position ecclésiale. Jugeant « impensable qu'une société juste, démocratique et moderne comme la nôtre refuse la lecture de faits historiques », elles affirment que, à la suite des excuses et d'une juste réparation, « [l]e Québec n'en sortira que grandi, car le modèle de société que nous léguerons à nos enfants sera empreint de justice et l'histoire peut encore être réécrite » (Dionne, Dionne et Dionne, 1999).

Ottawa, le 7 janvier 1998. Devant le chef de l'Assemblée des Premières Nations, Phil Fontaine, et les membres de la tribune de la presse parlementaire, la ministre fédérale des Affaires indiennes et du Nord, Jane Stewart, répond au rapport de la Commission Erasmus-Dussault sur les peuples autochtones, avec le plan d'action *Rassembler nos forces*. Dans une déclaration préliminaire de réconciliation, la ministre souligne « les leçons à tirer du passé ». Selon elle, « il est essentiel de guérir les séquelles que le passé a laissées aux peuples autochtones du Canada ». « Notre but n'est pas de réinventer l'histoire », mentionne J. Stewart, « mais plutôt d'apprendre de nos expériences antérieures et de trouver des façons d'éliminer les influences négatives que certaines décisions historiques continuent d'avoir sur notre société contemporaine » (Canada, Ministère des Affaires indiennes et du Nord canadien, 1997). Ce faisant, l'État canadien présente ses regrets pour tous les gestes passés, au premier chef sa politique d'internement des enfants amérindiens dans les écoles résidentielles. Bien que 350 millions de dollars soient versés pour « la guérison communautaire », plusieurs leaders amérindiens, dont le président du Congrès des peuples autochtones, Harry Daniels, la présidente de l'Association des femmes autochtones, Marilyn Buffalo, ainsi que la responsable d'Inuit Tapirisat,

Okalik Eegeesiak, déplorent vivement le caractère timoré de la déclaration. Ces derniers signalent la repentance mitigée de l'État, en observant que le terme de « regrets » a été préféré à celui d'« excuses », qui a une plus grande force en anglais (Cornellier, 1998). Malgré leur dissemblance, ces deux événements partagent moult similitudes. Il y a d'abord celle des intervenants, des responsables d'institutions détentrices d'une autorité reconnue – l'Église catholique, l'État canadien. Puis, notons les circonstances de ces événements, celles de déclarations dans l'espace public, devant les membres des médias qui en feront la manchette du jour. Des déclarations visant à régler des polémiques : la première par une fin de non-recevoir, la seconde par une solution cherchant à répondre à des demandes. Soulignons les références des discours comme autant d'usages faits du passé. Ceux d'un passé révolu que l'on ne peut réécrire ou réinventer selon les dimensions du présent ; il s'agit ici d'un discours de l'ordre établi, qui veut réaffirmer son innocence et sa légitimité. Ceux aussi de la présence du passé, un passé qui peut être révisé sur des assises éthiques afin que l'avenir puisse être conçu autrement ; là, le verbe s'inscrit au registre de la résistance, une résistance qui veut prendre parole. Enfin, il y a le cœur même des litiges, qui relèvent de la reconnaissance de fautes perpétrées anciennement envers des individus, ainsi que la demande de réparations symboliques et matérielles à l'endroit des victimes.

Au Canada, au Québec et ailleurs en Occident, jamais le passé ne fut aussi présent que maintenant dans les affaires politiques de la Cité, dans la chose publique, la *res publica*. Nombre d'acteurs politiques font référence au passé, notamment en faisant appel aux ressources de la discipline historique, pour identifier des fautes commises envers les membres de leurs groupes et pour justifier ensuite leurs revendications en matière de réparations. Que l'on songe par exemple aux débats entourant les internements des Canadiens d'origine japonaise, italienne ou ukrainienne ; la déportation des Acadiens ; le non-respect des traités conclus avec les Autochtones ; le traitement réservé aux orphelins de Duplessis ou aux enfants amérindiens dans les écoles résidentielles. D'autres polémiques montrent également des références de la faute passée sur un plan nettement politique, que ce soit pour disqualifier des protagonistes dans les champs politique et médiatique. Pensons ici aux multiples controverses fort médiatisées lorsque des aspects méconnus du passé d'un individu deviennent de notoriété publique, à l'instar des allégations d'antisémitisme d'un historien connu, des facéties de carabin d'un lieutenant-gouverneur ou de l'ébéniste du conjoint de la gouverneure générale. Il en va de même lorsqu'il s'agit de requalifier des protagonistes en réparant l'injustice, de reconnaître la légitimité de leur parole grâce à l'élaboration d'une juste mémoire ou au recours disciplinaire à Clio et à Thémis. Là, les stratégies de commémoration des victimes – victimes de l'assassinat individuel ou du génocide, victimes du meurtre systématique – ou d'*empowerment* des groupes minorisés et discriminés font partie de ce lot. Enfin, les usages publics du passé renvoient aussi aux pratiques multiples de l'oubli, à l'amnistie du passé « comme on enlève des bottes ». Un oubli du passé qui vise à pacifier les passions présentes, à préserver l'ordre établi en glissant sous le boisseau les litiges anciens, à devenir amnésique comme on est innocent. Ou un oubli d'apaisement, après les gestes de la réparation, qui permet de repartir à neuf sur de nouvelles assises. Bref, le passé – remémoré dans les discours, réactivé dans les stratégies, ressuscité dans les projets – n'est pas neutre en soi. Ces usages fournissent dès lors des instruments décisifs dans les luttes politiques du présent.

UN PASSÉ AU PRÉSENT, LES USAGES PUBLICS DU PASSÉ

Qu'entend-on par *usages du passé* ? Depuis l'étude paradigmatique d'Eric Hobsbawm et de Terence Ranger (1983), cette notion est devenue l'un des concepts interprétatifs les plus usités dans les recherches historiographiques contemporaines ainsi qu'en *Cultural Studies*, notamment avec l'expansion des études sur la mémoire (voir entre autres Nora, 1984-1992 ; Yerushalmi, 1991 ; Kammen, 1991 ; Lowenthal, 1998 ; Létourneau et Jewsiewicki, 2003). Il serait toutefois abusif de cantonner les usages du passé à leur dimension symbolique et aux seules stratégies de commémoration. Nomades et polymorphes, ils impliquent des excursions dans de multiples champs : ceux de la science avec l'étude du passé comme objet du savoir historien, du discours avec la constitution de références et leur médiation entre différents locuteurs, du politique comme armes dans le cadre de la conquête des biens symboliques et matériels.

Pour l'analyse, cernons ici ce concept. Les usages du passé regroupent une série de pratiques – pratiques rhétoriques mais aussi symboliques, catégorielles, classificatrices ou commémoratives – faisant référence à des représentations sociales d'un passé proche ou lointain. Ancrées dans l'actualité du présent, ces pratiques politiques ne relèvent pas de la neutralité axiologique (Geuss, 2001). Au contraire, produites par des acteurs sociaux, elles se manifestent avec les luttes hégémoniques pour la monopolisation des ressources dans un champ social donné. Pour être pleinement opératoires, ces pratiques référentielles doivent acquérir une légitimité reconnue par les autres acteurs du champ, entre autres du fait de la posture d'autorité ou d'expertise de ceux et celles qui les mettent en branle.

Ces pratiques multiformes n'obéissent pas aux mêmes règles de validation sociale ; soumises à des processus divers de médiation (Zerubavel, 2003), elles font aussi l'objet de transactions avec l'expérience de ceux et celles qui les reçoivent. Ces derniers y accolent un sens dans la mesure où ces pratiques établissent une consonance avec leur expérience vécue, leur permettant ainsi d'atteindre des objectifs variables à l'intérieur du champ social. Ainsi, dans la constitution d'une mémoire collective, les usages du passé par des élites définitrices – selon l'acception de Fernand Dumont (1993) – n'ont pas les mêmes objectifs et les mêmes stratégies que ceux avancés par les praticiens de la discipline historique dans la construction de leur objet d'analyse. Par exemple, les références à un événement symbolique – traumatique ou non –, acquièrent des significations différentes et poursuivent des finalités divergentes selon qu'elles soient émises par des professionnels de la parole en quête de légitimité dans le champ politique ou par des historiens dans le champ scientifique. Il en va de même en ce qui concerne leurs appels à l'oubli, à l'histoire qui ne se refait ou ne se réécrit pas. Ces références à un passé idéalisé ou à l'oubli seront également reçues de manière variable selon les publics destinataires[1].

Les usages du passé par les acteurs des différents champs sociaux s'expriment aussi dans des registres temporels, où ils seront instrumentalisés. Pour les acteurs, il ne s'agit pas de se référer au passé pour ce qu'il est en soi. Leur conception du passé est plutôt historicisée, en ce sens qu'elle participe pleinement au temps présent et permet de passer éventuellement à l'avenir. Les préoccupations, les enjeux, les luttes de ces acteurs sont bien actuels ; ils peuvent insérer leurs représentations du passé dans leur propre horizon de référence, dans la mesure où celles-ci se cantonnent dans un présentéisme étroit, dans une perspective temporelle où le point de vue du présent prédomine au détriment des autres (Hartog, 2003). Plus encore, avec l'acte de se représenter le passé, il y a aussi une certaine projection dans un futur pensable, en s'inscrivant dans un univers de sens dans lequel il est

---

1. Sur cette question de la réception variable selon les publics, voulant que « les effets des médias dépendent de la place des récepteurs dans la division sociale du travail et dans la culture » (Cabin, 2003 : 294), les études en sociologie des communications s'avèrent particulièrement pertinentes. Selon Stuart Hall (1999 [1973]), il existe un savoir idéologique, prédéterminé et contraignant, qui s'incorpore à tout message médiatique, dans les relations de communication entre un émetteur et un récepteur. Toutefois, S. Hall avance la possibilité d'une lecture critique par l'auditoire, l'individu « décodant » le message étant capable d'une lecture pénétrante – *seeing through*. Ce faisant, cette lecture pénétrante peut entraîner des effets contraires – *oppositionnal reading* – à l'intention primordiale de l'émetteur.

Dans cette foulée, le sociologue des communications Scott Robert Olsen (2004 : 122-123) propose ici un outil conceptuel approprié. Selon S. R. Olsen, l'*eisegesis*, terme emprunté aux études bibliques, implique qu'un lecteur donné *intègre* au texte des sens tirés de sa propre expérience personnelle. L'*eisegesis* s'oppose ainsi à l'exégèse par laquelle le lecteur *extirpe* des significations d'un texte. Bien qu'elle soit en herméneutique une erreur de méthode, l'*eisegesis* permet de mieux comprendre, selon le sociologue, les processus variés de réception par les publics et, ce faisant, le potentiel d'hégémonie culturelle qui peut en découler.

possible de dégager des scénarios ultérieurs probables (Meier, 2005 : 192). Il en est ainsi dans la promotion d'un projet politique – fondé sur la table rase, la déshérence et l'oubli, ou encore sur la refondation à partir d'un patrimoine commun – mais aussi dans la construction d'un savoir qui refuse l'éphémère.

Usages du passé, donc, dans toute leur pluralité. De prime abord, la complexité des situations historiques engendre ces usages multiples, usages apparaissant d'autant plus légitimes dans l'espace public puisqu'il n'existe pas de mandataires de la vérité historique. Les historiens professionnels, en effet, n'ont pas la seule maîtrise des débats sur le passé (Revel et Hartog, 2001). Certes, les responsables politiques et les interprètes du droit, les professionnels de la parole médiatique, les créateurs et les artistes se réclament aussi de la légitimité de leur discours. Toutefois, il en va également des diverses formes de réappropriation de l'histoire par les citoyens et les citoyennes, notamment ceux et celles appartenant à des groupes minorisés dont l'accès à la parole publique a été nié. Les usages qu'ils font alors du passé constituent des facettes de stratégies d'*empowerment*, de prise de parole dans l'espace public. Ainsi, grâce à cette prise de parole, ils peuvent résister à des rapports hégémoniques de domination, à cet implacable ordre des choses qui les relègue dans une position de dominés. En racontant leur version de l'histoire, les victimes peuvent aussi « faire œuvre de résistance », afin que l'injustice de la faute elle-même ne soit suivie par une seconde, celle de l'oubli (Kattan, 2002 : 6-7). Ce faisant, ces groupes et ces individus peuvent acquérir à la fois une légitimité sociale et des ressources essentielles à leur épanouissement subséquent dans la communauté politique. Les orphelins de Duplessis, les membres des communautés autochtones témoignent ainsi chacun à leur façon de ces stratégies d'*empowerment* dans leurs références faites au passé. Dès lors, devant cette complexité des situations et la multiplicité des intervenants, devant aussi l'indépassable dimension civique qui accompagne la définition de références identitaires (Levi, 2001), il sera question d'*usages publics du passé*, des usages qui visent non seulement l'éducation d'un auditoire, mais tout d'abord son atteinte (Gallerano, 1999 : 54).

DE LA FAUTE ET DE LA RÉPARATION

Imbriqués dans les débats de l'actualité, certains usages publics du passé interpellent ici dans leur dimension éthique. Il en est ainsi des questions relatives à la faute – une faute plus ou moins lointaine, perpétrée par des individus ou des groupes contre d'autres, identifiés dès lors comme victimes – et à la réparation. Ces thèmes, joints à ceux du pardon, de la mémoire et de l'oubli, ont pris une importance considérable dans l'expérience culturelle contemporaine. La monstruosité de la Shoah a certes joué dans l'émergence de cette nouvelle sensibilité, qui s'alimente aussi de l'établissement d'un régime juridique transnational fondé sur les droits et les libertés individuels (Barkan, 2000 ; Bettini, 2001 ; Thompson, 2002). Le Québec et le Canada contemporains n'échappent guère à ces enjeux de luttes, à cette manifestation des rapports arborescents entre savoir et pouvoir. On l'a vu avec les orphelins de Duplessis et le plan d'action *Rassembler nos forces* ; on le voit aussi avec d'autres polémiques, dont au premier chef les foisonnants débats sur la reconnaissance de droits aux Autochtones[2]. Toutes ces polémiques récentes ont des points en commun : elles sont fortement médiatisées ; à défaut de pouvoir compter sur le jugement des tribunaux, elles en appellent au jugement du public – composé non seulement des membres du microcosme politique, mais aussi des citoyennes et des citoyens – ; elles témoignent des usages publics du passé pour corriger une faute et pour obtenir réparation.

La faute et la réparation ne relèvent pas du seul souci de soi. Elles renvoient au nécessaire dialogue entre les acteurs à travers le temps. Le dialogue entre acteurs, puisque ces notions touchent non seulement aux considérations éthiques du bien et du mal, mais aussi à leurs aspects pleinement politiques, par l'établissement préalable d'une règle régissant le bien commun, puis par le respect subséquent

---

2. Pour se faire une idée des usages publics du passé dans le cadre des questions de la reconnaissance de droits historiques aux Autochtones au Canada et au Québec, le lecteur pourra se référer aux études de Beaulieu (2000), Coates (2000) et Miller (2004).

des obligations historiques. Le philosophe Paul Ricœur (2000 : 598) donne d'ailleurs une définition explicite de la faute, qui « consiste en la transgression d'une règle, quelle qu'elle soit, d'un devoir, enveloppant des conséquences saisissables, à savoir un tort fait à autrui ». Partant, en reprenant la typologie de Karl Jaspers, P. Ricœur distingue pour les acteurs ayant commis une faute quatre sortes de culpabilités (2000 : 608-619), dont trois offrent un terreau particulièrement fertile pour les usages publics du passé : les culpabilités criminelle, politique et morale[3]. En matière criminelle, la faute relève d'actes individuels en violation de lois univoques, le tribunal devient l'instance compétente pour le jugement en ce domaine et la réparation devient effective avec le châtiment du criminel. Dans le cas de la culpabilité politique, elle engage l'ensemble des membres de la communauté, l'instance habilitée à rendre le jugement est double – les autorités représentatives des intérêts et des droits des victimes, les autorités d'un État démocratique – et les effets se distribuent entre les sanctions des cours de justice et les obligations de réparation à long terme assumées par l'État. Enfin, la culpabilité morale couvre la « masse des actes individuels, petits ou grands, qui ont contribué, par leur acquiescement tacite ou exprès, à la culpabilité criminelle des politiques et à la culpabilité politique des membres du corps politique » (2000 : 616). L'instance du jugement devient alors la conscience individuelle, mise en communication avec l'Autre. Par sa subjectivité, ce dernier type de culpabilité engendre ainsi une pléthore d'usages publics du passé, qui se nourrissent des interprétations diverses sur le sens de la faute commise et sur l'éventuelle réparation. Certains useront de multiples stratégies de disculpation, passant de l'aveuglement volontaire au refus de la réécriture du passé, de l'oubli plus ou moins actif à la casuistique sur les motivations des actes.

---

3. La quatrième sorte, la culpabilité métaphysique, renvoie à la solidarité avec « le fait d'être homme dans une tradition métahistorique du mal » (Ricœur, 2000 : 609). Ici, notons que, dans les dynamiques temporelles – souvent de courte durée – des luttes politiques, rares sont les acteurs sociohistoriques se réclamant ou étant marqués du sceau de ce type de culpabilité.

21

D'autres au contraire tireront une gloire de la mise en accusation, en battant leur coulpe sans nuance ou vergogne.

Le dialogue à travers le temps, quant à lui, suppose d'emblée un questionnement sur la faute pour mieux la cerner dans son caractère historique. S'agit-il d'un événement isolé ou d'une pratique sociale continue aux effets cumulatifs ? Relève-t-elle d'une politique délibérée ou d'une négligence ? De quel univers culturel la faute viole-t-elle les normes ? Qui peut en être considéré victime et à quel moment ? Celui de la perpétration de la faute ou celui de la période contemporaine[4] ? Devant quel forum et selon quels critères doit-on établir la culpabilité ? (Galanter, 2002 : 112-118). Le dialogue se poursuit également dans la saisie temporelle de la responsabilité collective. Si la culpabilité criminelle est prescriptible dans certains cas – hormis les crimes contre l'humanité définis en tant que tels par le régime juridique international – , les responsabilités politiques et morales s'inscrivent dans la durée, car elles concernent la communauté dans son historicité. Dès lors, elles engagent une obligation historique à l'endroit des victimes. Cette obligation historique incombe aux membres d'une communauté « *transgénérationnelle* » qui est issue des actes et des promesses de ses prédécesseurs. La reconnaissance de la faute commise, le respect des traités et des contrats, le paiement des dettes et des cautions découlent de ces obligations historiques reliant les responsables du passé à la communauté du présent (Thompson, 2002 : ix-x), d'autant plus que cette dernière n'est pas une création *ex nihilo*.

Tout énoncé appelle une réponse. Enclenché par la faute, le dialogue à travers le temps demande alors une réparation. Toutefois, si la faute peut être immédiate, la réparation n'est pas imminente en soi, pouvant

---

4. Cette question importe, puisqu'elle évoque la construction socio-historique des références identitaires. Certains groupements d'appartenance sont d'apparition relativement récente – que l'on pense ici par exemple au mouvement gai et lesbien, aux divers groupes immigrants ou encore à la communauté métisse au Canada et au Québec. Il n'en implique pas moins que la réalité historique de la discrimination – une faute au sens des usages publics du passé – peut jouer dans la détermination de leur appartenance.

être effective à plus ou moins brève échéance. Le refus du dialogue est aussi une autre option, les responsables pouvant forclore le débat après un certain temps. Répondant aux principes d'une justice réparatrice[5], la réparation assume néanmoins la reconnaissance préalable de la faute commise, élément d'une reconnaissance plus large des acteurs sociaux spoliés ou dominés comme intervenants à part entière dans l'espace public. Ce faisant, l'individu ou la communauté responsable peuvent présenter leurs regrets ou leurs excuses, acte performatif essentiel au cœur de la geste de la réparation (Barkan, 2000 : 323-324). Par la suite, la réparation peut prendre la forme d'une restitution aux victimes ou à leurs descendants, par laquelle ces derniers retrouvent les biens qu'ils ont perdus. Elle peut aussi s'exprimer par la compensation lorsque la restitution s'avère impossible ou improbable (Thompson, 2002 : xii), sinon par la restauration des victimes et de leurs descendants dans leur bon droit. Elle peut être matérielle – le transfert de titres et de propriétés, l'attribution de sommes d'argent, la mise en place de politiques corrigeant les situations injustes, etc. –, ou symbolique – la commémoration, les gestes symboliques de pardon, la reconnaissance de l'honneur, l'amnistie des fautes, etc. (Galanter, 2002 : 118-119).

Dans ce contexte, les usages publics du passé ne se limitent pas aux seules politiques du pardon *stricto sensu*, ces politiques « de justice » par lesquelles les responsables politiques tentent d'établir une pacification des conflits et une concorde civile par la reconnaissance relative des victimes et la réparation plus ou moins effective des torts commis (Lefranc, 2002). Ils les englobent toutefois, car la reconnaissance de la faute et la réparation subséquente renvoient à une prise en compte des temporalités – celles de l'avant, du pendant et de l'après – et du lien social nouant les membres de la communauté, une communauté de

---

5. À distinguer ici des justices de rétribution – fondée sur la punition des fautifs – et de distribution – qui en appelle à l'équité dans l'allocation des ressources. Pour la juriste Janna Thompson (2002 : xi), la justice réparatrice relève de ce qui doit être fait en termes de réparation pour une injustice commise, et des obligations contractées par les fautifs et leurs descendants ou successeurs, pour assurer cette réparation.

mémoire construite sur des relations éthiques de sollicitude mutuelle (Margalit, 2002 : 69-71). Ils les dépassent également, le pardon n'étant pas le seul, voire même le principal objectif des acteurs. Dans les cas de faute et de réparation, ces derniers peuvent vouloir se borner dans leur sphère d'activité – juridique, politique, médiatique, scientifique, etc. Ils peuvent encore militer pour l'acquisition de nouvelles légitimités à vocation hégémonique. Ils peuvent également ressasser une quelconque forme de ressentiment. Ils peuvent tout aussi viser le renversement des rapports de force en présence, voire même la dissolution de ces derniers. D'où la nécessité d'appréhender les usages publics du passé en matière de faute et de réparation dans un cadre opératoire d'analyse.

UN CADRE D'ANALYSE : LES CHAMPS POLITIQUE, MÉDIATIQUE, JUDICIAIRE ET HISTORIEN

On l'a constaté plus haut, les usages publics du passé tiennent leur pertinence et leur efficacité à leur légitimité dans l'espace public. Comme tout acte de communication, ils doivent aussi à leur mise en relation entre les acteurs sociaux. Il importe donc de cartographier l'espace du discours et de la pratique dans ses modes relationnels. Ici, le sociologue Pierre Bourdieu (notamment 1992) fournit un cadre opératoire adéquat avec la notion de champ, conçu comme un microcosme plus ou moins autonome à l'intérieur de la société, résultant des processus de différenciation sociale qui vont en s'accroissant. Configuration relationnelle de positions qui ne peuvent être interverties, le champ se structure à la fois par la distribution inégale des ressources matérielles et symboliques – des différents types de capital, d'où l'émergence de rapports de domination inhérents aux champs – et par les luttes entre les acteurs sociaux pour la monopolisation de ces ressources. Enfin, les principes structurants, les éléments constitutifs et la délimitation des frontières du champ peuvent être aussi en jeu dans ces luttes (Champagne et Christin, 2004 : 145-153).

Dans les contextes canadien et québécois contemporains, quatre champs spécifiques forment des scènes où les usages publics du passé abondent : ceux du politique, du juridique, des médias et de l'histoire.

Le premier champ, celui du politique, dont les doubles fondements renvoient à la gestion des divisions du social et la projection dans un futur pensable (Pâquet, 1996-1997), se prête de bon gré, dans sa *praxis* et son *logos*, aux usages variés du passé. Dans la dynamique de conquête des positions de dominance et de l'allocation des ressources, l'intense compétition incite les acteurs à user des références du passé comme armes rhétoriques pour légitimer sa cause ou pour disqualifier l'adversaire, entre autres en produisant des imaginaires discursifs de la « tradition » et de la « modernité » (Charaudeau, 2005). Dès lors, « ceux qui maîtrisent le langage détiennent un avantage indéniable sur ceux qui ne possèdent pas ce précieux capital » (Tousignant et Pâquet, 2005 : 5). À l'intérieur du champ politique, le principe premier orientant les stratégies demeure la recherche de l'efficacité, une efficacité des stratégies qui est essentielle dans la conquête des ressources matérielles et symboliques. Les usages publics du passé ne dérogent guère à ce principe axiologique du champ politique, manifeste au sein d'institutions comme l'État, mais aussi dans les multiples sphères de la Société civile. Dès que l'arme du passé fait consonance avec l'enjeu politique, qu'elle ait une connotation pour les intervenants, et que son usage entraîne d'heureuses conséquences pour l'acteur l'initiant, il importe peu qu'il y ait une adéquation exacte avec la réalité sociohistorique. Les usages publics du passé participent alors de l'exercice du pouvoir sur les êtres et les choses.

Avec l'avènement de la démocratie de masse et des moyens de communication à grande échelle, le politique fait des incursions au-delà de ses frontières, dont dans le deuxième champ, celui des médias[6].

---

6. Pour des fins de compréhension, limitons ici le champ médiatique aux professionnels de la parole qui usent essentiellement du passé à des fins stratégiques dans les champs politique ou médiatique. Par le biais de leurs œuvres destinées au public, les artistes et les créateurs peuvent également faire référence au passé. Toutefois, cet usage répond aussi à d'autres visées : celles de l'esthétisme et de la création – littéraire, cinématographique ou autre. Dès lors, les usages ne s'exercent pas seulement à l'intérieur des champs politique ou médiatique, mais s'épanouissent plutôt dans les champs littéraire, cinématographique, etc.

Ayant une autonomie fort relative, ce champ se caractérise par une concurrence très intense entre les différents acteurs – individus comme entreprises – dans la production, la diffusion et la consommation de l'information. Source de tensions importantes, cette concurrence peut se dérouler à une échelle réduite, dans certaines positions du champ. Relevons l'exemple des journalistes cherchant à établir un contrôle sur la production de l'actualité, se réclamant parfois des fonctions critique et informative de leur métier (Charron, 1994) tout en étant confrontés aux impératifs commerciaux des entreprises auxquelles ils appartiennent. Elle peut être aussi, sur une échelle plus large, celle des entreprises médiatiques à la conquête des parts de marché, objectif valorisé puisque rentable. Dès lors, le marché – ramené aux consommateurs composant le public – devient l'*instance légitime de légitimation* (Bourdieu, 1996). Intégrées comme icônes culturelles dans le cadre d'analogies (Moeller, 1999), les usages publics du passé – surtout lorsqu'ils sont standardisés et uniformes grâce au traitement de l'information – renferment une grande capacité d'évocation rhétorique puisqu'ils se réfèrent aux références mémorielles des individus. Le cas de la Shoah en constitue d'ailleurs un exemple patent, notamment aux États-Unis (Novick, 1999) et ailleurs en Occident. En décodant l'événement de la faute et de la réparation, les usages publics du passé avancés par les professionnels de la parole « préparent le terrain », en suggérant une interprétation simplifiée et en voulant conditionner les attitudes de réception du public. Ainsi, ces usages constituent des moyens relativement efficaces pour conquérir le marché médiatique.

Un troisième champ, celui du juridique, découle et se distingue du champ politique. Il en découle ne serait-ce parce que le droit, dans les sociétés occidentales contemporaines, fait partie des compétences des États : celles de l'exécutif, du législatif et du judiciaire. Il en va de même dans les fonctions du juridique, celles d'organiser et de maintenir l'ordre social à travers un ensemble de moyens – règles, normes, sanctions, institutions – (Assier-Andrieu, 1987), qui touchent évidemment aux rapports de force en présence dans la société. Il s'en distingue néanmoins par ses visées, qui se préoccupent de la justice et des règles inhérentes au contrat social (Frydman et Haarscher, 2002).

Il se différencie également par son espace relationnel entre diverses positions sociales où se répartissent les interprètes du droit et les autres acteurs. Il se particularise finalement grâce à son exercice, qui repose essentiellement sur une argumentation fondée sur des faits historiques et sur la raison. Selon le philosophe du droit Ronald Dworkin, « tout acteur de cet exercice comprend que ce qu'il permet ou demande dépend de la vérité de certaines propositions qui ne reçoivent leur sens que dans cet exercice et dans son cadre » (1994 : 14). Par conséquent, tout au cours du processus décisionnel – ceux de l'établissement de la preuve et du jugement[7] –, les interprètes du droit doivent se conformer à des principes axiologiques : ceux de la recherche de l'objectivité et de la réduction de toute apparence de subjectivité. La suprématie des lois, la permanence et l'impartialité des juges, le respect intégral et constant des règles de preuve, l'obligation de juger en fonction de la seule preuve, le devoir de rendre un jugement écrit et motivé, son possible contrôle selon un ordre hiérarchique des tribunaux relèvent de ces principes (Morin, 2005 : 38-40). Ce faisant, les usages publics du passé dans le champ juridique ne se négocient guère, tout particulièrement lorsqu'il s'agit de prononcer un jugement sur une faute et d'y apporter une réparation. Ils doivent nécessairement transiter du flou de l'interprétation à la certitude du fait positif, contribuant *de facto* à la judiciarisation du passé.

À l'instar du politique, des médias et du droit, le dernier champ, celui de la discipline historique, se montre fort poreux eu égard aux interventions exogènes. Il se structure aussi autour de positions réparties selon des rapports sociaux de domination. Se distinguant entre eux par la sanction de l'expérience et de l'expertise reconnues, ces acteurs en compétition dans ce champ se disputent également le

---

7. Si l'historien et le juge – le juge d'instruction dans le cadre d'une procédure inquisitoriale, l'enquêteur pour celui d'une procédure accusatoire – ont en commun la discussion sur les preuves selon Carlo Ginzburg (1997 et 2000), ils divergent en ce qui concerne l'énoncé d'un jugement. À la suite de son enquête, l'historien peut conclure à un non-lieu même en présence de preuves relativement concluantes. L'interprète du droit ne peut agir ainsi sauf en cas d'absence de preuve probante.

monopole des ressources, notamment symboliques, en respectant les règles disciplinaires convenues et faisant consensus (Bourdieu, 1992). Cependant, en constituant leur pratique comme discipline scientifique, ces acteurs adoptent un principe axiomatique, celui de la recherche de l'idéal de vérité, inhérent à toute démarche scientifique (Weber, [1965] 1995). Cet idéal de vérité ressort de deux aspects : celui de la vérité d'adéquation établissant positivement des faits et celui de la vérité de dévoilement cherchant à élucider la nature implicite d'un phénomène sociohistorique (Todorov, 1997). Ainsi, dans l'estimation de la faute historique, leurs usages publics du passé oscillent constamment entre la volonté d'établir précisément le fait et la tendance à le resituer dans son contexte sans émettre de verdict définitif étant donné leur raisonnement par inférence (Ginzburg, 1997 et 2000). Aux prises avec cette tension, les acteurs de ce champ hésitent constamment entre la retraite à l'intérieur du champ scientifique et l'engagement dans les activités de la Cité.

PRÉSENTATION DES ÉTUDES

Dans ces usages publics du passé en matière de faute et de réparation, où se situent l'historien et l'historienne ? Si la tentation du repli demeure présente, l'historien, l'historienne contribuent de diverses façons à ces usages publics du passé à des fins politiques, médiatiques ou judiciaires. Avec l'aide de leur capital symbolique, il et elle peuvent officier à titre d'experts, en dispensant leur savoir auprès des responsables politiques tout en se réclamant d'une neutralité scientifique. En adoptant la posture des professionnels de la parole, l'historien et l'historienne peuvent militer pour une cause partisane ou une autre, en s'exprimant dans le champ médiatique ou en s'investissant dans des groupes de pression. Enfin, l'engagement peut prendre une forme moins orientée, en s'insérant plus globalement dans une dimension civique. Ce faisant, peu importe les positions occupées dans les champs scientifique, politique ou juridique, l'historien et l'historienne deviennent des acteurs jouant un rôle important dans les mutations de la culture politique contemporaine. Ainsi, lorsque l'historien et l'historienne abordent les questions de faute historique et de réparation, leur pratique du métier s'en trouve modifiée par rapport aux canons normatifs de la discipline historique.

Se penchant sur les notions de faute et de réparation, ce recueil collectif porte sur la mise en perspective d'usages publics du passé dans les luttes politiques, médiatiques et juridiques contemporaines au Canada et au Québec. Suivant l'aphorisme du philosophe Benedetto Croce selon lequel toute histoire est contemporaine, les cas à l'étude sont issus de l'actualité récente, sinon immédiate, du Canada et du Québec. Ils ont impliqué non seulement des responsables politiques, des interprètes du droit ou des professionnels de la parole médiatique, mais aussi des historiens et historiennes à titre d'experts, d'intellectuels engagés ou de professionnels de la parole. Ainsi, ils éclairent certaines mutations de la culture politique contemporaine – notamment avec la médiatisation des conflits et la « judiciarisation » des enjeux politiques depuis le rapatriement de la Constitution canadienne et l'inclusion d'une Charte des droits et libertés en 1982 (Mandel, 1996) –, les divers usages publics du passé – particulièrement sur les plans rhétorique et polémique – et l'autonomie relative du champ historien vis-à-vis des champs du politique, des médias et du juridique.

Les études se répartissent en trois thèmes. Le premier met l'accent sur les stratégies initiées et poursuivies par les acteurs œuvrant surtout dans le champ large du politique. Par les recours au discours, le démarchage auprès des responsables de l'État et la commémoration dans l'espace public, se pose toute la dialectique du refus et de la reconnaissance de la faute et de la réparation. Dans une analyse fine des usages du passé et du discours commémoratif issus de la tuerie de Polytechnique en décembre 1989, Hélène Charron discerne trois conceptions de l'histoire qui renvoient aux enjeux sociaux en présence : la première légitimant la continuité dans une trame temporelle linéaire, la deuxième insistant sur les invariances structurelles qui reproduisent les rapports inégalitaires entre les sexes, la troisième dénonçant ce qui est assimilé à des effets pervers et valorisant le retour du balancier temporel. Étudiant la campagne de réparation des torts subis par les Canadiens d'origine japonaise à la suite de leur internement au cours de la Seconde Guerre mondiale, Julie Desmarais s'interroge sur l'utilisation d'un récit victimaire, dont le succès relève d'éléments conjoncturels favorables, dont les échéances électorales, le précédent américain et la représentation instrumentale d'un Canada tolérant et multiculturel. Quant à Stéphane Savard, il se penche sur l'interprétation des discours relatifs à la reconnaissance des torts causés par la Déportation des Acadiens. Ce faisant, l'analyse constate des usages publics du passé pour orienter l'avenir dans des directions diamétralement opposées : la première prônant l'acceptation du présent en dépit de ses problèmes, la seconde cherchant à corriger les injustices contemporaines.

Le deuxième thème s'intéresse plus spécifiquement aux polémiques médiatiques, polémiques qui traduisent aussi des enjeux politiques. Par l'étude de la couverture journalistique du génocide arménien et de sa commémoration, Joceline Chabot et Richard Godin interrogent les rapports entre l'histoire comme discipline et l'anthropologie des médias, en réfléchissant sur la représentation mémorielle en termes historiographiques et médiatiques. Par son analyse de la controverse entourant la thèse de doctorat d'Esther Delisle sur l'antisémitisme de l'abbé Lionel Groulx, Mathieu Pontbriand se penche sur les dynamiques du champ universitaire et historien en regard à la pratique du scoop, pratique valorisée au sein du champ médiatique. Quant à elle, Amélie Boivin s'intéresse à une autre polémique sur fond d'antisémitisme, celle des sympathies présumées de jeunesse de l'ex-lieutenant-gouverneur Jean-Louis Roux. Partant, elle en dégage l'expression d'une crise profonde du pluralisme culturel canadien.

Enfin, le dernier thème insiste plus spécifiquement sur la judicia-risation des débats relatifs aux fautes et réparations historiques. Dans une étude comparative des recours aux tribunaux – le cas du l'arrêt Donald Marshall fils pour les droits de pêche des autochtones canadiens et le jugement pour faits de collaboration contre Maurice Papon en France –, Patricia-Anne De Vrient analyse dans le champ juridique les modes de résurgence du passé comme autant d'éléments de la gestion éthique des conflits à caractère historique. En point d'orgue de ce recueil, en étudiant la controverse relative à la fermeture de l'hôpital Montfort en Ontario, Marie LeBel remarque le glissement des usages publics du passé avec l'emploi de deux discours parmi une communauté en situation de minorisation : l'un fondé sur une éthique de vigilance exaltant la nécessité d'une lutte sans fin, l'autre prenant assise sur une judiciarisation du conflit ouvrant la porte à des acquis permanents. Dès lors, sur les plateaux du balancier où faute et réparation sont soupesées, entre l'oubli et l'usage instrumental – l'amnistie du passé comme on enlève des bottes –, le passé peut-il valoir pour ce qu'il fut ?

BIBLIOGRAPHIE

ASSEMBLÉE DES ÉVÊQUES CATHOLIQUES DU QUÉBEC (1999), *Les orphelins de Duplessis : résultat de la consultation de l'Assemblée des évêques du Québec*, 15 septembre [en ligne]. [http://www.eveques.qc.ca/aeqdoc_aeq_1999_9_15_f_0.php]

ASSIER-ANDRIEU, Louis (1987), « Le juridique des anthropologues », *Droit et société*, n° 5, p. 91-110.

BARKAN, Elazar (2000), *The Guilt of Nations. Restitution and Negociating Historical Injustices*, New York, W.W. Norton.

BEAULIEU, Alain (2000), « Les pièges de la judiciarisation de l'histoire autochtone », *Revue d'histoire de l'Amérique française*, vol. 53, n° 4, p. 541-551.

BETTINI, Maurizio (2001), « Sul perdono storico. Dono, identità, memoria e oblio », dans Marcello FLORES, *Storia, verità, giustizia. I crimini del XX secolo*, Milan, Bruno Mondadori, p. 20-43.

BOURDIEU, Pierre (1992), *Réponses. Pour une anthropologie réflexive*, Paris, Seuil.

BOURDIEU, Pierre (1996), *Sur la télévision, suivi de L'emprise du journalisme*, Paris, Liber. (Coll. « Raisons d'agir ».)

CABIN, Philippe (dir.) (2003), *La communication. État des savoirs*, 3ᵉ éd., Auxerre, Éditions Sciences humaines.

CANADA, MINISTRE DES AFFAIRES INDIENNES ET DU NORD CANADIEN (1998), *Rassembler nos forces. Le plan d'action du Canada pour les questions autochtones*, Ottawa, [en ligne]. [http://www.ainc-inac.gc.ca/gs/chg_f.html] (15 septembre 2006).

CHAMPAGNE, Patrick, et Olivier CHRISTIN (2004), *Pierre Bourdieu. Mouvements d'une pensée*, Paris, Bordas. (Coll. « Philosophie présente ».)

CHARAUDEAU, Patrick (2005), *Le discours politique. Les masques du pouvoir*, Paris, Vuibert.

CHARRON, Jean (1994), *La production de l'actualité. Une analyse stratégique des relations entre la presse parlementaire et les autorités politiques*, Montréal, Boréal.

COATES, Ken (2000), *The Marshall Decision and Native Rights*, Montréal/Kingston, McGill/Queen's University Press.

CORNELLIER, Manon (1998), « La réponse au rapport Erasmus-Dussault : Ottawa offre ses regrets aux peuples autochtones », *Le Devoir*, 8 janvier, p. A4.

DIONNE, Annette, Cécile DIONNE et Yvonne DIONNE (1999), « Les jumelles Dionne dénoncent le gouvernement et le clergé : Que l'on rende justice aux orphelins de Duplessis », *Le Devoir*, 12 novembre, p. A9.

DUMONT, Fernand (1993), *Genèse de la société québécoise*, Montréal, Boréal.

DWORKIN, Ronald (1994), *L'empire du droit*, Paris, Presses universitaires de France.

FRYDMAN, Benoît, et Guy HAARSCHER (2002), *Philosophie du droit*, Paris, Dalloz.

GALANTER, Marc (2002), « Righting old wrongs », dans Martha MINOW (dir.), *Breaking the Cycles of Hatred. Memory, Law, and Repair*, Princeton, Princeton University Press, p. 107-131.

GALLERANO, Nicola (1999), *Le verità della storia. Scritti sull'uso pubblico del passato*, Rome, Manifestolibri.

GEUSS, Raymond (2001), *History and Illusion in Politics*, Cambridge (Royaume-Uni), Cambridge University Press.

GINZBURG, Carlo (1997), *Le juge et l'historien. Considérations en marge du procès Sofri*, Paris, Verdier.

GINZBURG, Carlo (2000), *Rapports de force. Histoire, rhétorique, preuve*, Paris, Gallimard.

HALL, Stuart ([1973] 1993), « Encoding, decoding », dans Simon DURING (dir.), *The Cultural Studies Reader*, Londres/New York, Routledge, p. 507-517.

HARTOG, François (2003), *Régimes d'historicité. Présentisme et expériences du temps*, Paris, Seuil. (Coll. « La librairie du XXIe siècle ».)

HOBSBAWM, Eric, et Terence RANGER (dir.) (1983), *The Invention of Tradition*, Cambridge (Royaume-Uni), Cambridge University Press. (Coll. « Past and Present Publications ».)

KAMMEN, Michael (1991), *Mystic Chords of Memory : The Transformation of Tradition in American Culture*, New York, Alfred A. Knopf.

KATTAN, Emmanuel (2002), *Penser le devoir de mémoire*, Paris, Presses universitaires de France. (Coll. « Questions d'éthique ».)

LÉTOURNEAU, Jocelyn, et Bogumil JEWSIEWICKI (2003), « Politique de la mémoire », *Politique et Sociétés*, vol. 22, n° 2, p. 3-15.

LEVI, Giovanni (2001), « Le passé lointain. Sur l'usage politique de l'histoire », dans François HARTOG et Jean-François REVEL (dir.), *Les usages politiques du passé*, Paris, Éditions de l'École des Hautes Études en sciences sociales, p. 25-37.

LOWENTHAL, David (1998), *The Heritage Crusade and the Spoils of History*, Cambridge (Royaume-Uni), Cambridge University Press.

MANDEL, Michael (1996), *La Charte des droits et libertés et la « judiciarisation » du politique au Canada*, Montréal, Boréal.

MARGALIT, Avishai (2002), *The Ethics of Memory*, Cambridge (Mass.), Harvard University Press.

MEIER, Christian (2005), *From Athens to Auschwitz. The Uses of History*, Cambridge (Mass.), Harvard University Press.

MILLER, J. R. (2004), *Lethal Legacy. Current Native Controversies in Canada*, Toronto, McClelland and Steward.

MOELLER, Susan D. (1999), *Compassion Fatigue. How The Media Sell Disease, Famine, War and Death*, Londres, Routledge.

MORIN, Fernand (2005), *Pourquoi juge-t-on comme on juge ? Bref essai sur le jugement*, Montréal, Liber.

NORA, Pierre (1984-1992), *Les lieux de mémoire*, 3 t., 7 vol., Paris, Gallimard.

NOVICK, Peter (1999), *The Holocaust in American Life*, Boston/New York, Mariner Books.

OLSEN, Scott Robert (2004), « Hollywood planet. Global media and the competitive advantage of narrative transparency », dans Robert C. ALLEN et Annette HILL (dir.), *The Television Studies Reader*, Londres/New York, Routledge, p. 111-129.

PÂQUET, Martin (1996-1997), « Prolégomènes à une anthropologie historique de l'État », *Journal of History and Politics/Revue d'histoire et de politique*, vol. 12, n° 2, p. 1-35.

REVEL, Jean-François, et François HARTOG (2001), « Note de conjoncture historiographique », dans François HARTOG et Jean-François REVEL (dir.), *Les usages politiques du passé*, Paris, Éditions de l'École des Hautes Études en sciences sociales, p. 13-24.

THOMPSON, Janna (2002), *Taking Responsability for the Past. Reparation and Historical Justice*, Cambridge (Royaume-Uni), Polity Press.

TODOROV, Tzvetan (1997), *Les morales de l'histoire*, Paris, Hachette. (Coll. « Pluriel ».)

TOUSIGNANT, Nathalie, et Martin PÀQUET (2005), « Les transformations du système européen : de la construction identitaire aux nouvelles formes de gouvernance », *Études internationales*, vol. 36, n° 1 (mars), p. 5-11.

WEBER, Max ([1965] 1992), *Essais sur la théorie de la science*, Paris, Plon. (Coll. « Presses Pocket ».)

YERUSHALMI, Yosef Hayim ([1984] 1991), *Zakhor. Histoire juive et mémoire juive*, Paris, Gallimard.

ZERUBAVEL, Eviatar (2003), *Time Maps. Collective Memory and the Social Shape of the Past*, Chicago/Londres, University of Chicago Press.

STRATÉGIES POLITIQUES

LA TUERIE DE POLYTECHNIQUE, USAGES DU PASSÉ ET DISCOURS COMMÉMORATIF

Hélène Charron
Université de Montréal

La tuerie de Polytechnique a laissé une profonde empreinte dans la mémoire collective des Québécoises et des Québécois en raison, notamment, de sa puissante charge symbolique et de l'appareillage commémoratif qui s'est progressivement mis en place. Tous se souviennent : le 6 décembre 1989, un jeune homme du nom de Marc Lépine pénètre dans l'enceinte de l'École polytechnique de Montréal avec une arme semi-automatique à la main. Après s'être introduit dans une classe où il demande aux hommes de se séparer des femmes et de quitter la salle, il déclare aux filles, avec qui il est demeuré seul, qu'il veut leur mort parce qu'il hait les féministes. Semant la terreur à travers l'ensemble de l'université où il se promène en ange de la mort, il se suicide, finalement, laissant derrière lui un grand nombre de victimes, dont 14 décédées, toutes des femmes. Dans la poche du manteau de M. Lépine, les policiers retrouvent une lettre dans laquelle le meurtrier explique les raisons politiques de son geste ainsi qu'une liste de 14 femmes œuvrant dans des métiers non traditionnels – journalistes, policières, etc. – qu'il projetait d'abattre. Cette lettre sera publiée un an après le drame dans le journal *La Presse*.

Dès les journées qui suivent l'événement, de nombreuses personnes prennent la plume dans une quête de sens qui opposera plusieurs groupes et contribuera à construire peu à peu le discours commémoratif officiel. Si les écrits sont nombreux sur la tuerie de Polytechnique, il n'existe pas de réflexion historienne sur la place de cet événement dans la mémoire collective québécoise. Quels sont les différents discours sur la tuerie de Polytechnique ? Quelles sont leurs contributions respectives à l'élaboration d'une interprétation officielle de l'événement véhiculée dans le cadre de la commémoration annuelle ? Des pistes peuvent être avancées relativement aux divers types de discours commémoratifs. Un type particulier se dégage du lot. Dominant dans l'espace public, il continue de côtoyer, aujourd'hui encore, d'autres interprétations du drame. Ce discours se veut une sorte de compromis qui accepte de voir dans la tuerie du 6 décembre un symbole pour la lutte contre la violence faite aux femmes, tout en rejetant le cadre d'analyse féministe. Il se développe sous les pressions du mouvement des femmes et de certains témoins du drame dans l'espace consenti par les élites politiques. Pour mieux saisir les variances et invariances des types de discours commémoratifs, je propose ici un métadiscours qui s'appuiera sur des sources médiatiques, principalement francophones, ainsi que sur les ouvrages et les articles publiés sur la tuerie de Polytechnique entre 1989 et 2003[1]. Il met en scène deux moments distinctifs, c'est-à-dire le drame lui-même et les années de commémorations subséquentes, dans lesquels se croisent plusieurs discours organisés que l'on peut subsumer sous trois conceptions particulières de l'histoire, en concurrence les unes avec les autres, bien que dans un rapport de force inégal, pour

---

1. J'ai décidé de me concentrer sur les médias francophones, de manière non exclusive, en raison de l'abondance de la masse documentaire existant sur le drame du 6 décembre 1989. Les médias privilégiés sont *La Presse* et *Le Devoir* pour les quotidiens, *Radio-Canada* pour la télévision et la radio, en raison de la disponibilité de leurs archives, et Internet francophone, principalement à partir du portail Google francophone (www.google.ca). Trois films sur le sujet ont aussi fait l'objet d'une analyse ainsi que de nombreux livres, écrits par des spécialistes ou des témoins faisant état de leur compréhension des événements.

l'établissement de l'interprétation officielle de l'événement, et plus largement pour le maintien ou la transformation de l'ordre social. À travers l'ensemble des débats, la question de la représentativité sociale de l'événement est omniprésente, ce qui m'amènera, en corollaire, à réfléchir brièvement sur le rôle pédagogique prétendu de la commémoration de cet acte d'une violence inouïe. Il est important de mentionner que, adoptant personnellement une perspective féministe dans ma réflexion, je ne traiterai pas symétriquement les discours féministes, antiféministes et ceux renforçant l'ordre social existant. Sans faire l'apologie des textes féministes et des actions posées par des féministes, il me semble important de réfléchir à la commémoration de la tuerie de Polytechnique dans une perspective tenant compte des rapports sociaux de sexe. Croyant que la neutralité axiologique de l'analyste demeure un idéal jamais atteint, et qu'il est possible de se revendiquer d'une appartenance sociale et idéologique tout en faisant un travail intellectuellement rigoureux, je préfère avertir la lectrice et le lecteur de ma position de départ[2].

Après avoir présenté les trois principales conceptions de l'histoire véhiculées par les différents discours sur les événements du 6 décembre 1989, je réinsérerai ce modèle théorique dans la dynamique historique des deux principaux moments de la construction de la commémoration. D'abord, je m'attarderai sur le premier moment, celui qui suit immédiatement l'événement, dans lequel tour à tour les journalistes, les groupes féministes et les individus antiféministes seront entendus. Par la suite, j'embrasserai les treize années suivantes dans lesquelles la commémoration prend peu à peu place sur les fondations érigées par

---

2. « La théorie du point de vue soutient que le positionnement d'un groupe dans des relations hiérarchiques de pouvoir produit des défis communs pour les individus de ce groupe. Ces défis communs peuvent engendrer des angles de vue conduisant à un savoir commun, ou point de vue, qui peut, à son tour, influencer l'action politique du groupe. Autrement dit, les points de vue collectifs sont situés dans des relations de pouvoir inégalitaires, reflètent ces relations de pouvoir, et contribuent à les façonner » (Collins, 1996 : 201. Traduction de l'auteure).

les premières réactions. Cette deuxième période laisse une plus grande place aux témoins, ainsi qu'aux groupes de femmes qui se mobilisent de façon remarquable. On observe également une expertise féministe qui propose des analyses sociologiques des événements, auxquelles réagit un mouvement antiféministe qui se radicalise et profite de l'espace discursif ouvert par la tuerie de Polytechnique pour faire valoir leur compréhension du monde.

USAGES DU PASSÉ ET ENJEUX SOCIAUX

De l'ensemble des interventions qu'on a pu lire ou entendre à partir de 1989 au sujet de la tuerie de Polytechnique et desquelles émerge le discours commémoratif officiel, trois conceptions particulières de l'histoire s'opposent. Celles-ci servent à légitimer certaines revendications dans l'espace politique ou encore soutiennent le maintien de l'ordre social existant[3].

D'abord, il y a le discours de légitimation des institutions sociales, dominant dans les médias et défendu par les élites sociales – et de la façon la plus évidente par les représentants officiels des institutions –, la majorité des journalistes et plusieurs témoins, qui prend plusieurs formes dont la conception de l'histoire est généralement similaire. Cette conception de l'histoire, que l'on peut qualifier d'hégélienne, se situe dans le paradigme linéaire d'une progression humaine vers l'égalité, la justice et la liberté, accompagnée d'une progression du savoir nous

---

3. Ces trois conceptions de l'histoire peuvent être véhiculées par les témoins, les spécialistes ou les journalistes. Je refuse de distinguer le discours des témoins qui peuvent, selon l'individu, défendre une conception ou une autre du passé telles que je les définis ici. Par ailleurs, cette catégorisation ne nie aucunement que le discours des témoins possède des caractéristiques distinctives comme l'émotivité et, parfois, le besoin de se réapproprier l'événement pris en charge d'abord par les journalistes et les spécialistes. Il demeure toutefois que le discours des témoins, dans notre cas, ne défend pas de conception particulière de l'histoire qui leur serait propre ; ce qui constitue une analyse quelque peu différente de celle avancée par l'écrivain Primo Lévi (1995).

permettant de nous rapprocher d'un certain idéal de vérité. Dans cette perspective légitimante et favorisant la conservation sociale plutôt que le changement, nos sociétés occidentales constitueraient ce que l'humanité a connu de meilleur à ce jour. Cette conception de l'histoire reconnaît que des améliorations sont possibles – et même souhaitables, car la progression de l'histoire ne serait pas terminée – à condition toutefois que l'intégrité du système social existant soit préservée, avec les inégalités de classes, de sexes, d'âges et de races qui le fondent, mais qui sont globalement marginalisées. Dans ce cadre de pensée, diverses interprétations du crime de M. Lépine se structureront : la thèse de la folie du meurtrier ou l'individualisation du cas – en limitant le sens de l'événement à l'histoire personnelle de M. Lépine –, la tuerie comme symbole de la violence faite aux femmes tout en rejetant le cadre d'analyse féministe, ou encore l'idée que l'égalité entre les sexes serait atteinte et que M. Lépine représenterait une réminiscence d'une époque révolue. Les défenseurs de cette conception de l'histoire ne recourent pas au passé pour comprendre le geste de Marc Lépine : leurs analyses se limitent généralement au temps présent.

Ensuite, le discours féministe radical[4] réinsère les événements du 6 décembre 1989 dans un schéma historique faisant du patriarcat, dans lequel s'inscrivent la misogynie, le sexisme, le phallocentrisme et l'antiféminisme, une structure sociale complexe, dynamique et transversale à l'ensemble des espaces sociaux. La fonction de cette structure patriarcale serait depuis toujours de reproduire le rapport inégalitaire entre les sexes, maintenant ainsi le genre féminin sous la domination du genre masculin. Bien que les féministes observent, à l'instar du reste de la population, les modifications majeures apportées à la fin du XXe siècle dans les rapports sociaux de sexe, elles continuent de croire que l'égalité n'est pas atteinte, car la structure sociale actuelle, qui demeure patriarcale, se fonde sur les inégalités entre les sexes. Les militantes du mouvement des femmes, principales représentantes de ce discours, constituent un groupe de pression cherchant à subvertir

---

4. *Radical* étant entendu dans le sens de « aller à la racine » du rapport inégalitaire entre les sexes.

l'ordre social et, à défaut de mieux, à inscrire ses priorités à l'ordre du jour politique afin d'améliorer la position des femmes dans la hiérarchie sociale. L'interprétation féministe de la tuerie de Polytechnique sera moins largement diffusée que celles issues de la conception précédente de l'histoire, mais fera un usage beaucoup plus important du passé comme révélateur du sens de l'événement.

Enfin, il existe aussi un discours antiféministe qui cherche à faire sa place dans l'espace discursif ouvert autour du 6 décembre 1989. La conception de l'histoire de ses représentants les plus radicaux emprunte à celle de M. Lépine, en défendant l'idée d'un renversement du pouvoir récent que les femmes, mais surtout les féministes, se seraient accaparé. Pour les tenants de ce discours, les féministes seraient coupables de mystifier et d'endoctriner l'ensemble de la population aux fins de mettre les hommes sous leur domination. Selon ce discours, les féministes auraient pris, depuis une trentaine d'années, le contrôle des principales institutions sociales en Occident – les gouvernements, les médias, les universités, etc. Ainsi, elles auraient pu modifier les lois à leur avantage, censurer les médias à leur profit, mais surtout imposer une relecture de l'histoire qui enlèverait aux hommes tout rôle important ou spécifique. Enfin, tous les défenseurs des thèses antiféministes utilisent abondamment un des arguments types de la rhétorique réactionnaire : celui de l'effet pervers. « La structure de l'argument est d'une admirable simplicité, alors que par son extrémisme la thèse présentée a de quoi déconcerter », selon le sociologue Albert Hirchsman (1991 : 27-28). En effet, ce que cet argument « entend démontrer, c'est que les mesures destinées à faire avancer le corps social dans une certaine direction le feront effectivement bouger, mais dans le sens inverse » (Hirchsman, 1991 : 27-28). Les tenants de ce discours réactionnaire développeront des interprétations du 6 décembre 1989 qui rendraient le féminisme lui-même responsable de la mort des 14 jeunes femmes, en ayant « poussé à bout » le meurtrier. Ces derniers accusent également les féministes de récupérer l'événement pour se faire du capital politique. Les motivations politiques des antiféministes sont donc de lutter contre le mouvement féministe et les droits des femmes perçus comme une usurpation des droits des hommes. On se retrouve dans le paradigme du retour du balancier ou, dans une perspective nietzschéenne, de l'éternel retour. Le modèle ici proposé peut être conceptualisé sur une ligne horizontale où, de gauche à droite, se répartissent le discours féministe, le discours des élites dominantes et le discours antiféministe. Les catégories ne sont pas hermétiques les unes aux autres : leurs frontières respectives s'enchevêtrent. Ainsi, des féministes ou des antiféministes se rapprochent parfois des interprétations véhiculées par les élites qui, elles-mêmes, peuvent sembler s'apparenter au discours féministe ou au discours antiféministe tout en restant dans le paradigme historique linéaire. Seuls les discours féministes et antiféministes ne partagent aucun espace commun comme l'indique ce diagramme.

Enfin, le modèle n'exclut pas par ailleurs la possibilité qu'un même individu emprunte aux trois types de discours.

LA TUERIE ET LES RÉACTIONS IMMÉDIATES : LA RECHERCHE D'UN COUPABLE

Dès les premières heures qui suivent le drame de Polytechnique, les journalistes dominent l'espace discursif ouvert par le massacre. La quête de sens s'amorce d'abord avec la recherche d'un coupable. Est-ce la violence dans les médias, la facilité de se procurer des armes, la misogynie, la folie, le père violent de M. Lépine ou encore les féministes elles-mêmes qui seraient la véritable cause de cette hécatombe ? Derrière la multiplicité des réponses proposées se dissimule une autre question, transversale à la majorité des débats et des prises de position : le crime de Marc Lépine n'est-il qu'un acte individuel, conséquence de la folie d'un homme isolé ou, au contraire, le massacre a-t-il une portée

45

politique, un sens social qui transcende M. Lépine lui-même ? Serait-il la manifestation extrême d'un phénomène social particulier ? Durant les quelques semaines suivantes, les journalistes demeurent mobilisés pour livrer les premières interprétations des différents spécialistes et les réactions des témoins directs et indirects de l'événement. Toutefois, le travail des journalistes professionnels occulte plus qu'il n'encourage le discours des témoins, d'abord occupés à panser leurs blessures et à se remettre de la commotion, et le discours des spécialistes, plus confortables lorsqu'ils disposent d'un certain recul temporel. D'ailleurs, il est raisonnable d'attribuer aux pratiques de marchandisation de l'information la personnalisation excessive du drame et l'occultation de la dimension politique du geste de M. Lépine, par les journalistes professionnels.

LES CHOIX JOURNALISTIQUES ET LE DISCOURS DES ÉLITES : LA FOLIE ET LA PERSONNALISATION DU PHÉNOMÈNE

Premières personnes à réagir dans l'espace public, les journalistes tentent de donner un sens à ce qui semble à priori, pour plusieurs, incompréhensible. À la télévision, Charles Tisseyre, présentateur du *Téléjournal* de Radio-Canada le 6 décembre 1989, introduit le reportage sur les événements qui se sont déroulés quelques heures plus tôt à Polytechnique avec l'expression : « un tireur fou a tué… ». La phrase de C. Tisseyre annonce d'emblée la teneur des titres à la une des principaux journaux francophones du Québec le lendemain : « Un forcené tue 14 femmes à Polytechnique et se suicide » dans *Le Devoir* et « Un tireur fou abat 14 femmes » dans *La Presse*. Constituant les premières interprétations de l'événement, ces propos correspondent symptomatiquement à ceux que proposent ensuite les autorités, nombreuses à s'exprimer dans les journaux dans les journées qui suivent le drame. Comme le soutient la sociologue Myriame El Yamani (1990 : 201), les médias de notre société ne représentent pas des sources d'information neutre et objective comme ils le prétendent parfois, puisqu'« ils existent plutôt comme espaces de visibilité des institutions sociales qui restent figées dans le rapport des forces sociales ». En effet, les premières déclarations des autorités politiques font écho à la terminologie journalistique. Leur perception du drame, concentrée sur le présent, refuse, du moins au départ, d'accorder une signification particulière à l'événement. Les déclarations officielles des autorités sociales et politiques parlent de « drame absurde », d'« acte insensé » ou de « crime incompréhensible »[5]. Même la présidente du Conseil du statut de la femme, Marie Lavigne, enjoint la population à ne pas faire d'association trop rapide entre la psychologie du tueur et celle de la collectivité (Rowan, 1989). Les premières demandes spontanées faites aux autorités politiques concernent la violence à la télévision et le contrôle des armes à feu. Doug Lewis, ministre fédéral de la Justice, rejette immédiatement ces requêtes puisque, à son avis, « aucune loi ne peut interdire la folie » (Paquin, 1989).

La thèse de la folie circule en effet largement, appuyée par des spécialistes de la psychologie et de la biologie humaine qui affirment que la tuerie de Polytechnique « n'est pas un phénomène social, mais un geste individuel accompli par une personne malade » (Gingras, 1989), qu'il s'agit d'un acte isolé. Certains journalistes se fondent généralement sur la vie privée du meurtrier pour montrer qu'il n'est qu'un individu dont la raison a basculé le 6 décembre 1989. De ce nombre, Pierre Foglia, chroniqueur vedette du journal *La Presse,* est celui qui alimente le plus les débats avec les féministes[6]. Dans son

---

5. C'est le communiqué de la Conférence des recteurs et des principaux des universités du Québec (CREPUQ) qui parle de « drame absurde », Brian Mulroney d'« acte insensé » et Robert Bourassa de « crime incompréhensible » (voir Mulroney, 1989 ; Bourassa, 1989 et Masson, 1989). Par ailleurs, si on se fie aux propos rapportés par Andrée Côté, Robert Bourassa déclare dans une entrevue accordée à Bernard Derome que l'événement n'a aucune signification politique, car à l'opposé des meurtres du FLQ, « il ne s'agit pas de gestes délibérés de violence politique » (Côté, 1990 : 66).
6. Dans son texte, Pierre Foglia se réfère à son entrevue avec la voisine de Marc Lépine. Cette dernière ne connaissait pas les noms de ses voisins. Elle a d'abord cru que le meurtrier était le colocataire de M. Lépine en raison de la gentillesse de ce dernier. Sur la foi de ce témoignage, P. Foglia conclut qu'il n'est pas le monstre qu'on voudrait voir derrière le carnage de Polytechnique.

47

texte du 9 décembre 1989, il assimile le geste de Marc Lépine à un écrasement d'avion qu'on ne peut prédire et qui n'a pas de signification historique. P. Foglia laisse donc entendre qu'il est impossible d'agir socialement pour qu'un événement comme celui-ci ne se reproduise plus. D'autres commentateurs insinuent la même chose, notamment en soutenant la thèse de l'innéité de la violence[7] ou encore en répertoriant les crimes similaires dans d'autres sociétés, normalisant, et peut-être même déresponsabilisant ainsi la société québécoise, en reportant à l'extérieur de soi la cause du problème[8].

Sous le couvert de la neutralité des faits, certains journalistes renforcent aussi la thèse du crime isolé en enquêtant sur le parcours personnel de M. Lépine que l'on qualifie de normal, bien que malheureux. À l'instar de l'historien Jean-Noël Jeanneney (1998 : 79), on remarque que les médias – les journalistes qui rapportent les faits tout au moins – « peine[nt] à transmettre des propos généraux s'ils ne s'incarnent pas dans des figures individuelles ». Dans *La Presse* et *Le Devoir*, on peut ainsi lire un grand nombre d'articles se limitant aux personnages de l'histoire : « Aucun antécédent particulier ne distinguait Lépine des autres » (*Le Devoir*, 9 décembre), « Marc Lépine souffrait de

---

Son raisonnement, plutôt minimaliste, ne se fonde que sur l'impression d'une personne, à partir de laquelle il conclut à l'impossibilité que Lépine représente quelque phénomène social que ce soit. Il faut dire que, chez P. Foglia, le souci de vérité et la rigueur cèdent la place à des opinions souvent sensationnalistes et simplistes à l'excès. On observe clairement à partir de cet exemple toute la distance qui sépare ce type de journalisme du travail des experts historiens ou d'autres disciplines, même si aucun discours n'est neutre idéologiquement.

7. Des « spécialistes » en biologie défendent la thèse de l'innéité de la violence et un débat s'engage à ce sujet dans *Le Devoir* (voir Gagnan-Brunette, 1989 ; Mongeau, 1989 ; Bibeau, 1989).

8. Par exemple, *Le Devoir* du 8 décembre 1989 (A5) propose une liste de « meurtres de masse » compilée par l'Agence France-Presse. Partant, le quotidien cherche à promouvoir l'idée selon laquelle « aucun pays du monde n'échappe aux forfaits sanglants commis par des forcenés, dont le dernier a été perpétré mercredi au Québec où un tireur fou a ouvert le feu dans les locaux de l'Université de Montréal, tuant 14 femmes ».

solitude » (*Le Devoir*, 9 décembre 1989), ou encore « Le père de Marc Lépine le battait régulièrement » (*La Presse*, 9 décembre 1989). À la chaîne anglaise de CBC, Barbara Frum réussit même à dénicher une ancienne partenaire de laboratoire de Marc Lépine qu'elle questionne à propos des habitudes de vie de ce dernier, de la propreté de son appartement, de sa vie amoureuse, etc. (Frum, 1989). M. El Yamani le constate : « bien sûr, nous saurons tout sur le tueur, son aspect physique, son degré d'intelligence, les écoles qu'il a fréquentées, le nom des professeur(e)s et étudiant(e)s qu'il a côtoyé(e)s, combien il aimait les films de guerre, s'il était studieux, etc. » (El Yamani, 1990 : 203). La personnalisation extrême de l'événement conduit même à la double victimisation du meurtrier, lui-même victime de la violence paternelle, victime d'une société qui n'a pas su l'intégrer et reconnaître ses difficultés. Nathalie Petrowski, par exemple, affirme dans une chronique que « sous chaque agresseur, chaque salaud, se terre une victime » (Petrowski, 1989). Au moment du service funèbre des 14 femmes assassinées, certaines personnes réclament même « une prière pour la 15e victime », c'est-à-dire Marc Lépine lui-même (Pinero, 1989 ; Elias, 1989).

En somme, le discours des journalistes professionnels et des élites sociales – représentants politiques et autres officiels –, oscille entre la thèse de la folie, du cas isolé et une condamnation générale et imprécise de la violence dans nos sociétés où victimes et bourreaux sont assimilés les uns aux autres. Ce faisant, ce discours demeure un discours de conservation sociale. D'un côté, en réduisant le geste de Marc Lépine à un cas individuel et isolé, ce discours permet d'en faire une anomalie qui ne représente aucune réalité sociale dont la communauté pourrait être imputable et responsable. De l'autre, la condamnation de la violence en général, sans réel approfondissement des mécanismes qui permettent la reproduction de cette violence, sans identification des responsables et sans appel concret au changement, me semble davantage relever d'un processus de deuil que d'une volonté de compréhension des rapports de force à l'œuvre dans notre société qui ont rendu possible le meurtre des 14 jeunes femmes de Polytechnique. Il est significatif que peu de journalistes professionnels et de membres des élites sociales intègrent dans leurs analyses le motif du crime, avoué par le meurtrier lui-même – la haine des féministes. Il est tout aussi éloquent qu'un grand nombre des tenants de ce discours trouve incompréhensible que seules des femmes aient été tuées. Les analystes féministes, pour leur part, en feront le cœur de leurs interprétations.

MOBILISATION DES GROUPES DE FEMMES ET DES FÉMINISTES

La mobilisation des groupes de femmes et des instances féministes est immédiate dès l'annonce du drame. Elle se manifeste autant dans les activités de deuil que dans les articles qu'elles signent dans les journaux. Néanmoins, loin d'être dominantes dans les principaux médias, les interventions féministes sont plutôt mal reçues, comme si, en ce temps de deuil, il ne fallait pas trop fouiller la plaie encore béante. Les militantes du mouvement des femmes ne s'expriment pas réellement durant ce premier moment même si elles participent activement aux rassemblements féministes autour de l'événement. Ce sont plutôt les intellectuelles et les professionnelles de la parole – journalistes, écrivaines, etc. – qui s'engagent, principalement dans les journaux où la diversité d'opinion est davantage préservée que dans les autres médias où aucune analyse féministe radicale n'est répertoriée. Ces dernières insistent d'abord sur le fait que le crime de M. Lépine n'est pas un cas isolé et ne peut pas être réduit à la folie individuelle. Par ailleurs, elles tentent d'expliquer en quoi la tuerie de Polytechnique est une manifestation de la misogynie structurelle de notre société.

Les féministes et les représentantes des groupes de femmes refusent la thèse du crime isolé (Regroupement québécois des centres d'aide et de lutte contre les agressions à caractère sexuel, Regroupement provincial des maisons d'hébergement et de transition pour femmes victimes de violence conjugale, Fédération des femmes du Québec, Regroupement des centres de femmes du Québec, Regroupement des équipes régionales, 1989). Pour elles, la signification politique du geste de M. Lépine est évidente. D'abord, « les victimes [ont] été sélectionnées, extraites de la masse d'étudiants anonyme pour une raison et pour une seule : elles étaient des femmes ! » (Veilleux, 1989, repris dans Malette et Chalouh, 1990 : 36-37). Ce fait montre bien qu'une catégorie sociale particulière est visée et que le tueur n'a pas agi au hasard. Journaliste à *La Presse*, Francine Pelletier affirme à son tour : « si c'est de la folie ça, jamais n'aura-t-elle été aussi lucide, aussi calculée. Jamais folie n'aura pris le soin d'identifier d'abord, d'éliminer ensuite l'adversaire. Jamais folie n'aura laissé un message aussi clair » (Pelletier, 1989, repris dans Malette et Chalouh, 1990 : 31-33). En effet, les analyses féministes mettent souvent en évidence comme preuve à leur argumentaire les paroles de M. Lépine lui-même, telles que rapportées par les témoins, ainsi que les bribes connues de sa lettre dans laquelle sa haine des féministes, principal motif de son crime, est explicite (Brossard, 1989). Devant l'occultation des intentions politiques de M. Lépine dans les médias dominants et le déni du caractère sexiste du massacre, plusieurs féministes concluent que l'analyse féministe dérange encore et remet trop en question les institutions sociales fondamentales de nos sociétés (Malette, 1989, repris dans Malette et Chaoulh, 1990 : 53-54)[9].

Les textes proposant une interprétation féministe radicale des événements du 6 décembre 1989 soutiennent que l'ensemble de notre système social et politique, fondé sur la hiérarchie entre les sexes, est responsable de la perpétuation des crimes sexistes et des inégalités entre les sexes. Cette perspective sociologique s'accompagne d'un usage important du passé chez toutes les auteures rencontrées ; passé qui peut seul faire comprendre la profondeur des principes de la domination masculine[10]. Par exemple, l'historienne des femmes Micheline Dumont

---

9. Martin Dufresne (1989, repris dans Malette et Chalouh, 1990 : 56), ainsi que des représentantes des groupes de femmes, croient que si un meurtrier s'en était pris seulement à des Noirs ou à des Juifs, le caractère politique et raciste du crime aurait été spontanément accepté. Toutefois, il en va autrement pour les crimes sexistes.

10. Malgré des limites importantes liées à la symétrisation des sexes dans leur rapport au symbolique et aux mécanismes de domination, à la minimisation de la violence physique au profit de la violence symbolique et à une flagrante méconnaissance de la littérature féministe, l'étude de Pierre Bourdieu offre des avenues intéressantes pour penser l'ordre symbolique de

fait plusieurs interventions publiques dans lesquelles le geste de Marc Lépine est inscrit dans une longue histoire de la misogynie occidentale : « [d]epuis des millénaires, les femmes sont enfermées dans un concept contrôlé, "la femme", et méprisées dans un concept collectif, "les femmes". Il y a à peine deux décennies, des femmes ont entrepris une analyse de leur subordination. Les hommes se sont sentis visés individuellement » (Dumont, 1989, repris dans Malette et Chalouh, 1990 : 89). Par ailleurs, dans le cadre de l'émission du 8 décembre de *Ici comme ailleurs* avec Michel Desautels à la radio de Radio-Canada, Pierre Bourgault – que l'on ne peut pas qualifier d'homme toujours proféministe – soutient que le geste de M. Lépine est politique puisqu'il vise ouvertement les femmes en tant que groupe social. Plus encore, ce geste s'inscrit dans une histoire très ancienne, qui se poursuit encore de nos jours, de crimes collectifs perpétrés contre les femmes. Il insère donc le drame de Polytechnique, interprété comme une expression du *backlash* contre le féminisme, aux côtés des crimes historiques d'exclusion, de soumission et d'humiliation que les différentes églises, les autorités politiques – à travers leurs lois – et les hommes comme groupe social ont imposé aux femmes. Identifiée comme institution maîtresse de l'oppression des femmes au Québec, l'Église catholique est prise à partie par Pierre Bourgault. Ce dernier radicalise sa position dans une diatribe énoncée le 13 décembre 1989, qui lui vaut d'être congédié de Radio-Canada. D'autres auteurs s'insurgent également dans les journaux de l'attitude de l'Église et de la mise à l'écart des femmes lors des cérémonies funèbres des 14 victimes de Polytechnique (Lemay, 1989 ; Decelles, 1989, repris dans Malette et Chalouh, 1990 : 157).

---

la domination masculine. « Les apparences biologiques et les effets bien réels qu'a produits, dans les corps et dans les cerveaux, un long travail collectif [il faudrait dire masculin] de socialisation du biologique et de biologisation du social se conjuguent pour renverser la relation entre les causes et les effets et faire apparaître une construction sociale naturalisée (les « genres » en tant qu'habitus sexués) comme le fondement en nature de la division arbitraire qui est au principe et de la réalité et de la représentation de la réalité et qui s'impose parfois à la recherche elle-même » (Bourdieu, 1998 : 14).

D'autres hommes rédigent des textes sur la rage masculine qui fait des victimes chez les femmes, sur la responsabilité collective, et particulièrement masculine, que tous et toutes doivent assumer (Champagne et Chabot, 1989). De concert avec certaines féministes, le sociologue Dorval Brunelle (1989, repris dans Malette et Chalouh, 1990 : 150) va même jusqu'à affirmer que

> [l]es hommes sont tous coupables, dans la mesure où [ils] tolèrent l'existence et l'approfondissement au cœur de nos sociétés de cette ambivalence vis-à-vis des femmes qui sont pavoisées, adulées, vénérées au niveau des images, des fantasmes et des sentiments creux, mais qui sont également frappées, avilies et assassinées dans [leurs] violentes intimités.

Cette position soulève l'épineuse question de l'existence d'un continuum de la violence entre le geste de M. Lépine et la violence quotidiennement imposée aux femmes. Ce lien, implicite dans la conception de l'histoire entretenue par les tenantes du féminisme radical, fait l'objet de discussions ailleurs dans l'espace public. Nous verrons que la défense des hommes devient de plus en plus évidente dans le discours de certaines élites et de quelques témoins cherchant à se réapproprier l'événement. D'abord, elle concerne ceux présents sur les lieux du crime puis, par extension, elle couvre l'ensemble de la population masculine. Cette défense insinue une rhétorique de victimisation des hommes dans les années suivant le drame.

L'ANTIFÉMINISME ORDINAIRE

Lors de ce premier moment de la construction du sens de la tuerie de Polytechnique, les voix antiféministes sont diffuses et peu organisées, mais tout de même présentes dans les médias. Déjà, elles identifient le féminisme, généralement peu défini et manifestement méconnu, comme l'élément déclencheur responsable de la haine de Marc Lépine. Les années suivantes voient la radicalisation des interprétations antiféministes du 6 décembre 1989 et plus généralement la structuration d'un récit, largement historique, conceptualisant leur conception des rapports entre les sexes. Pour l'heure, les usages du passé sont plutôt discrets, sinon pour rappeler l'âge d'or où les rôles « traditionnels » étaient intacts ou la présence dérangeante des féministes dans les années 1980.

Ainsi, des titres de journaux appuient la thèse voulant que beaucoup d'individus soient antiféministes à l'instar de M. Lépine : « La plupart des hommes ont pu un jour en vouloir aux féministes selon un psychologue » (*Le Devoir*, 9 décembre 1989), « Plusieurs hommes disent se retrouver en Marc Lépine » (*Le Devoir*, 12 décembre 1989) ou encore « les hommes éprouvent parfois du ressentiment envers les féministes » (*La Presse*, 11 décembre 1989). Des analystes féministes signalent par ailleurs avoir entendu des propos similaires dans le cadre de tribunes téléphoniques sur les ondes de plusieurs stations radiophoniques :

> *La première réaction violente, insupportable, misogyne m'est parvenue de la radio. Une ligne ouverte, toute la soirée, dès le mercredi soir, permettait aux auditeurs (très peu d'auditrices téléphonaient) d'exprimer à chaud leurs premières impressions. C'est dès ce moment-là que l'horreur de la réaction s'est mise à transparaître. De tristes sires, englués de rancœur et d'amertume, disaient tout haut ce que d'autres sans doute pensaient en leur for intérieur. Le tueur en question (dont on ignorait tout encore) avait fait une sale besogne, pensait-on, mais il avait exprimé une partie de la colère qu'inspirent aux hommes ces femmes d'aujourd'hui qui arborent un « féminisme exacerbé ». Il savait son avenir compromis : de nos jours, avec l'avortement, le divorce, l'émancipation, plus moyen de trouver une bonne petite épouse à qui faire des enfants comme dans le temps* (Saint-Jean, 1990 : 58-59).

Usant du format éditorial, des articles insinuent à plusieurs reprises que les féministes sont trop vindicatives ou rejettent les hommes. Ceux-ci se sentiraient mis de côté et accumuleraient des frustrations jugées légitimes. Dans un texte publié dans *Le Devoir*, Angela Terrogrossa affirme ainsi qu'« une sérieuse pause de réflexion sur le féminisme parlé au seuil de l'an 2000 s'impose. Les dirigeantes féministes sont responsables d'une certaine projection du féminisme comme violence faite ou à faire à l'homme, une sorte de "catharsis" à l'injustice faite aux femmes durant des siècles » (Terrogrossa, 1989). À la télévision de Radio-Canada, dans le cadre de son émission *Aujourd'hui dimanche*, Denise Bombardier cherche à faire parler trois hommes sur leur malaise face aux « attaques féministes ». S'improvisant experte des rapports entre les sexes, elle propage alors cette idée du féminisme comme une idéologie prônant l'éloignement des sexes et la culpabilisation des hommes (Bombardier, 1989)[11]. Enfin, Pierre Foglia qui défend, comme nous l'avons vu, l'idée que l'événement est sans portée sociale, adopte une approche nettement antiféministe. Dans l'une de ses chroniques, il sous-entend la probabilité que la folie de M. Lépine ait été causée par « l'hystérie » du mouvement des femmes. Se déchargeant sur la déclaration d'un garçon anonyme qui aurait fréquenté le même cégep que le tueur, il rapporte ses propos :

> *Je me souviens de lui* [de Marc Lépine], *mais je n'étais pas proche de lui.* [...] *En 81, 82, 83 on frisait l'hystérie féministe au Cégep St-Laurent. Les gars étaient incroyablement low profile, mais curieusement, dans ceux que j'ai revus depuis, une maudite gang sont devenus agressivement machos...* (Foglia, 1989a).

Ce procédé plutôt louche permet de faire porter la responsabilité du drame aux victimes que M. Lépine visaient.

Dans ce premier temps de la construction de la commémoration du 6 décembre 1989, le discours antiféministe, bien que marginal, occupe une plus grande place dans les médias que le discours féministe. Dans les années suivantes, on observe des transformations dans les positions relatives de chaque type de discours, en raison, d'une part, de la radicalisation du discours antiféministe et, d'autre part, de la

---

11. Aucun des invités – Christophe Caron, Serge Ménard et Pierre Migneault – n'accepte ce cadre d'entrevue qu'ils contestent à plusieurs reprises, en rappelant adhérer aux valeurs féministes ou tout au moins ne pas apprécier l'esprit de division véhiculé par l'animatrice.

résignation, de la part des groupes de femmes, à accepter que le cadre d'analyse féministe soit mis de côté dans le discours officiel en échange d'une reconnaissance du 6 décembre 1989 comme symbole de la violence faite aux femmes. Ce sera toutefois la conception historique linéaire et le point de vue des élites sociales qui seront dominants dans le récit commémoratif officiel.

LA STRUCTURATION DU DISCOURS COMMÉMORATIF DE 1990 À 2003

Après quelques semaines d'une intense couverture de l'événement par les médias, ceux-ci deviennent soudainement silencieux. Devant l'importance de la commotion causée par la tuerie de Polytechnique, les autorités prennent peu à peu conscience de leur responsabilité dans le devoir de mémoire. Cette responsabilité passe notamment par leur participation aux démarches entreprises, surtout par des groupes de femmes et des témoins, pour permettre d'endiguer et de canaliser la peur et la colère collective pour les transformer en processus de deuil. Cependant, en acceptant de participer aux activités de commémoration de la tuerie de Polytechnique, les autorités ne peuvent plus défendre la thèse d'un crime isolé. En effet, si le geste de Marc Lépine n'avait pas de portée politique, la commémoration n'aurait pas lieu d'être, sans compter que le « respect [des morts] se manifeste avant tout par la reconnaissance de l'action commise » (Kattan, 2002 : 46)[12]. Dès lors, quel sens particulier, d'entre tous ceux qui ont déferlé dès décembre 1989, attribuer au massacre de Polytechnique ? Dans ce deuxième moment de la structuration du discours commémoratif, dont les deux moments forts sont 1990 et 1999, les experts et les témoins dominent l'espace discursif, les journalistes s'appliquant surtout à rapporter leurs propos. Assiste-t-on alors à une réflexion collective sur les enjeux sociaux inhérents à ce meurtre collectif que la couverture médiatique

---

12. « Nier le crime perpétré contre elles constitue une seconde injustice faite aux victimes. En niant l'événement par lequel elles ont péri, on prive en même temps les victimes d'un droit à la mémoire » (Kattan, 2002 : 46).

immédiate avait sacrifiée au profit « du sensationnalisme, de l'émotion à tous les degrés possibles et du psychologisme anesthésiant » (El Yamani, 1990 : 202) ? Rien n'est moins sûr, car la commémoration, usage sociopolitique de la mémoire privilégié, a comme fonction le rapprochement collectif et la réconciliation plutôt que les désaccords propres au véritable débat social, ainsi que le renforcement des institutions sociales qui procèdent à la commémoration (Groulx, 2001 ; Ferro, 1985). Néanmoins, toujours en porte-à-faux avec l'analyse dominante, certaines féministes radicales cherchent à faire entendre leurs analyses en continuité avec leurs premières interventions. Dans la marge des discours entourant le 6 décembre 1989, un antiféminisme radicalisé et défendant l'idée d'une récupération féministe de l'événement se fait aussi entendre quoique dans des voies beaucoup moins empruntées.

LA MISE EN PLACE DU DISCOURS OFFICIEL OU L'HISTOIRE LINÉAIRE TRIOMPHANTE

LA MOBILISATION DES GROUPES DE FEMMES ET DES TÉMOINS POUR LUTTER CONTRE LA VIOLENCE FAITE AUX FEMMES

Bien qu'elles aient été discrètes dans les semaines qui ont suivi le massacre de Polytechnique, les représentantes des différents groupes de femmes, notamment ceux offrant des services contre la violence faite aux femmes, et plusieurs familles des victimes déployèrent, dès les premiers moments, de grandes énergies à organiser des activités de commémoration faisant du 6 décembre 1989 un symbole de la violence faite aux femmes et, plus largement, de la violence omniprésente dans notre société.

De nombreuses travailleuses engagées auprès des femmes et des enfants mettent sur pied des activités de sensibilisation à la violence autour des activités de commémoration du 6 décembre. Les regroupements officiels et modérés de femmes, comme la Fédération des femmes du Québec (FFQ) et l'Association féminine d'éducation et d'action sociale (AFÉAS), ainsi que les organisations étatiques

57

responsables de la condition féminine, le Conseil du statut de la femme et Condition féminine Canada, participent à l'élaboration de ces activités en offrant leur soutien logistique et le matériel[13]. Les représentants politiques répondent positivement à ces premières initiatives et l'État canadien institue légalement, en 1991, le 6 décembre comme la Journée nationale de commémoration et d'action contre la violence faite aux femmes. Dans la foulée de cet événement symbolique, des hommes du groupe Men for Change, se sentant concernés par la violence faite aux femmes, organisent la même année la campagne du ruban blanc à travers le Canada[14]. Deux ans plus tard, en 1993, la Fondation des victimes du 6 décembre contre la violence est créée par des parents des victimes. Sa mission est de commémorer chaque année ce moment et de sensibiliser la population aux méfaits de la violence faite aux femmes, en finançant notamment les organismes qui luttent pour l'éliminer.

Alors que le sens de la tragédie se fige autour de celui que les principales organisatrices et participantes de la commémoration lui donnent, on assiste progressivement à l'uniformisation du rituel ; uniformisation à laquelle les journalistes participent pleinement, année après année, en rappelant les événements, les activités symboliques de

13. Voir le site Internet de la FFQ où sont répertoriées les activités pour la commémoration et le site Internet de Condition féminine Canada qui offre du matériel pédagogique lié à la commémoration du 6 décembre 1989.
14. La dimension symbolique du souvenir est prédominante aussi lors du dixième anniversaire du drame, alors que sont dévoilés un monument commémoratif des jeunes femmes disparues, intitulé *Nef pour 14 reines*, une place du 6 décembre 1989 et une plaque commémorative à Polytechnique [http://www.metrodemontreal.com/blue/cotedesneiges/6dec.html] (12 mai 2004). D'autres campagnes contre la violence sont mises sur pied dans le sillage de la commémoration du 6 décembre 1989, notamment la campagne du bouton rose du YWCA [http://www.ywcacanada.ca/about/about_fr_events.html] (12 mai 2004). Par ailleurs, des gestes symboliques ont également été posés par un grand nombre de femmes artistes qui ont produit une abondante littérature de fiction – poèmes, romans, etc. –, des œuvres d'art plastique, des chansons, etc. (voir Pedneault, 1992 ; Bersianik, 1990).

deuil, les actions de sensibilisation à la violence, ainsi qu'en rapportant des statistiques et des commentaires de spécialistes de la violence faite aux femmes[15]. Les éditoriaux offrant d'autres interprétations se raréfient dans les principaux quotidiens à mesure que le temps passe. Néanmoins, aux côtés du thème de la violence faite aux femmes, on observe que le débat entourant le contrôle des armes à feu accompagne de façon significative les réflexions liées à la commémoration du 6 décembre 1989. Portées principalement par une témoin du drame, Heidi Rathjen, étudiante à Polytechnique en 1989, les revendications de la Coalition pour le contrôle des armes à feu, fondée en 1990, mènent à l'interdiction de certains types d'armes et à l'enregistrement obligatoire de toutes les armes à feu (Rathjen et Montpetit, 1999 ; Bertrand, 1999). Il faut toutefois souligner que depuis le début, les groupes de femmes intègrent habilement à leur discours cette lutte pour le contrôle des armes à feu. Pour elles, l'interdiction est un premier pas dans la bonne direction, assurant ainsi, d'une certaine manière, la préséance de l'interprétation du 6 décembre comme un symbole de la violence faite aux femmes (Morissette, 2003).

Pour les groupes de femmes, les enjeux liés à la commémoration du massacre de Polytechnique sont nombreux. D'abord, l'attention accordée à la violence faite aux femmes dans les médias et dans les assemblées politiques le 6 décembre, et surtout l'institution d'une journée officielle de commémoration, garantit un accès privilégié, bien que restreint, à l'ordre du jour politique. C'est une assurance que les autorités, par respect pour les mortes de Polytechnique, écouteront – peu importe la qualité de l'écoute – ce que les groupes de femmes – représentant les victimes de la violence – ont à dire au moins une fois par année. Certains auteurs diraient que la commémoration permet aux groupes de femmes de faire reconnaître leur « statut de victime et de [leur] conférer des droits et privilèges que d'autres groupes n'ont pas » (Kattan, 2002 : 12), « [d'ouvrir] dans le présent une ligne

---

15. À chaque année, on retrouve au moins deux articles de cette teneur dans chaque quotidien autour du 6 décembre 1989 (voir Leduc, 1999 ; Des Rivières, 1999).

de crédit inépuisable » (Todorov, 2000 : 155). Bien qu'il soit indéniable que l'inscription du 6 décembre 1989 dans la mémoire collective des femmes regroupées du Québec consolide leur identité et renforce la légitimité de leur travail, il ne faut pas croire que la commémoration représente une mine d'or pour les groupes de femmes. En effet, cet accommodement entre des groupes de femmes, adoptant généralement une perspective féministe radicale, et les autorités politiques passe par un compromis qui permet la commémoration. La violence doit, si on veut en discuter publiquement, être assimilée à une déviance, un écart à la norme. En acceptant de jouer ce jeu politique, les groupes de femmes sont donc contraints de laisser de côté l'analyse féministe radicale, à laquelle elles adhèrent généralement, qui voit dans la violence une norme de l'ordre patriarcal. Ce sont les silences de la commémoration qui dévoilent les limites interprétatives à ne pas franchir. Dans ce contexte, on comprend que l'utilisation de l'histoire pourrait dévoiler la permanence historique d'institutions discriminatoires, complices de la violence. Ainsi, le discours commémoratif se concentre sur le présent, ne retournant jamais dans le passé pour comprendre les fondements historiques de la violence exercée contre les femmes.

LA RÉAPPROPRIATION DE L'ÉVÉNEMENT PAR CERTAINS TÉMOINS ET LE « POSTFÉMINISME »

Tout comme les spécialistes du phénomène de la violence faite aux femmes, les témoins sont appelés année après année à témoigner des événements, à partager leurs souvenirs des victimes. Leur discours est plus émotif que rationnel, et l'impératif du devoir de mémoire est omniprésent dans les paroles de la plupart d'entre eux[16]. Le drame de Polytechnique constitue pour plusieurs de ces personnes un point tournant dans leur existence. Bien que l'ensemble des témoins adhère tantôt au discours des élites et des groupes de femmes, tantôt au

---

16. Voir le reportage de Martine Byron, Sylvie Fournier, Louis Lemieux et Michèle Viroly au *Téléjournal* de Radio-Canada du 6 décembre 1999, de même que Paré (1994).

discours féministe et même au discours antiféministe, certains d'entre eux semblent vouloir développer une autre perception de l'événement qui s'inscrit toutefois dans une conception linéaire de l'histoire malgré le pivot que constitue le 6 décembre 1989 dans leur rapport au temps. On pourrait dire que, pour certains d'entre eux, le 6 décembre 1989 constitue une rupture temporelle ; rupture qui ne se situe toutefois pas sur le plan de l'analyse sociale, mais de l'expérience personnelle.

On peut probablement interpréter les interventions de Catherine Fol[17], ancienne étudiante de Polytechnique, que ce soit dans son film, *Au-delà du 6 décembre* (1991), dans les entretiens qu'elle a donné à la radio, notamment à l'émission *Indicatif présent* animée par Marie-France Bazzo (1999), ou dans le livre qu'elle a publié en 1999, *Dans la tête des filles. Chroniques de l'après-féminisme,* comme des tentatives de réappropriation du drame de Polytechnique. Pour Catherine Fol, les médias ont donné trop d'importance à la cause antiféministe de l'agresseur. Ainsi, l'acharnement à victimiser les femmes empêche les hommes et les femmes de travailler ensemble afin de passer à autre chose. Au fondement de ce raisonnement, on retrouve l'idée que, dans la société québécoise, les inégalités structurelles entre les sexes n'existeraient pratiquement plus. Dès lors, l'horreur suscitée par le geste de M. Lépine serait la preuve que nous ne vivons plus dans une société misogyne[18]. Dans ce contexte, plutôt que de limiter notre

---

17. Il est significatif de noter que son analyse symétrisant les deux sexes, qui peuvent être victimes et agresseurs tour à tour, est de nouveau d'actualité au début de l'année 2005. Dans les réflexions entourant la création d'un Conseil de l'égalité, qui remplacerait le Conseil du statut de la femme, plusieurs voix proposent une telle analyse des rapports sociaux de sexe niant la persistance des inégalités historiques et structurelles entre les sexes.

18. Des sociologues tels Jean-Jacques Simard et Simon Langlois défendent aussi cette thèse du paradoxe d'Alexis de Tocqueville selon lequel « les sociétés ont plus tendance à voir les inégalités restantes quand les choses s'améliorent que lorsqu'elles vont mal » (Lortie, 1999). Les autorités politiques soutiennent aussi cette idée en affirmant, par la bouche de la députée provinciale de Chambly Diane Legault, que les victimes « incarnaient l'expression

compréhension à la violence faite aux femmes, il serait plus profitable, selon elle, de réfléchir à l'ensemble des manifestations violentes dans nos sociétés[19]. Dans une volonté implicite de reprendre en main un débat qu'elle croit dominé par les féministes et les antiféministes, Catherine Fol pense que la commémoration de Polytechnique doit cesser de séparer les hommes et les femmes en deux catégories, celle des victimes et celle des agresseurs, car il existerait à la fois des hommes et des femmes agresseurs ou victimes[20].

Cette volonté de brouiller les catégories de sexe s'exprime aussi dans le débat opposant deux groupes particuliers. D'une part, on retrouve ceux estimant que les hommes ont été victimes au même titre que les femmes survivantes du geste de M. Lépine. D'autre part, il y a ceux qui insistent sur deux évidences : les victimes de la violence sexiste ne sont pas principalement les hommes mais bien les femmes ; les responsables de la violence sont généralement des hommes. Adhérant au premier groupe, Catherine Fol affirme ainsi dépasser les antagonismes de sexe en les niant. Ce faisant, elle défend l'idée que les hommes aussi ont été victimes du geste de Marc Lépine. Pour elle,

---

même que l'égalité entre les hommes et les femmes était devenue possible » (Normand, 2003).

19. C'est aussi ce que croit Heidi Rathjen (1999), autre représentante importante des témoins de Polytechnique, même si elle reconnaît, tout comme Catherine Fol d'ailleurs, le caractère misogyne et antiféministe du geste de M. Lépine (voir aussi Germain, 1989 ; Cernea, 1999).

20. Certains journalistes partagent ce point de vue, fréquent dans les médias. En confrontant les analyses féministes et antiféministes, ils cherchent à s'en démarquer et à faire valoir la sagesse de leur propre ton modéré. « Tout n'est pas réglé, loin de là. Mais l'affrontement entre un féminisme primaire et un chauvinisme qui l'est autant s'est estompé devant une lecture bien plus nuancée de problèmes dont on mesure mieux l'infinie complexité » (Dubuc, 1999). Ces raisonnements refusent de reconnaître la dimension sociologique des inégalités de sexe, comme si le fait que des hommes et des femmes puissent exercer, individuellement, la violence annule le rapport inégalitaire entre les sexes. Le fait qu'une femme soit plus favorisée qu'un homme ne signifie pas qu'il n'existe plus d'inégalités entre les sexes.

au lieu de culpabiliser ces derniers comme le feraient les féministes, il serait plus pertinent de reconnaître leur douleur. Sur l'assise de cette reconnaissance, elle en appelle à la concorde. En travaillant ainsi tous main dans la main, non comme des hommes et des femmes, mais comme des êtres humains, il serait possible de s'opposer non pas précisément à la violence contre les femmes – qui, dans cette perspective, n'a plus aucun caractère spécifique –, mais à la violence en général. Surtout dans les années qui suivent immédiatement le drame, des psychologues appuient aussi cette interprétation à l'instar d'Odette Arsenault qui « déplore que la société n'ait pas reconnu aux garçons le droit d'être victimes » (LeBœuf, 1999)[21]. D'un autre côté, se dresse le second groupe, celui composé de féministes radicales. Ces dernières exhortent plutôt la population à reconnaître que la violence faite aux femmes parce qu'elles sont des femmes n'a aucune commune mesure avec celle dont peuvent être victimes certains hommes.

EN MARGE DE LA COMMÉMORATION OFFICIELLE : L'EXPERTISE FÉMINISTE ET L'ANTIFÉMINISME RADICALISÉ

L'USAGE DU PASSÉ PAR LES EXPERTES FÉMINISTES

De tous les protagonistes qui se sont initialement intéressés aux événements de Polytechnique, seules les féministes ont procédé à des analyses plus approfondies du drame une fois la tension initiale apaisée. On peut probablement expliquer cette mobilisation remarquable en partie par un besoin de légitimation sociale et par le sentiment d'avoir été visé par le geste de M. Lépine et de devoir y répondre. Il est frappant de constater que, après les premiers mois de catharsis, aucun expert défendant les thèses de la folie ou de l'enfance malheureuse ne s'est penché plus sérieusement sur le 6 décembre 1989 pour offrir à la population les explications tant attendues. Dès avril 1990, une section

---

21. De nombreux témoins disent vouloir passer à autre chose en pardonnant à Marc Lépine (Hachey, 1999).

entière de la revue savante *Sociologie et sociétés* est consacrée à des analyses sociologiques de la tuerie de Polytechnique. Au courant de la même année, un recueil de textes – certains inédits, d'autres ayant été publiés dans les journaux en décembre 1989 – est publié sous la direction de Louise Mallette et de Marie Chalouh. Les études des féministes radicales – surtout celles du milieu universitaire et savant – portent sur l'histoire occidentale de la domination masculine permettant de comprendre la tuerie de Polytechnique dans un contexte social et politique particulier, sur le traitement médiatique du massacre de Polytechnique, ainsi que sur la conceptualisation du drame de Polytechnique comme une rupture dans l'histoire des femmes du Québec.

Tour à tour, des expertes des rapports sociaux de sexe décortiquent les éléments du crime de Marc Lépine afin de comprendre le sens du geste et sa portée politique. Elles lui donnent une profondeur historique et sociale, notamment en insistant sur le fait que « ce n'est pas d'hier que les femmes savantes ou celles qui manifestent la volonté arrêtée de le devenir sont la cible d'exactions physiques » (Bertrand, 1990). Par exemple, Nicole Brossard traite brièvement de la profondeur culturelle et historique des concepts de « sexisme », de « phallocentrisme », de « misogynie » et d'« antiféminisme », qui permettent de comprendre la reproduction du système patriarcal dont la violence faite aux femmes est un rouage (Brossard, 1990). L'usage du passé dans la réflexion féministe radicale a un caractère contestataire, une dimension subversive[22]. L'enjeu est alors de modifier en profondeur les rapports sociaux inégalitaires, qui ne peuvent pas être compris dans le seul

---

22. On retrouve la même préoccupation dans les différentes figures de l'intellectuel chez Michel Foucault. En général, la pensée féministe ne cherche pas à s'extraire des rapports de pouvoir, se reconnaissant au contraire une place particulière dans ceux-ci, et travaille à la déconstruction des « vérités » admises, des évidences qui justifient la hiérarchie entre les sexes. On pourrait voir dans l'œuvre intellectuelle féministe des rapprochements, selon les auteurs, avec l'intellectuel engagé ou l'intellectuel spécifique de M. Foucault, comme les a défini Gérard Noiriel (2003).

présent. Le dévoilement du passé patriarcal de l'histoire occidentale rend légitime la perspective et l'action féministe toujours fragilisées par leur caractère marginal. « La violence faite aux femmes ne s'éclipsera pas comme la lune ce soir [le 6 décembre], comme une page qu'on tourne dans un livre d'histoires horribles. C'est une mécanique millénaire qu'il faut travailler à déconstruire ensemble, hommes et femmes. Dénoncer ne suffit plus » (Émond, 1992). On comprend donc pourquoi le discours féministe paraît dérangeant pour plusieurs personnes dans le contexte d'une commémoration officielle, mais aussi les raisons pour lesquelles les féministes critiquent le traitement médiatique de la tuerie de Polytechnique.

En effet, le rôle des médias d'information prête le flanc aux reproches. De nombreux textes, publiés au cours des années suivant le drame, analysent le traitement médiatique de l'événement et les raisons sous-tendant le rejet de la perspective féministe. Pour les « professionnelles des sciences sociales » qui écrivent dans *Sociologie et sociétés* « à titre de citoyennes et de scientifiques » (Bertrand, 1990 : 193), les médias et, plus généralement, les autorités sociales, procèdent au déni des conflits sociaux entre les sexes. « L'oppression des femmes, d'une certaine manière, participe de l'inavouable » (Nadeau et Spielvogel, 1990 : 211)[23]. L'historienne Micheline Dumont explique, pour sa part, que le mouvement féministe a de tout temps suscité des réactions virulentes cherchant à le délégitimer. Elle en donne pour exemple la couverture des médias qui ont écarté de la réflexion sur le 6 décembre 1989 les scientifiques universitaires féministes pourtant spécialistes des questions liées aux rapports sociaux de sexe : « [la] tragédie de Polytechnique nous a offert un bel échantillon de censure et d'autocensure. Messieurs Dubuc, Leclerc, Bourgault peuvent en parler : on applaudit ! Mais que les féministes se taisent : on ne veut pas les entendre » (Dumont, 1990 : 140). Bien qu'il soit faux de dire qu'aucune

---

23. Les féministes de l'Université Laval ont aussi écrit une lettre, dénonçant les accusations de récupération féministe véhiculées par les médias [http://www.ulaval.ca/scom/Au.fil.des.evenements/1999/12.09/courrier.html] (12 mai 2004).

voix féministe n'ait été entendue dans les médias immédiatement après le 6 décembre 1989, même si elles furent clairement minoritaires, la sociologue des communications Armande Saint-Jean rappelle judicieusement que « n'ont droit de parole que celles qui font écho aux dogmes du système » (Saint-Jean, 1990 : 57)[24]. En d'autres termes, la légitimité est accordée à tous sauf à celles qui cernent des failles au système social.

Enfin, de manière progressive, les féministes conceptualisent aussi le 6 décembre 1989 comme un fait historique, un point de rupture dans l'histoire des femmes et du mouvement féministe québécois, car « un fait social peut être à la fois ancien et nouveau. Être habituel et être une innovation, un point historique. Car point historique, celui-ci l'est » (Guillaumin, 1990 : 198). À l'appui de cette analyse du sens historique de l'événement, la présidente de la Fondation des victimes du 6 décembre contre la violence écrit ainsi en 2001 que : « le 6 décembre 1989 marquait un point tournant dans l'histoire des femmes d'ici ». Pour sa part, le Collectif masculin contre le sexisme dénombre, de manière cumulative depuis 1989, le nombre de femmes qui meurent parce qu'elles sont des femmes. Comme un repère du moment zéro initié par l'événement, Martin Dufresne, le principal porte-parole du collectif, souligne en caractères gras sur cette liste les noms des 14 victimes de Marc Lépine. De l'avis de plusieurs intellectuelles, il s'agit du premier crime, dans l'histoire du monde, délibérément et ouvertement antiféministe (Guillaumin, 1990).

Le 6 décembre 1989 constitue un point de rupture pour d'autres raisons. Certaines féministes et proféministes identifient ainsi 1989 comme l'année à partir de laquelle le mouvement des femmes s'est

---

24. Une de ces représentantes des dogmes du système semble être, selon Armande Saint-Jean, celles qui, comme Catherine Fol, défendent l'idée d'un après ou d'un postféminisme : « L'on s'est beaucoup gargarisé, dans les médias, du fameux "post-féminisme". Cela servait surtout à se faire croire que les changements effectués suffisaient largement et que le féminisme devait passer pour une idéologie dépassée. On s'est aussi appliqué à présenter la jeune génération de femmes comme des non-féministes » (St-Jean, 1990 : 58-59).

affaibli et la résistance antiféministe s'est renforcée. Par exemple, Micheline Carrier écrit en 2002 sur le site Internet Sisyphe [http://sisyphe.org] que « le mouvement féministe québécois, mis autant en cause par les médias que par le meurtrier, a vécu des années de fragilité et d'hésitation ». Selon elle, dans une analyse déjà partagée par Francine Pelletier en 1990, l'attitude des médias aurait laissé croire qu'une hostilité douce envers les féministes pouvait être permise, ce qui a eu comme effet de renforcer l'antiféminisme et la mauvaise presse du féminisme auprès des jeunes femmes. Pour sa part, dans ses textes de commémoration du 6 décembre 1989, Martin Dufresne se concentre sur la montée de cet antiféminisme, appelé dorénavant masculinisme parce qu'il prône un retour à un ordre ancien où les hommes détenaient encore leur impunité traditionnelle. À son avis, « il n'est pas inopportun de rappeler que ce discours revanchard et nostalgique était celui de Marc Lépine, quand il a pris les armes » (Dufresne, 2002). En 2002, il critique, toujours sur le site Internet Sisyphe, le rituel de commémoration permettant, à son avis, que « nos parlementaires se paient leur minute annuelle au sujet des 14 victimes du gynécide (meurtre de femmes en tant que femmes) commis à l'école Polytechnique, [tout en demeurant] apparemment libres de négliger le fait que ce massacre se poursuit ». En effet, il semble incontestable qu'un discours antiféministe particulier se développe dans l'ombre de Marc Lépine et de son geste meurtrier.

DÉLIRE ANTIFÉMINISTE ET USAGE DU 6 DÉCEMBRE :
LA LETTRE DE MARC LÉPINE

Observé entre 1990 et 2003, le discours antiféministe qui se réfère explicitement au 6 décembre 1989 se répartit entre deux types. D'une part, on l'aperçoit d'abord dans les critiques de récupération féministe du massacre de Polytechnique. D'autre part, il structure également des écrits beaucoup plus radicaux faisant de Marc Lépine un représentant de la lutte pour les « droits des hommes ». Ces discours radicaux, contrairement aux critiques de récupération, approfondissent leur ancrage dans le passé en se construisant une conception de l'histoire comme un retour de balancier. Cette conception de l'histoire s'abreuve beaucoup à la conception féministe mais en inversant toutefois ses termes et en puisant dans une rhétorique haineuse que le discours féministe, il faut le reconnaître, n'adopte pas. Insistant sur les « effets pervers » de l'émancipation des femmes, les tenants de ce discours radical sont convaincus d'être les nouvelles victimes d'un système social « matriarcal » et féministe. Il est toutefois important de garder en tête que ce discours demeure marginal, même s'il est incontestable qu'il se radicalise et s'organise de plus en plus depuis une dizaine d'années.

Penchons-nous sur le premier type de discours antiféministe. Il existe des expressions d'antiféminisme se manifestant dans des critiques de la commémoration annuelle du 6 décembre 1989. Ces expressions prennent forme entre autres sous la plume de Roch Côté. Dans son *Manifeste d'un salaud* (1990), on peut lire une sorte de pastiche des propos tenus par Pierre Foglia quelques jours après le drame. Grosso modo, la thèse du polémiste se résume ainsi : les féministes, qui auraient besoin des inégalités entre les sexes pour exister, auraient récupéré la tuerie de Polytechnique pour leurs intérêts politiques. Pour R. Côté, les inégalités entre les hommes et les femmes auraient pratiquement disparues. Dans ce contexte, le geste de M. Lépine ne serait qu'un acte isolé et inexplicable[25]. Dans la même veine, Pierre Foglia récidive d'ailleurs en 1999 en reprochant aux féministes l'instrumentalisation de la violence faite aux femmes et l'ineptie de la commémoration du geste d'un fou. R. Côté et P. Foglia accusent donc les féministes de faire un usage mensonger de l'histoire pour légitimer leur existence. L'antiféminisme tendancieux de la thèse de la folie se révèle donc au fil des années. Toutefois, il y a plus radical encore.

---

25. Deux points distinguent les propos de Roch Côté et de Catherine Fol – que plusieurs similarités rapprochent par ailleurs. Roch Côté ne reconnaît pas la violence faite aux femmes et insinue une malhonnêteté de la part des féministes. Alors que C. Fol pense que les féministes adoptent de mauvaises stratégies pour arriver au même but qu'elle se donne, R. Côté croit plutôt que les féministes recherchent la domination par la manipulation.

Le journal *La Presse* publie en 1990 la lettre que Marc Lépine laisse sur les lieux du crime. Cette lettre fait elle-même un grand usage de l'histoire. Une histoire, selon M. Lépine, que les féministes manipuleraient pour y intégrer, malhonnêtement, les femmes dans tous les espaces dont elles seraient absentes dans l'historiographie traditionnelle. Selon ce dernier, adepte de la thèse de l'effet pervers, les hommes seraient les nouvelles victimes d'un ordre qui, loin d'être égalitaire, serait plutôt défavorable aux hommes. Un certain nombre d'hommes récupèrent les arguments de M. Lépine. Ces derniers les estiment fondés et font du meurtrier une victime du féminisme radical des années 1980. Pratiquant l'amalgame sans retenue, la dénonciation rhétorique s'apparente dès lors au délire, c'est-à-dire à un état d'esprit et à des propos excessifs qui n'entretiennent pas de corrélation avec la réalité empirique. Un auteur va même jusqu'à dire « qu'il n'y aurait pas eu d'événements de Poly sans le discours féministe haineux de l'époque ». Féminisme que cet auteur définit comme « s'appliqu[ant] à rabaisser les hommes, à les traiter comme une race inférieure, à en parler comme Hitler parlait des Juifs, comme les blancs américains parlaient des Noirs, comme les Anglais et même Pierre Elliott Trudeau, parlaient des québécois [*sic*] francophones ; avec mépris » (Lecocq, 2004)[26]. L'analogie entre le féminisme et le racisme est soutenue également par Charles Rackoff, professeur en *computer sciences* de l'Université de Toronto qui compare en 2000 la commémoration du 6 décembre 1989 à la commémoration par le Klu Klux Klan du meurtre d'un Blanc par un Noir afin de promouvoir leurs idées inégalitaires (*The Toronto Star*, 8 décembre 2000 ; *Le Devoir*, 8 décembre 2000). Ces auteurs ne sont pas les seuls à voir en Marc Lépine une victime et même « un activiste

---

26. Cet auteur, Serge Lecocq, traite les féministes de « féminazies » dans les notes de cours destinées à ses étudiants de sociologie au collégial, ce qui lui a valu d'être renvoyé de l'établissement d'enseignement. Il se dit encore victime du comité disciplinaire qui serait contrôlé par des « féminazies » [http://www.sociologie.qc.ca/prod02.htm] (12 mai 2004).

des droits des hommes (quoique extrémiste)[27] ». Dans une traduction de Gérard-Pierre Lévesque, Peter Douglas Zohrab reprend tous les éléments de la lettre de M. Lépine qu'il commente et renforce. Par exemple, Marc Lépine déclare dans sa lettre :

> *Elles* [les féministes] *sont tellement opportunistes qu'elles ne négligent de profiter de la connaissance accumulée par les hommes tout au long des âges. Elles essaient toujours de déformer la réalité des hommes chaque fois qu'elles le peuvent. Ainsi, l'autre jour, on honorait les hommes et les femmes canadiens qui ont combattu au front pendant les guerres mondiales. Comment est-ce que ceci peut-il se concilier avec le fait que les femmes n'ont pas été autorisées, à cette époque, d'aller au front ? Entendrons-nous bientôt parler des légions femelles de César et des esclaves féminins des galères, qui naturellement ont occupé 50 pour cent des rangs de l'histoire, même si cela n'a jamais existé ?*[28]

Reprenant cet extrait, P. D. Zohrab conclut son pamphlet empruntant largement à la rhétorique de l'exclusion : « elles [les féministes] sont hypocrites, elles mentent, elles corrompent la vérité. Si cette information est contrôlée par des menteuses féministes égoïstes, la démocratie est un leurre, et la solution à la Marc Lépine pourrait devenir la voie du futur » (Lévesque, 2004). Signalons aussi que des soldats de l'armée canadienne cantonnés à la base de Petewawa sont soupçonnés d'avoir organisé une célébration en l'honneur de

---

27. Peter Douglas Zohrab, traduit par Gérard-Pierre Lévesque [http://www.lapresrupture.qc.ca/GerardLevesque_juillet25.htm] (12 mai 2004). Voir aussi [http://www.philo5.com/Feminisme-Masculisme/991206%20Marc%20Lepine%20et%20les%20feministes.htm] (12 mai 2004).

28. Publié en de nombreux endroits, notamment dans *La Presse*. Le pamphlet de Peter Douglas Zohrab est distribué largement dans les réseaux qualifiés de « masculinistes », qui rassemblent notamment des groupes de soutien aux pères en instance de divorce.

Marc Lépine en 1995[29]. Bien que délirant, ce discours antiféministe doit être pris au sérieux en ce qu'il constitue un nouveau regard, bien qu'erroné, sur l'histoire récente ; regard manifestement partagé par certains hommes.

*
* *

La réflexion sur le massacre de Polytechnique le 6 décembre 1989 et sa commémoration met en scène, entre 1989 et 2003, trois principales conceptions de l'histoire. D'abord, le discours dominant dans les médias, partagé par les membres des élites politiques, un grand nombre de journalistes, des témoins et certains groupes de femmes à partir de 1990, véhicule une conception linéaire et progressive de l'histoire. Il légitime les institutions sociales occidentales dont les réalisations seraient fondamentalement positives et justes. Dans cette perspective, le geste de Marc Lépine devient soit un acte de folie, soit l'aboutissement d'un parcours personnel malheureux, soit une manifestation d'un déterminisme que les sociétés ne contrôlent pas – la violence comme un comportement inné ou le phénomène du « mass

---

29. Voir [http://collection.nlc-bnc.ca/100/201/301/hansard-e/35-1/257_95-11-08/257OQ1F.html] (12 mai 2004). Après les critiques de la députée bloquiste Christiane Gagnon en 1995 envers ces événements douteux, Jocelyne Caron, députée péquiste de Terrebonne, soutient pour la première fois en 2003 le discours féministe, notamment celui énoncé par Micheline Carrier, en condamnant et dénonçant le discours masculiniste faisant de Marc Lépine un modèle. « Depuis plusieurs mois, a-t-elle déploré [Jocelyne Caron], certains regroupements masculinistes tiennent des propos haineux sur Internet contre les femmes qui font et ont fait avancer l'égalité des droits des femmes. On a même trouvé sur un site un plaidoyer pour la réhabilitation de Marc Lépine, le tueur de l'École Polytechnique. On considère que Marc Lépine n'était pas sexiste. On le qualifie d'activiste des droits de l'homme, quoique extrémiste » (Normand, 2003). Enfin, toujours en 2003, un homme ayant assassiné sa mère gravement atteinte de la maladie d'Alzheimer s'est référé à Marc Lépine comme quelqu'un qui termine ce qu'il a commencé ; comportement qu'il voulait lui-même adopter (*Le Soleil*, 28 octobre 2003).

murder » que toutes les sociétés connaissent et qu'il n'est donc pas possible de maîtriser –, soit encore la preuve que la misogynie ne serait plus tolérée dans notre société.

Face au paradigme qui défend aussi l'idée que l'égalité entre les sexes serait pratiquement atteinte, les féministes radicales proposent une autre conception de l'histoire, plus structurale. Pour celles-ci, les rapports inégalitaires entre les sexes seraient au fondement de notre système social et de son histoire. Le système patriarcal, dont Marc Lépine serait une manifestation violente, constituerait une structure millénaire qui articule les institutions chargées de la reproduction des inégalités entre les hommes et les femmes. Défendues par des intellectuelles féministes, par quelques journalistes et témoins, ainsi que par des groupes de femmes, les analyses féministes de la tuerie de Polytechnique cherchent à montrer le caractère politique du geste de M. Lépine et à expliquer les racines historiques de cette misogynie. Cette perspective est de nature subversive, car elle revendique des changements sociaux en profondeur et une remise en question des privilèges des dominants. Toutefois, pour être intégré au cadre commémoratif officiel, des groupes de femmes doivent mettre en sourdine leur lecture féministe du monde et accepter qu'on parle de la violence faite aux femmes sans identifier de coupables.

Enfin, puisant à la rhétorique réactionnaire fondée sur une conception du retour du balancier, une autre conception de l'histoire s'incarne dans le discours antiféministe. Celui-ci s'apparente à toutes les contre-offensives idéologiques qui ont suivi les moments clés de la démocratisation des sociétés occidentales (Hirschman, 1991). Les antiféministes se réfèrent abondamment à la thèse de l'effet pervers : les féministes ne se seraient pas contentées d'être des égales, elles auraient pris le contrôle des institutions sociales pour dominer à leur tour les hommes. Cette conception du monde, dont la forme la plus extrême est celle de M. Lépine et de quelques autres hommes qui se revendiquent de son geste, n'est défendue, dans un premier temps, que par des individus qui s'opposent à la prise de parole des féministes. Toutefois, depuis une dizaine d'années, les voix antiféministes s'organisent et se radicalisent.

L'usage du passé n'est pas similaire d'un discours à l'autre. En effet, alors que les discours féministes et antiféministes, davantage marginaux, recourent abondamment à l'Histoire pour appuyer leur argumentaire, les discours s'inscrivant plutôt dans le paradigme historique des élites demeurent centrés sur le présent. Même dans le cadre de la commémoration officielle, les recours au passé se limitent au 6 décembre 1989 dans un récit aseptisé et normalisé qui met en scène des victimes, mais aucun coupable. De toute évidence, le passé constitue donc une arme politique pour ceux et celles qui revendiquent des changements sociaux, alors qu'il semble constituer une menace potentielle pour les élites dont les analyses ont des silences éloquents sur les faits historiques. Il faut toutefois être conscient, comme le laisse entendre le philosophe Marc Galanter (2002), du fait que la participation des autorités dans les processus de réparation et de commémoration historique vise le renforcement des institutions plutôt que leur remise en cause, et qu'elle ne constitue pas un moyen de modifier l'ordre.

Dans ce contexte, il y a lieu de questionner le caractère pédagogique des commémorations. En écho à l'historien Peter Novick (1999), qui s'est interrogé sur la place de l'holocauste dans la mémoire collective américaine, nous pourrions nous poser les questions suivantes. Si le crime de Marc Lépine représente bel et bien un phénomène social, en l'occurrence la violence contre les femmes, est-ce que le caractère extrême de son geste ne compromet pas les vertus pédagogiques qu'une commémoration portant le nom de Journée nationale d'action et de sensibilisation à la violence faite aux femmes est présumée avoir ? Au contraire, ne participe-t-il pas à une insensibilisation à la violence ou à la minimisation de la violence quotidienne, silencieuse ? À mesure que les années passent, n'y a-t-il pas aussi danger que le sens de l'événement s'émousse (Boileau, 2003) et que la commémoration serve « d'alibi » détournant notre attention de l'urgence des violences contemporaines et nous [conforte] dans le sentiment vertueux de rester fidèle au passé » (Kattan, 2002 : 15) ? Depuis 1989, la violence faite aux femmes n'a pas régressé malgré la commémoration du 6 décembre 1989. De manière paradoxale, la même commémoration sert de prétexte à un mouvement antiféministe qui procède à une négation du phénomène de la violence faite aux femmes. Devant le constat d'une inefficacité relative de la commémoration dans la diminution de la violence faite aux femmes, il semble nécessaire, si l'on persiste à vouloir sensibiliser les citoyennes et les citoyens au rapport inégalitaire entre les sexes à partir du 6 décembre 1989, d'adopter une autre perspective. « [L'événement] ne peut valoir comme "avertissement" d'une possibilité de répétition de la barbarie que si nous reconnaissons dans cette barbarie un élément de notre propre passé » (Kattan, 2002 : 84). Ainsi, d'entre tous les discours sur la tuerie de Polytechnique, il me semble que seule la perspective féministe, qui privilégie une réflexion historique, pourrait favoriser une prise de conscience réelle des mécanismes de reproduction de la violence faite aux femmes.

BIBLIOGRAPHIE

SOURCES PRIMAIRES

BERSIANIK, Louky (1990), « Le lieu privilégié de l'attentat », dans Louise MALLETTE et Marie CHALOUH (dir.), *Polytechnique. 6 décembre,* Montréal, Éditions du remue-ménage, p. 15-22.

BIBEAU, Gilles (1989), « Violence naturelle ou culturelle ? », *Le Devoir,* 21 décembre, p. A9.

BOILEAU, Josée (2003), « 6 décembre », *Le Devoir,* 6 décembre, p. B4.

BOURASSA, Robert (1989), « Un crime incompréhensible », *La Presse,* 8 décembre, p. B3.

BROSSARD, Nicole (1990), « 6 décembre parmi les siècles », dans Louise MALETTE et Marie CHALOUH (dir.), *Polytechnique. 6 décembre,* Montréal, Éditions du remue-ménage, p. 91-101.

BRUNELLE, Dorval (1989), « Les "hommes" sont tous coupables », *Le Devoir,* 12 décembre, p. A9. (Reproduit dans Louise MALETTE et Marie CHALOUH (dir.) (1990), *Polytechnique. 6 décembre,* Montréal, Éditions du remue-ménage, p. 150.)

CERNEA, Andrea (1999), *Poly 1989. Témoin de l'horreur,* Montréal, Lescops, 102 p.

CHAMPAGNE, Maurice, et Marc CHABOT (1989), « Crime masculin isolé », *La Presse,* 8 décembre 1989, p. B3.

CÔTÉ, Andrée (1990), « L'art de la récupération », dans Louise MALLETTE et Marie CHALOUH (dir.), *Polytechnique. 6 décembre,* Montréal, Éditions du remue-ménage, p. 64-68.

CÔTÉ, Roch (1990), *Manifeste d'un salaud,* Terrebonne (Québec), Éditions du Portique, 252 p.

DECELLES, G. (1989), « L'Église et les femmes », *Le Devoir,* 19 décembre. (Reproduit dans Louise MALETTE et Marie CHALOUH (dir.) (1990), *Polytechnique. 6 décembre,* Montréal, Éditions du remue-ménage, p. 157.)

DES RIVIÈRES, Paule (1999), « Dix ans plus tard », *Le Devoir,* 6 décembre, p. A6.

DUBUC, Alain (1999), « Poly, dix ans après », *La Presse,* 4 décembre, p. B2.

FAUTE ET RÉPARATION AU CANADA ET AU QUÉBEC CONTEMPORAINS

DUFRESNE, Martin (1989), « Encore les hommes qui mènent », *Le Devoir,* 7 décembre. (Reproduit dans Louise MALETTE et Marie CHALOUH (dir.) (1990), *Polytechnique. 6 décembre,* Montréal, Éditions du remue-ménage, p. 56.)

DUMONT, Micheline (1989), « Toutes des féministes ! », *La Presse,* 10 décembre. (Reproduit dans Louise MALETTE et Marie CHALOUH (dir.) (1990), *Polytechnique. 6 décembre,* Montréal, Éditions du remue-ménage, p. 89.)

DUMONT, Micheline (1990), « Oui au féminisme, non aux féministes », dans Louise MALETTE et Marie CHALOUH (dir.), *Polytechnique. 6 décembre,* Montréal, Éditions du remue-ménage, p. 141-145.

ELIAS, Maryse (1989), « La 15ᵉ victime », *Le Devoir,* 16 décembre, p. A10.

ÉMOND, Ariane (1992), « Retrouver confiance », *Le Devoir,* 9 décembre, p. A10.

FOGLIA, Pierre (1989a), « Quel monstre ? », *La Presse,* 9 décembre, p. A5.

FOGLIA, Pierre (1989b), « À irresponsabilité partagée », *La Presse,* 11 décembre, p. A5.

FOL, Catherine (1991), *Au-delà du 6 décembre,* Montréal, ONF, 28 min. 29 s.

FOL, Catherine (1999), *Dans la tête des filles. Chroniques de l'après-féminisme,* Montréal, Stanké, 158 p.

GAGNAN-BRUNETTE, Michèle (1989), « Au-delà de la folie. Ce n'est pas l'antiféminisme qui monte, c'est la violence », *Le Devoir,* 12 décembre, p. A9.

GINGRAS, Pierre (1989), « La tuerie à Polytechnique : le meurtre collectif reste un phénomène individuel », *La Presse,* 8 décembre, p. A4.

HACHEY, Isabelle (1999), « Pardonner à Marc Lépine », *La Presse,* 28 novembre, p. A6.

LEBEL, Estelle, Hélène LEE-GOSSELIN et Patricia ROUX (1999), « L'antiféminisme ordinaire », *Le Fil des événements,* Université Laval [en ligne] [http://www.ulaval.ca/scom/Au.fil.des.evenements/1999/12.09/courrier.html] (25 septembre 2006).

LEBEUF, Sophie-Hélène (1999), « Polytechnique : 10 ans après. "J'ai compris que la vie n'était pas logique" », *Le Devoir,* 6 décembre, p. A4.

76

LEDUC, Louise (1999), « Commémoration de la tuerie de l'École Polytechnique. À l'image d'un deuil que l'on n'a pas voulu en vain », *Le Devoir*, 7 décembre, p. A3.

LEMAY, Daniel (1989), « Pierre Bourgault accuse... et s'en va », *La Presse*, 16 décembre, p. D2.

LORTIE, Marie-Claude (1999), « Poly a été un point de rupture », *La Presse*, 3 décembre, p. A10.

MALETTE, Louise (1989), « Lettre aux médias », *La Presse*, 20 décembre. (Reproduit dans Louise MALETTE et Marie CHALOUH (dir.) (1990), *Polytechnique. 6 décembre*, Montréal, Éditions du remue-ménage, p. 53-54.)

MASSON, Claude (1989), « Montréal en deuil », *La Presse*, 8 décembre, p. B2.

MONGEAU, Serge (1989), « Comportement et biologie. Non, la violence n'est pas innée ! elle a des causes sociales », *Le Devoir*, 16 décembre, p. A11.

MORISSETTE, Nathaëlle (2003), « École Polytechnique. Le drame 14 ans plus tard », *La Presse*, 7 décembre, p. A4.

MULRONEY, Bryan (1989), « Effroyable tragédie », *La Presse*, 8 décembre, p. B3.

NORMAND, Gilles (2003), « 14 ans et 600 meurtres plus tard », *La Presse*, 6 décembre, p. A26.

PAQUIN, Gilles (1989), « La tuerie à Polytechnique : des députés veulent renforcer la loi sur les armes à feu », *La Presse*, 8 décembre.

PARÉ, Isabelle (1994), « Comment le drame de Poly a changé leurs vies », *Le Devoir*, 6 décembre, p. A1.

PEDNEAULT, Hélène (1992), *La douleur des volcans : mémoires courtes*, Montréal, VLB.

PELLETIER, Francine (1989), « On achève bien les chevaux, n'est-ce pas ? », *La Presse*, 9 décembre, p. B3. (Reproduit dans Louise MALETTE et Marie CHALOUH (dir.) (1990), *Polytechnique. 6 décembre*, Montréal, Éditions du remue-ménage, p. 31-33.)

PELLETIER, Francine (1990), « L'antiféminisme : un nouveau phénomène », *La Presse*, 6 décembre, p. B3.

PETROWSKI, Nathalie (1989), « Pitié pour les salauds », *Le Devoir,* 16 décembre, p. C12.

PINERO, F. (1989), « Prière pour la 15e victime », *Le Devoir,* 23 décembre, p. A9.

RATHJEN, Heidi, et Charles MONTPETIT (1999), *6 décembre. De la tragédie à l'espoir. Les coulisses du combat pour le contrôle des armes,* Montréal, Libre-Expression.

REGROUPEMENT QUÉBÉCOIS DES CENTRES D'AIDE DE LUTTE CONTRE LES AGRESSIONS À CARACTÈRES SEXUEL, REGROUPEMENT PROVINCIAL DES MAISONS D'HÉBERGEMENT ET DE TRANSITION POUR FEMMES VICTIMES DE VIOLENCE CONJUGALE, FÉDÉRATION DES FEMMES DU QUÉBEC, REGROUPEMENT DES CENTRES DE FEMMES DU QUÉBEC, REGROUPEMENT DES ÉQUIPES RÉGIONALES (1989), « Pour les groupes de femmes, la fusillade de l'École Polytechnique est l'expression extrême d'une misogynie répandue », *La Presse,* 8 décembre, p. B3.

ROWAN, Renée (1989), « Atterrés, les groupes de femmes s'interrogent sur la violence », *La Presse,* 8 décembre, p. A4.

SAINT-JEAN, Armande (1990), « L'enterrement de la parole des femmes, une analyse de l'attitude des médias », dans Louise MALETTE et Marie CHALOUH (dir.), *Polytechnique. 6 décembre,* Montréal, Éditions du remue-ménage, p. 57-62.

TERROGROSSA, Angela (1989), « Réflexion sur le féminisme », *Le Devoir,* 15 décembre, p. A7.

VEILLEUX, Denise (1989), « Un rappel à l'ordre », *Le Devoir,* 9 décembre. (Reproduit dans Louise MALETTE et Marie CHALOUH (dir.) (1990), *Polytechnique. 6 décembre,* Montréal, Éditions du remue-ménage, p. 36-37.)

SITES INTERNET (CONSULTÉS LE 12 MAI 2004)

Campagne du ruban blanc : http://www.whiteribbon.ca/about_us/#1

Condition féminine Canada : http://www.swc-cfc.gc.ca/dates/dec6/index_f.html

Fédération des femmes du Québec : http://www.ffq.qc.ca/actions/vigile-12-2003.html

Fondation pour les victimes du 6 décembre contre la violence :

http://www.fondationsixdecembre.com/Frames.asp

Loi instituant la commémoration du 6 décembre : http://lois.justice.gc.ca/fr/N-4.6/texte.html

Macadam Tribu ; entrevue de Jacques Bertrand avec Heidi Rathjen, 8 novembre 1999 : http://www.radio-canada.ca/refuge/reportages.asp ?macadam=rep ortages&ID=106

Radio-Canada francophone ; dossier d'archives sur le drame de Polytechnique :

http://archives.radio-canada.ca/300c.asp ?id=0-13-382

- BAZZO, Marie-France, Ariane ÉMOND, Catherine FOL et Hélène PEDNAULT (1999), « Que commémore-t-on au juste ? », *Indicatif présent*, 3 décembre.

- BOURGAULT, Pierre, et Michel DESAUTELS (1989), « La plus grande des peines », *Ici comme ailleurs,* 8 décembre.

- BYRON, Martine, Sylvie FOURNIER, Louis LEMIEUX et Michèle VIROLY (1999), « Qu'elles ne soient pas mortes en vain », *Téléjournal,* 6 décembre.

- GERMAIN, Jean-Claude (1989), « Femmes et ingénieure. Entrevue avec Heidi Rathjen », *Faut voir ça,* 10 décembre.

- TISSEYRE, Charles, Claude GERVAIS, Ruth LOISELLE et Christine SAINT-PIERRE (1989), « Un tireur fou a tiré », *Téléjournal,* 6 décembre.

- BOMBARDIER, Denise (1989), « La faute aux hommes ? », *Aujourd'hui dimanche,* 17 décembre.

Radio-Canada anglophone (CBC) ; dossier d'archives sur le drame de Polytechnique :

http://archives.cbc.ca//300c.asp ?id=1-70-398

- FRUM, Barbara (1989), « Killer Bossy with Women : Lab Partner », *Journal,* 8 décembre.

Sisyphe : www.sisyphe.org

- CARRIER, Micheline, « C'était en décembre 1999 », 22 juin 2002.

- DUFRESNE, Martin, « 6 décembre 1989 : 13 ans après, la « sale guerre » se durcit », 3 décembre 2002.

Textes antiféministes :

- LECOCQ, Serge http://www.sociologie.qc.ca/prod02.htm
- LÉVESQUE, Gérard-Pierre http://www.lapresrupture.qc.ca/GerardLevesque_juillet25.htm
- http://www.philo5.com/Feminisme-Masculisme/991206%20Marc%20Lepine%20et%20les%20feministes.htm

ÉTUDES SECONDAIRES

BERTRAND, Marie-Andrée (1990), « Analyse criminologique d'un meurtre commis dans l'enceinte de l'université et des interprétations que certains groupes choisissent d'en donner », *Sociologie et sociétés,* vol. 22, n° 1 (avril), p. 193-197.

BOURDIEU, Pierre (1998), *La domination masculine,* Paris, Seuil, 177 p.

EL YAMANI, Myriame (1990), « La mascarade médiatique », *Sociologie et sociétés,* vol. 22, n° 1 (avril), p. 201-205.

FERRO, Marc (1985), *L'histoire sous surveillance. Science et conscience de l'histoire,* Paris, Calmann-Lévy, 214 p.

GALANTER, Marc (2002), *Breaking the Cycles of Hatred. Memory, Law and Repair,* Princeton, Princeton University Press, p. 107-131.

GROULX, Patrice (2001), « La commémoration de la bataille de Sainte-Foy du discours de la loyauté à la fusion des races », *Revue d'histoire de l'Amérique française,* vol. 55, n° 1 (été), p. 45-83.

GUILLAUMIN, Colette (1990), « Folie et norme sociale. À propos de l'attentat du 6 décembre », *Sociologie et sociétés,* vol. 22, n° 1 (avril), p. 197-201.

HILL COLLINS, Patricia (1998), *Fighting Words. Blackwomen and the Search for Justice,* Minneapolis, University of Minnesota Press, 355 p.

HIRSCHMAN, Albert (1991), *Deux siècles de rhétorique réactionnaire,* Paris, Fayard, 294 p.

JENNENEY, Jean-Noël (1998), *Le passé dans le prétoire. L'historien, le juge et le journaliste,* Paris, Le Seuil, 165 p.

KATTAN, Emmanuel (2002), *Penser le devoir de mémoire,* Paris, Presses universitaires de France, 153 p.

LEVI, Primo (1995), *Le devoir de mémoire,* Paris, Mille et une nuits.

NADEAU, Chantal, et Myriam SPIELVOGEL (1990), « L'univers féminin criblé », *Sociologie et sociétés,* vol. 22, n° 1 (avril), p. 211-213.

NOIRIEL, Gérard (2003), *Penser avec, penser contre. Itinéraire d'un historien,* Paris, Berlin, p. 229-248.

NOVICK, Peter (1999), *The Holocaust in American Life,* Boston/New York, Mariner Books.

TODOROV, Tzvetan (2000), *Mémoire du mal, tentation du bien. Enquête sur le siècle,* Paris, Robert Laffont.

ANNEXE

LES TROIS DISCOURS PRINCIPAUX ENTOURANT LE SENS DE LA TUERIE DE POLYTECHNIQUE

Discours	Acteurs	Enjeux politiques	Conception générale de l'histoire	Sens de la tuerie
Féministe radical	– Militantes du mouvement des femmes – Intellectuelles féministes – Hommes proféministes – Témoins	Faire inscrire les préoccupations féministes à l'ordre du jour politique afin d'améliorer les conditions de vie des femmes. Les plus radicales souhaitent des changements plus profonds.	La structure sociale patriarcale qui se reproduit depuis des millénaires, sous différentes formes, maintient les femmes, d'un point de vue sociologique, sous la domination des hommes, entendu comme groupe social et non comme somme d'individus. Malgré les améliorations majeures de la fin du XXe siècle, l'égalité entre les sexes n'est pas atteinte.	La tuerie de Polytechnique se comprend comme une manifestation de la persistance du patriarcat dans nos sociétés ; patriarcat qui ne se comprend que dans une continuité historique. Pour les féministes, le geste de M. Lépine est de nature politique et s'inscrit dans la longue histoire occidentale de violences faites aux femmes et aux féministes.
Dominant	– Membres des élites politiques et sociales	Maintenir l'ordre social tout en cherchant à plaire à l'opinion publique.	Depuis le XVIIIe siècle, les sociétés occidentales ont progressé peu à peu vers l'égalité entre tous les individus. Bien qu'il y ait des choses à améliorer, notre système politique et social est le meilleur pour combattre les inégalités liées au sexe et à la race, inégalités qu'il a pratiquement éliminées.	La tuerie de Polytechnique est un crime antiféministe, mais son caractère extrême est incompréhensible. Elle ne peut pas être une manifestation de misogynie collective qui persisterait dans nos sociétés égalitaires. Il faut cesser d'identifier les hommes et les femmes à leur catégorie de sexe, et chercher à s'unir pour surmonter l'événement.
	– Journalistes	Vendre une information en jouant sur le registre des émotions.		Le geste de M. Lépine est du ressort de la folie et n'a donc aucun sens historique particulier. Il s'agit d'un geste isolé qui doit être limité à son auteur.

	– Témoins	Faire reconnaître la dimension tragique de leur expérience sans vouloir modifier les institutions sociales.	L'événement constitue un point de rupture tragique dans la vie des témoins qui y voient une occasion de se solidariser ou de s'engager contre la violence en général et plus précisément contre la violence faite aux femmes.
Anti-féministe	– Militants des droits des pères – Individus particuliers – Témoins indirects	Freiner le mouvement des femmes, et dans sa forme radicale, retourner à un ordre ancien, antérieur aux améliorations de la condition des femmes.	Depuis trente ans, les inégalités entre les sexes ont progressivement disparues, mais les féministes tentent de faire croire le contraire pour légitimer leur existence. La tuerie est un geste isolé parce que les femmes ne sont plus discriminées dans notre société, mais l'événement est récupéré par les féministes qui en détournent le sens.
		Les plus radicaux croient que les féministes ont pris le contrôle des institutions sociales – médias, universités, gouvernement – et qu'elles cherchent à imposer leur domination sur les hommes, qui sont les nouvelles victimes.	M. Lépine représente les hommes qui se sentent opprimés par les féministes. Il est un représentant des droits des hommes. La cause de la tuerie serait le féminisme « haineux » qui rejette les hommes.

LA « RÉPARATION » DE L'INTERNEMENT DES CANADIENS D'ORIGINE JAPONAISE : L'UTILISATION D'UN RÉCIT

Julie Desmarais
Université Laval

Le 22 septembre 1988 représente une date importante pour les Canadiens d'origine japonaise. Cet instant symbolise la reconnaissance, de la part du gouvernement fédéral canadien, de l'internement, de la dépossession et de l'évacuation des Canadiens d'origine japonaise de 1941 à 1949. Des excuses officielles, accompagnées d'une compensation symbolique totalisant un peu plus de 400 millions de dollars, sont conséquemment offertes par Brian Mulroney, alors premier ministre progressiste-conservateur du Canada, à l'Association nationale des Canadiens Japonais (ANCJ). Près de 18 000 Canadiens d'origine japonaise reçoivent une compensation individuelle de 21 000 $. Douze millions de dollars sont remis à la collectivité canadienne d'origine japonaise afin de concevoir des activités visant à améliorer le bien-être de leur communauté. Un autre 12 millions de dollars est versé pour favoriser le souvenir des injustices commises à leur endroit lors de la Seconde Guerre mondiale. Douze millions de dollars supplémentaires sont aussi donnés afin de créer la Fondation canadienne des relations interraciales. Trois millions de dollars sont finalement accordés pour assurer la coordination de toutes ces rétributions. Les Canadiens d'origine japonaise retrouvent également leur citoyenneté canadienne, dans le cas où elle leur fut retirée en 1941 (Cheng, 2005). Toujours pour répondre aux demandes de l'ANCJ, la Loi sur les mesures de guerre est abrogée en juillet 1988 pour être remplacée par la Loi sur les mesures d'urgence. Cette loi, espère-t-on, permettra de prévenir la résurgence d'une injustice semblable au Canada (Sunahara, 2005).

L'objectif de la présente étude est d'appréhender comment la reconnaissance et la réparation des torts faits aux Canadiens d'origine japonaise peut être utilisée, à la fois dans la construction de l'identité d'un groupe, mais également à des fins stratégiques et politiques. Les débats entourant cette problématique se divisent en deux groupes distincts. Tout d'abord, il y a un courant dominant composé, majoritairement, de gens ayant des liens avec l'ANCJ. Ces personnes, telles que Maryka Omatsu[1], Ken Adachi[2] et Roy Miki[3], par exemple, peuvent avoir des liens de parenté avec des membres de l'organisation ayant combattu pour obtenir les excuses et la compensation, peuvent avoir été victimes de l'évacuation ou peuvent recevoir des subsides de l'ANCJ. En résumé, ce groupe croit que les Canadiens d'origine japonaise auraient été victimes en 1941 de l'aboutissement d'un racisme haineux entretenu par la population civile et légitimé par le gouvernement canadien. Ce racisme se serait manifesté envers les Asiatiques à partir de la seconde moitié du XIXe siècle. La Seconde Guerre mondiale n'aurait été qu'un prétexte permettant aux autorités politiques de régler le problème de la présence japonaise. La compensation offerte en 1988 aurait permis au Canada de retrouver sa fierté démocratique. Ce groupe est prépondérant et accorde peu de crédit aux travaux des historiens appartenant à la deuxième affiliation.

Le deuxième courant a l'historien canadien Jack Granatstein comme tête d'affiche. On peut qualifier les protagonistes de ce groupe de

---

1. Elle est activiste et avocate pour l'ANCJ au cours du processus menant à la réparation de septembre 1988 (Omatsu, 1992 : 9).
2. Il est subventionné par l'ANCJ (Adachi, 1976 : v).
3. Il est le frère de Art Miki, le président de l'ANCJ (Omatsu, 1992 : 18).

néoconservateurs. De par leur désir de former un consensus homogène autour d'une histoire canadienne articulée principalement autour de la politique, des relations internationales et des « grands hommes », ces historiens rejettent les apports des sciences sociales et la propension actuelle voulant mettre toutes les cultures sur un pied d'égalité. Ce courant néoconservateur interprète les événements comme étant compréhensibles dans un contexte de guerre. Les autorités politiques auraient néanmoins fait l'erreur de déposséder les Canadiens d'origine japonaise de leurs propriétés. Le gouvernement se devait d'offrir une compensation financière pour la perte de ces biens, mais n'aurait jamais dû s'excuser d'avoir agi ainsi dans un contexte de guerre. On peut donc percevoir l'abîme immense entre les deux courants d'interprétation. De même, aucun ouvrage ne semble offrir une explication neutre des événements ou, à tout le moins, à mi-chemin entre les deux groupes.

La « réparation » accordée aux Canadiens d'origine japonaise résulte essentiellement d'une décision fondée sur des éléments conjoncturels reliés à un contexte canadien favorable, à la juste articulation d'un récit victimaire, au désir du gouvernement de Mulroney d'obtenir une partie du vote ethnique en Colombie-Britannique aux élections, à la propension à suivre l'exemple du gouvernement américain et à la volonté instrumentale de présenter un Canada aussi tolérant que multiculturel à la communauté asiatique.

Cette assertion est développée, au cours du présent exposé, selon un plan chronologique suivant les enjeux dominants. Les principaux épisodes, de l'évacuation des Canadiens d'origine japonaise jusqu'à leur dispersion, sont tout d'abord évoqués afin de cerner les revendications de l'ANCJ. Puis, la période allant du début des revendications à la compensation est abordée afin de percevoir le contexte canadien rendant possible le rétablissement des injustices. Le discours du groupe dominant est explicité à l'intérieur de ce point. Les utilisations potentielles concernant la politique nationale, les relations avec les États-Unis et les stratégies envers le Japon sont ensuite successivement examinées. Enfin, les débats autour des conséquences de cette compensation et de la présentation de l'histoire canadienne complètent la présente étude.

DE L'ÉVACUATION À LA DISPERSION

L'attaque de Pearl Harbor en 1941 constitue l'élément déclencheur d'un mouvement de panique généralisé en Colombie-Britannique, entraînant la décision d'évacuer les Canadiens d'origine japonaise. À la fin de la Seconde Guerre mondiale, les autorités politiques fédérales leur suggèrent fortement de retourner au Japon ou, à tout le moins, de s'installer à l'est des Rocheuses. Ce n'est qu'en 1949 que toutes ces mesures sont abandonnées.

UN CERTAIN RACISME

L'attaque de Pearl Harbor survient dans un contexte de racisme exprimé de la part de la population civile envers les Canadiens d'origine japonaise, mais aussi plus largement à l'endroit des Asiatiques. De l'arrivée des premiers immigrants japonais vers la fin des années 1870 au déclenchement de la Seconde Guerre mondiale, les Canadiens d'origine japonaise vivent quelque peu en marge de la population canadienne. Après avoir tenté à quelques occasions d'interdire l'immigration japonaise, de la fin du XIXᵉ siècle au début du XXᵉ siècle (Roy *et al.*, 1990 : 7-11), les autorités du Dominion choisissent plutôt de ne pas donner les mêmes droits aux Canadiens d'origine japonaise qu'aux Canadiens. Les Canadiens d'origine japonaise n'obtiennent pas le droit de vote. Ils n'acquièrent pas le droit d'exercer toutes les professions. Aussi, ils travaillent principalement dans les domaines de la pêche, de la construction et de la foresterie (Roy *et al.*, 1990 : 5 ; Adachi, 1976 : 41), activités pour lesquelles ils sont peu rémunérés. Une partie de la population de la Colombie-Britannique craint que les Canadiens d'origine japonaise constituent une menace pour leur emploi. Cette appréhension se double d'une méfiance envers la puissance militaire du Japon. Les victoires du Japon contre la Chine en 1894 et la Russie tsariste en 1905 y sont attribuables (Roy *et al.*, 1990 : 21 ; Adachi, 1976 : 41 ; Coates, 1996 : 109). La société canadienne tend ainsi à exclure les Canadiens d'origine japonaise, mais il importe également de souligner que ces derniers ne s'efforcent pas davantage de s'intégrer (Adachi, 1976 : 109).

Vers 1940, 23 149 Canadiens d'origine japonaise vivent au Canada. De ce nombre, 22 096 sont installés en Colombie-Britannique ; 13 309 sont des citoyens canadiens ; 2 930 sont des immigrants nés au Japon, mais naturalisés ou citoyens canadiens. Les autres conservent leur nationalité japonaise (Adachi, 1976 : 234). De la part de la société civile et des autorités politiques, aucune différence n'est accordée au fait qu'un Japonais soit immigrant, ait sa citoyenneté ou soit né au Canada. À quelques exceptions près, les Canadiens d'origine japonaise sont évacués et dispersés en 1942 (Coates, 1996 : 35).

L'ÉVACUATION

Le déclenchement de la Seconde Guerre mondiale a pour effet de diminuer la tolérance générale des Canadiens envers les différences (Roy *et al.*, 1990 : 42). Après l'attaque de Pearl Harbor, la population appréhende une attaque japonaise sur la côte ouest. Les reportages radiophoniques contribuent à augmenter cette tension (Patton, 1973 : 14). De plus, une partie de la Colombie-Britannique craint que les Canadiens d'origine japonaise soient loyaux envers le Japon et non le Canada. Bien que la Gendarmerie royale du Canada assure le premier ministre libéral William Mackenzie King que les Canadiens d'origine japonaise ne sont pas menaçants pour le Canada, des doutes subsistent. Tout d'abord, quelques télégrammes envoyés du Bureau des Affaires étrangères de Tokyo à l'ambassade japonaise à Washington sont interceptés par les États-Unis puis communiqués au Canada (Granatstein et Johnson, 1973 : 14). Ces télégrammes laissent entrevoir la présence d'espions en Colombie-Britannique. De plus, le consulat général du Japon à Vancouver fait beaucoup de propagande et il se doit de recruter des espions (Granatstein, 1998 : 96-97). Bien que le groupe d'espions soit restreint, les autorités militaires et politiques ne veulent pas prendre de chance. De même, la pression populaire et la crainte que la population se déchaîne contre les Canadiens d'origine japonaise[4]

---

4. Cette panique devient même plus importante que la menace d'une attaque ou de la présence d'espions (Roy *et al.*, 1990 : 79 ; Stacey, 1970 : 133).

amènent Mackenzie King à ordonner l'évacuation des Canadiens d'origine japonaise le 24 février 1942. Jusqu'à la fin de l'année, environ 22 000 Canadiens d'origine japonaise sont déplacés d'une zone de 100 milles à partir de la côte ouest. Personne ne s'y objecte, du moins jusqu'à la fin de la Seconde Guerre mondiale (Roy *et al.*, 1990 : 215). Mackenzie King répond ainsi aux pressions populaires, aux conseils des commandants militaires et des dirigeants politiques.

À la suite de l'annonce de l'évacuation, les Canadiens d'origine japonaise sont dirigés à Hastings Park avant d'être relocalisés. Les conditions de vie y sont difficiles. Cet abri pour animaux vient tout juste d'être converti en camp pour humains, d'où la forte odeur d'urine (Sunahara, 1981 : 55). Les Canadiens d'origine japonaise y restent peu de temps. Les hommes peuvent aller travailler dans les camps de construction de la route. Les familles peuvent également aller travailler dans des champs de betteraves. En majorité, les Canadiens d'origine japonaise s'installent dans des camps de logement ou des villes abandonnées (Miki et Kobayashi, 1991 : 31). Malgré la censure des correspondances personnelles, l'interdiction de posséder une radio et la perte de la liberté, on peut affirmer que les conditions de vie y sont « acceptables ». La Croix-Rouge internationale visite d'ailleurs régulièrement ces camps (Roy *et al.*, 1990 : 106).

Dès le printemps 1943, les autorités fédérales, et provinciales dans une moindre mesure, s'occupent de vendre les propriétés des Canadiens d'origine japonaise, sans le consentement de ces derniers. Dans un contexte de guerre, on ne peut vendre ces biens qu'à un faible prix. Des recettes des ventes, le gouvernement fédéral se garde une partie de l'argent pour financer l'installation des Canadiens d'origine japonaise (Miki et Kobayashi, 1991 : 31 ; Sunahara, 1981 : 1963).

LA DISPERSION

À la fin de la Seconde Guerre mondiale, les Canadiens d'origine japonaise ne peuvent réintégrer la zone de 100 milles à partir de la côte ouest. Dès le printemps 1945, les autorités fédérales et provinciales les enjoignent de choisir entre leur retour au Japon et leur relocalisation à l'est des Rocheuses (Miki et Kobayashi, 1991 : 49). La perte des biens et des propriétés, l'incertitude concernant la disponibilité des emplois et la crainte de voir les familles séparées motivent environ 4 000 Canadiens d'origine japonaise à retourner au Japon (Roy *et al.*, 1990 : 150). La majorité s'installe toutefois à l'est des Rocheuses, attirée par les offres d'emplois et les allocations (Roy *et al.*, 1990 : 144). Ce n'est qu'en 1947 que les camps de logement sont complètement vidés (Omatsu, 1992 : 93). Le 1er avril 1949, les Canadiens d'origine japonaise peuvent retourner dans la zone de 100 milles à partir de la côte ouest (Miki et Kobayashi, 1991 : 51).

De 1941 à 1949, 22 000 Canadiens d'origine japonaise sont donc privés de leurs droits afin, allègue-t-on, de protéger la population civile, mais également de les protéger eux-mêmes. Bien que certains groupes s'organisent dès la fin des années 1940 pour être dédommagés, ce n'est qu'au début des années 1980 que leurs démarches deviennent efficaces.

L'EXPRESSION DE REVENDICATIONS MENANT À L'ENTENTE

De la commission Bird octroyant 800 000 $ aux Canadiens d'origine japonaise pour les indemniser des pertes à la suite de la dépossession de leurs biens au début des années 1950, à la compensation financière de 400 millions de dollars accordée à ce même groupe en 1988, le contexte politique canadien a bien changé. Bien sûr, l'ANCJ raffine les arguments de son discours, mais la Charte canadienne des droits et libertés et la Loi sur le multiculturalisme modifient le contexte politique canadien.

LE DÉCLENCHEMENT DES REVENDICATIONS

Au début des années 1950, la commission Bird estime que les pertes encourues par les Canadiens d'origine japonaise de 1941 à 1949 totalisent 4 millions de dollars. Cette étude ne prend toutefois pas en compte, par exemple, la détérioration des biens entre l'évacuation et la prise en charge des biens par le gouvernement ou les ventes faites par un autre organisme que le gouvernement. Néanmoins, une entente accorde 800 000 $ aux Canadiens d'origine japonaise (Cherniack, 1998 : 9-11).

À partir de 1970, l'accès aux archives gouvernementales incite des chercheurs tels que Ann Sunahara en 1981, avec un ouvrage intitulé *The Politics of Racism : The Uprooting of Japanese Canadians During the Second World War*, à publier des ouvrages revigorant les membres de l'ANCJ dans leurs requêtes. Selon Sunahara, l'exploration de ces documents permet de dévoiler une autre version des événements. « [It] was motivated by political considerations rooted in racist traditions accepted, and indeed encouraged, by persons within the government of the day » (1981 : 3). Cette thèse devient une référence. L'étude de Ken Adachi, parue en 1976 sous le titre *The Enemy That Never Was*, alimente les doléances des Canadiens d'origine japonaise, mais contribue également à nourrir les débuts de la promotion de la diversité canadienne (Day, 2000 : 30).

Au cours de la même période, les célébrations entourant le 100e anniversaire de l'arrivée du premier immigrant japonais poussent les Canadiens d'origine japonaise à reconsidérer la demande d'excuses et d'une compensation (Kobayashi, 1992 : 3). C'est en 1980 que la première demande publique est effectuée et que l'ANCJ se constitue. En 1984, l'ANCJ entreprend définitivement de solliciter une reconnaissance des torts, une réparation et un amendement (Miki et Kobayashi, 1991 : 10).

LA MISE EN PLACE D'UN CONTEXTE POLITIQUE CANADIEN PROPICE

Cette décision se produit à l'intérieur d'un contexte plus propice à l'épanouissement des groupes ethnoculturels. Le dénouement de la Seconde Guerre mondiale amorce l'émergence de la politique de l'identité, fondée sur les identités individuelles et collectives ainsi que sur la notion de reconnaissance. Depuis la fin de la guerre froide, la politique et l'opinion publique sont aussi plus enclines à inclure les différents groupes et à reconnaître leurs droits collectifs. Ainsi, selon Barkan : « World public opinion voiced an emerging fundamental agreement that greater prosperity can be achieved not through brute domination but by consent and cooperation » (2000 : 318). C'est, globalement, l'expression d'une volonté tendant à donner la place qui leur revient aux multiples individus et aux groupes composant la nation.

LA « RÉPARATION » DE L'INTERNEMENT DES CANADIENS

Sur le plan canadien, cette tendance s'exprime par l'adoption de la Loi sur le multiculturalisme en 1988. La politique canadienne sur le multiculturalisme est toutefois enclenchée dès 1971. Cette législation vise, entre autres, « à aider les minorités ethnoculturelles à œuvrer en vue de faire échec à toute discrimination, notamment celle qui est fondée sur la race ou sur l'origine nationale ou ethnique » (*Loi sur le multiculturalisme canadien*, 2005 [en ligne]). Cette volonté d'élimination du racisme, ayant la valorisation du multiculturalisme pour toile de fond, contribue à modifier autant le climat politique canadien que l'opinion publique. Ainsi, selon Sunahara, la promotion du multiculturalisme aide les Canadiens à comprendre qu'ils ne doivent plus chercher à assimiler complètement les groupes ethnoculturels (1981 : 131-132).

La Loi sur le multiculturalisme intervient aussi dans le contexte de l'adoption récente de la Charte canadienne des droits et libertés en 1982. La Charte stipule, par exemple, que « toute personne, victime de violation ou de négation des droits ou libertés qui lui sont garantis par la présente charte, peut s'adresser à un tribunal compétent pour obtenir la réparation que le tribunal estime convenable et juste eu égard aux circonstances ». De même, la Charte entend également poursuivre l'objectif du multiculturalisme : « Toute interprétation de la présente charte doit concorder avec l'objectif de promouvoir le maintien et la valorisation du patrimoine multiculturel des Canadiens » (*Charte canadienne des droits et libertés*, 2005 [en ligne]). La Charte canadienne des droits et libertés offre ainsi une base réceptive aux réclamations des groupes ethnoculturels et, bien sûr, des Canadiens d'origine japonaise : « Ethnic and identity communities able to make a case for having been victims of discrimination or "cultural disadvantage" may seek legal redress in the form of special programs resembling affirmative action designed to eliminate the effects of a collective disadvantage » (Harris, 2000 : 121).

L'UTILISATION D'UN RÉCIT VICTIMAIRE DOMINANT

Entre la mémoire d'un événement, l'usage dont on peut en faire et ce qui s'est réellement produit de 1941 à 1949, subsiste un glissement qui s'avère instrumental à la cause des Canadiens d'origine japonaise. Les tenants du groupe dominant ont par ailleurs un lexique bien à eux. Les Canadiens d'origine japonaise n'ont pas été évacués, mais bien déracinés. De même, ils n'ont pas été relogés, mais bien internés. Le vocabulaire utilisé se veut percutant.

Lorsque les Canadiens d'origine japonaise se remémorent cet épisode, ils le décrivent comme un viol ayant souillé leur mémoire et leur ayant donné un sentiment de honte. L'historienne Ann Sunahara utilise cette comparaison : « The events of the eight years between 1942 and 1950 left Japanese Canadians in a state of trauma that has been compared to that of a rape victim » (1981 : 1). Cette comparaison avec le viol et la honte sert également à expliquer pourquoi les Canadiens d'origine japonaise ont attendu un peu plus de trente ans pour manifester leurs revendications. Selon Margie Umezuki, une des militantes de l'ANCJ : « Comme le viol, la honte, […] on préfère ne pas en parler » (Poirier, 1988).

De même, les Canadiens d'origine japonaise n'hésitent pas à comparer leur sort à celui des Juifs en Europe lors de la Seconde Guerre mondiale (Sunahara, 1981 : 38, 52 ; Patton, 1973 : 44). Ainsi, les Canadiens d'origine japonaise seraient victimes d'une injustice commise à leur égard sous le seul fait du racisme de la population et des autorités politiques fédérales jugées comme étant totalitaires. La vente des biens des Canadiens d'origine japonaise serait semblable aux Lois de Nuremberg (Omatsu, 1992 : 75). Leur expérience à l'intérieur des camps de logement serait comparable à celle vécue par les Juifs dans les camps de concentration. La dispersion des Canadiens d'origine japonaise pourrait aussi, selon eux, se comparer à la Solution finale (Miki et Kobayashi, 1991 : 49). Certains vont jusqu'à affirmer que l'Holocauste aurait pu être possible : « If, in the rationalized tyranny of its relocation camps, the Canadian governement had under the flag of freedom – stoked the crematory fires of the gas ovens and mass slaughter, Issei and Nisei – like the Jews – would have allowed themselves to be herded to their down » (Adachi, 1976 : 235). Pourtant, aucun Canadien d'origine japonaise n'est torturé ou exécuté de 1941 à 1949.

L'apparition de l'Holocauste comme référent apparaît, selon Peter Novick, dans un contexte américain où le principe de l'intégration est remplacé par le particularisme (1999 : 6-7). Cette observation peut également s'appliquer au contexte canadien. Les Juifs insistent beaucoup sur l'unicité de l'Holocauste. Cette expérience fonde leur identité. Dans une société où la culture victimaire est valorisée, les expériences difficiles deviennent fondatrices pour assurer la cohésion d'un groupe (1999 : 8). Ainsi, les événements allant de 1941 à 1949 contribuent à définir l'identité des Canadiens d'origine japonaise. Ces éléments du passé peuvent être utilisés pour justifier les actions du présent.

Novick montre que les Juifs ne veulent pas être comparés. Ils désirent conserver leur statut de victimes ultimes. Dans le cas des Canadiens d'origine japonaise, les tenants du récit entourant l'ANCJ utilisent l'Holocauste pour donner de la force à leur discours, et ce, sur deux plans. Tout le monde au milieu des années 1980 entend parler de l'Holocauste et convient de son caractère atroce, dans l'éventualité où un seul mot peut suffire à le décrire. En rapprochant les deux « événements », l'ANCJ rejoint les sensibilités de la population. L'ANCJ mise sur l'ignorance des Canadiens pour y substituer un discours émotif entourant des injustices « comparables » à l'Holocauste. Le cas des Canadiens d'origine japonaise devient ainsi plus poignant. De plus, en comparant l'expérience des Juifs à celle des Canadiens d'origine japonaise, l'ANCJ tente d'en faire ressortir des « leçons ». Comme si on voulait montrer que la démocratie canadienne n'est pas si loin du totalitarisme, qu'il faut changer la loi et « éduquer » la population afin que des expériences semblables ne se reproduisent plus.

Cette culture victimaire se retrouve également sur le plan de la concurrence des victimes. L'ANCJ se décrit comme étant le seul groupe ayant souffert des affres du gouvernement canadien de la Seconde Guerre mondiale. Ainsi, selon l'observation de Omatsu : « No mass property confiscations and sales, exclusions, or detentions had been ordered against Canadian citizens of German or Italian ancestry in any part of the country » (1992 : 129). Antonio Sciascia, le président du Congrès national des Italo-Canadiens, n'hésite d'ailleurs pas à rappeler à l'ANCJ que des centaines de Canadiens d'origine italienne sont arrêtés, internés et dépossédés de leurs biens au cours de la Seconde Guerre mondiale (1988 : B2). Même dans l'adversité, l'ANCJ considère être le groupe ayant le plus souffert, et donc méritant davantage une compensation. Selon Tzvetan Todorov, le statut de victime est, en ce sens, des plus utiles pour obtenir une position intéressante dans le présent : « Si l'on parvient à établir de façon convaincante que tel groupe a été victime d'injustice dans le passé, cela lui ouvre dans le présent une ligne de crédit inépuisable » (2000 : 155).

LA COMPENSATION FINANCIÈRE COMME ENJEU CRUCIAL DES NÉGOCIATIONS

Des demandes d'excuses et de compensation sont adressées au premier ministre libéral Pierre-Elliot Trudeau ; elles sont toutes rejetées. Trudeau reconnaît que le traitement réservé aux Canadiens d'origine japonaise fut injuste, mais il refuse de s'excuser (PC, 1984 : A11) et encore moins d'accorder une compensation. Le 2 avril 1984, à la Chambre des communes, Trudeau s'explique : « Je ne trouve pas opportun de tenter de réécrire l'histoire de cette façon » (*Débats,* 1984 : 2623). Ainsi, selon Trudeau, la fonction du gouvernement est bien de prévenir les erreurs contemporaines et non de réviser le passé. La Charte canadienne des droits et libertés y trouve justement une de ses applications. Par la Charte canadienne des droits et libertés et la politique du multiculturalisme, Trudeau veut créer une société juste : « One that protected minority rights and had more opportunities for disadvantaged regions and groups » (Granatstein et Hillmer, 1999 : 156). La vision de Trudeau est également des plus pragmatiques lorsqu'il affirme le 4 avril 1984 à la Chambre des communes : « Nous devrions peut-être commencer par nous servir de cet argent pour aider les personnes qui vivent en-dessous du seuil de la pauvreté et des chômeurs » (*Débats,* 1984 : 2715). La Loi sur les mesures de guerre ne doit pas non plus être révisée comme le demande l'ANCJ. Ce qui, selon l'organisation, n'est guère surprenant puisque Trudeau l'a lui-même appliquée lors de la Crise d'octobre (Miki et Kobayashi, 1991 : 75).

Une offre de 5 millions de dollars pour créer un fonds sur les relations interraciales est néanmoins proposée par le gouvernement de Trudeau (« Rhetoric or reality ? », 1984 : A4), ce que l'ANCJ refuse (Miki et Kobayashi, 1991 : 74). Le gouvernement progressiste-conservateur de Mulroney, élu à l'automne 1984, se montre plus réceptif aux requêtes de l'ANCJ. Au cours de son premier mandat, Mulroney propose une reconnaissance des événements, des excuses officielles et une abrogation de la Loi sur les mesures de guerre, le tout accompagné de 12 millions de dollars. Cette offre de 12 millions de dollars est refusée par l'ANCJ. La compensation financière est toujours au cœur des négociations.

Le processus de réclamation s'avère plutôt difficile pour l'ANCJ. Le 23 janvier 1986, le *Toronto Star* révèle l'existence d'un dossier confidentiel relatant la présence d'un réseau international d'espions durant la Seconde Guerre mondiale, la préparation d'une invasion du Canada et le nom de centaines de Canadiens d'origine japonaise considérés comme étant dangereux (Vienneau, 1986 : A8). Malheureusement, le dossier est détruit, on ne sait trop quand ou par qui, alors que le *Toronto Star* tente de le consulter (Vienneau, 1986 : A10). À ce jour, on ne peut dire si la probable existence de ce document sert le gouvernement dans ses revendications ou si l'affaire est étouffée.

De même, des divisions scindent les Canadiens d'origine japonaise. Dès 1985, le Japanese Canadian National Redress Association of Survivors, représentant davantage les Issei, la première génération d'immigrants japonais, se dit prête à accepter une compensation de 20 millions de dollars (Vienneau, 1985 : A12). Le gouvernement fédéral tente de profiter de cette opportunité pour conclure une entente avec un groupe plus restreint (« Where's the fire ? », 1986 : A4). Le gouvernement veut conclure une entente avant que les résultats de la Price Waterhouse Study soient révélés. Cette étude, commandée par l'ANCJ, a pour but d'évaluer les pertes financières encourues par les Canadiens d'origine japonaise suite aux événements de 1941 à 1949 (Miki et Kobayashi, 1991 : 87-88).

De surcroît, une bonne partie des Canadiens d'origine japonaise s'accorde pour atténuer l'impact des événements de 1941 à 1949. Les

Issei « apparently do not harbour ill feelings over the evacuation » (Adachi, 1976 : 364). Les Nisei, deuxième génération de Canadiens d'origine japonaise « agree with the official rationalization that the evacuation was a "blessing in disguise" which produced benefits that far exceeded the harm » (Adachi, 1976 : 362). En ce sens, Jim Kojima indique que les événements ont forcé les Canadiens d'origine japonaise à s'intégrer à la société canadienne. C'est ainsi que, selon lui, ces derniers ont pu devenir médecins, avocats et hommes d'affaires. « I think that we have towards to look on the future » (Nadeau et Poulin, 1984). On peut également ajouter que les Canadiens d'origine japonaise obtiennent le droit de vote fédéral en 1948 et provincial en 1949. De même, entre 1930 et 1960, les Canadiens d'origine japonaise connaissent une forte progression de leur statut socioéconomique (Sunahara, 1981 : 165). Néanmoins, les mentions des avantages conséquents à l'évacuation, la volonté de certains Canadiens d'origine japonaise de se tourner vers l'avenir et non vers le passé, et les autres petites associations sont mises de côté au profit des réclamations de l'ANCJ.

L'ANCJ s'appuie sur les résultats de l'enquête de la Price Waterhouse Study pour revendiquer des compensations plus généreuses. Le 8 mai 1986, la Price Waterhouse Study révèle que les pertes économiques encourues par les Canadiens d'origine japonaise de 1941 à 1949 s'élèvent à plus de 443 millions de dollars (Miki et Kobayashi, 1991 : 92). L'ANCJ multiplie les requêtes, manifeste sur la colline parlementaire les 13 et 14 avril 1988 (Kobayashi, 1992 : 4) et publie des dépliants.

Ce n'est que le 22 septembre 1988 que le gouvernement Mulroney consent à offrir « réparation » aux Canadiens d'origine japonaise. Le prochain texte présente un extrait du discours prononcé par Mulroney lors de cette journée.

En reconnaissant ces injustices, nous voulons signifier à tous les Canadiens que nous condamnons les abus commis dans le passé et que nous reconfirmons pour le Canada les principes de justice et d'égalité. En conséquence, le gouvernement du Canada, au nom de tous les Canadiens :

1) reconnaît que les mesures prises à l'encontre des Canadiens japonais pendant et après la Deuxième Guerre mondiale étaient injustes et constituaient une violation des principes des droits de la personne, tels qu'ils sont compris aujourd'hui [je souligne] *; 2) s'engage à faire tout en son pouvoir pour que de tels agissements ne se reproduisent plus jamais* (Miki et Kobayashi, 1991 : 7).

Le gouvernement de Mulroney reconnaît, implicitement, que dans le contexte canadien de la Charte canadienne des droits et libertés, les événements de 1941 à 1949 sont injustes. Ainsi, l'ANCJ obtient des « réparations » conséquemment, en partie, au rétablissement des faits par la réouverture des archives, à l'établissement d'un contexte politique propice et à la promotion d'un puissant récit victimaire rassembleur.

DE POTENTIELLES UTILISATIONS STRATÉGIQUES

Bien qu'il semble jusqu'ici que la compensation soit entièrement le résultat des demandes de l'ANCJ et d'un contexte politique favorable, la réalité n'est pas aussi simple. Sans avoir de preuves directes, il est possible d'avancer que le gouvernement de Mulroney a utilisé cette réparation du passé à des fins stratégiques.

LA PROXIMITÉ D'UNE ÉLECTION FÉDÉRALE

Pour de nombreux Canadiens, le bilan politique de Mulroney en tant que premier ministre n'est guère positif. Plusieurs Canadiens ne tendent pas à conserver en mémoire ses accomplissements économiques ou ses tentatives de rapprochements de la population canadienne. Il est possible, entre autres, de lui reprocher d'être davantage un opportuniste politique plutôt qu'un homme ayant une vision globale du présent et de l'avenir du Canada. La publication de l'ouvrage de Brooke Jeffrey, *Breaking the Faith : The Mulroney Legacy of Deceit, Destruction and Disunity,* en 1992, constitue un exemple de cette tendance. Selon Granatstein et Hillmer, le plus grand échec de Mulroney est de ne jamais avoir pu convaincre les Canadiens de sa sincérité (1999 : 3). Ce qui peut expliquer qu'une bonne partie de la population ne garde pas un bon souvenir de lui aujourd'hui. C'est peut-être également ce qui peut empêcher certaines personnes de croire que la présentation d'excuses officielles et le versement d'une compensation financière soient le fruit d'une profonde réflexion de Mulroney, voulant redonner une certaine fierté à la démocratie canadienne et aider les Canadiens d'origine japonaise à guérir des effets physiques et psychologiques de la Seconde Guerre mondiale.

Citons pour exemple la première récupération politique de l'évacuation des Canadiens d'origine japonaise faite par Mulroney, soit le 24 juin 1984 à la Chambre des communes, lors de la dernière journée de Trudeau en Chambre. Mulroney demande : « Le Premier ministre va-t-il profiter de son dernier jour pour corriger une erreur historique dont les Canadiens d'origine japonaise ont été victimes ? ». Trudeau répond : « Pourquoi s'intéresser soudain uniquement aux Japonais, monsieur le Président ? Pourquoi uniquement aux Canadiens d'origine japonaise ? Est-ce qu'il y a là des votes à gagner ? » (*Débats,* 1984 : 5306-5308).

Les débats de la Chambre des communes sont particulièrement utiles pour répondre à la question soulevée par Trudeau. Alors que Mulroney soulève la problématique des Canadiens d'origine japonaise lors de la dernière journée en Chambre de Trudeau, il ne fait aucune mention concernant une compensation possible lors de son discours du Trône en 1984 (*Débats,* 1984 : 33-34). Tout au long de son premier mandat, lorsque l'opposition lui demande d'expliquer pourquoi le dossier des compensations aux Canadiens d'origine japonaise ne progresse pas, Mulroney n'a qu'une réponse : « Le député devrait reconnaître que nous avons amorcé les démarches susceptibles d'aboutir à un règlement de ce problème. Nous n'y sommes pas encore parvenus, mais nous avons été le premier gouvernement à mettre en branle des démarches visant à réparer cette injustice historique » (*Débats,* 1988 : 18201, 18203 ; 1985 : 3773). Mulroney utilise souvent ce genre de réponse partisane qui permet au parti progressiste-conservateur de se mettre en valeur. Il est toutefois à noter que cette dernière réplique est prononcée le 11 août 1988, soit un peu plus d'un mois avant l'entente et le déclenchement subséquent des élections fédérales. Le principal obstacle à la conclusion de l'entente concerne l'aspect financier. Pourquoi le gouvernement a-t-il décidé, de façon assez soudaine, de faire passer son offre de 12 millions à plus de 400 millions de dollars à l'intérieur d'un mois ? On peut penser, sans toutefois avoir de preuves tangibles, que le gouvernement de Mulroney tente d'obtenir les votes d'un groupe ethnique de la Colombie-Britannique en se présentant comme étant un bon promoteur du multiculturalisme (Kobayashi, 1992 : 5). L'adoption de la Loi sur le multiculturalisme en juillet n'est pas non plus étrangère à cette volonté électorale. Des articles de journaux prennent bien soin de le souligner : « With an election drawing closer, the Mulroney Government has placed premium on the promotion of multiculturalism as a possible means of securing ethnic votes first won by the Tories in 1984 » (Cleroux, 1988 : A1 ; Ward, 1988 : B1 ; « Justice at last for victims », 1988 : B2 ; Taillefer, 1988 : B1 ; « To cleanse the past », 1988 : A6). Art Miki, le président de l'ANCJ, se défend bien de promettre les votes des Canadiens d'origine japonaise au gouvernement de Mulroney (Taillefer, 1988 : B1). Malgré les apparences de stratégie électorale et à part quelques personnes plus critiques (Goar, 1988 : A3), autant les journalistes que les responsables de l'ANCJ semblent satisfaits de l'entente.

D'ailleurs, Mulroney ne prend aucun contact avec l'ANCJ durant les négociations (Omatsu, 1992 : 142), ce qui accentue l'aspect intéressé de son geste. De surcroît, mis à part les Autochtones, les Canadiens d'origine japonaise constituent le seul groupe à recevoir une « réparation ». Cette unicité contribue à cette atmosphère d'utilisation stratégique (Cheng, 2005). Le gouvernement de Mulroney tient d'ailleurs à prévenir les groupes ethnoculturels que l'entente conclue est unique (Cleroux, 1988 : A8).

L'INFLUENCE AMÉRICAINE

Une entrevue réalisée par Marie-Hélène Poirier avec Margie Umezuki, une militante de l'ANCJ, le 25 septembre 1988 à la radio de Radio-Canada, est assez révélatrice. Lorsque le gouvernement Mulroney annonce la compensation, Umezuki prépare un discours à Montréal pour promouvoir les demandes de réparations. C'est ainsi que, selon elle, l'annonce est « venue assez subitement pour nous ». L'animatrice lui demande : « Est-ce que la proximité de l'élection fédérale y est pour quelque chose ? ». Umezuki lui répond alors : « Sans doute, sans doute, pour moi... ». L'animatrice poursuit : « Et aussi ce qui s'est passé aux États-Unis le gouvernement américain a conclu également un accord avec les citoyens américains d'origine japonaise qui avaient été victimes eux aussi de discrimination ». Umezuki de se justifier : « Mais il faut admettre qu'on a commencé à faire des démarches depuis des années » (Poirier, 1988).

Le règlement entre les États-Unis et les Américains d'origine japonaise en août 1988 a très certainement précipité l'entente canadienne. Dans les journaux, les demandes de certains éditorialistes se font plus pressantes à la suite de l'annonce américaine (Ward, 1988 : B1 ; « To cleanse the past », 1988 : A6 ; Simpson, 1988 : A9). La comparaison avec les États-Unis est souvent soulevée. Par exemple, le 8 août 1988, le journal *The Gazette* titre « Canada shamed again » un article où l'auteur espère que l'exemple américain va embarrasser le Canada et ainsi le pousser à agir (« Canada shamed again », 1988 : B2). Des députés apportent également l'exemple américain dans la Chambre des communes afin de faire avancer l'entente. Le député libéral Sergio Marchi affirme le 11 août 1988 à la Chambre des communes : « Entre-temps, il y a quelques jours, les Américains ont réussi à régler de façon satisfaisante la question de l'indemnisation des Américains d'origine japonaise. Ici, au Canada, sur quatre ministres [du Multiculturalisme] différents, aucun n'a pu trouver une solution » (*Débats*, 1988 : 18 199, 18 201, 18 203 ; 1987 : 9696). L'entente américaine est ainsi un puissant argument comparatif.

Mulroney est d'ailleurs un homme politique reconnu pour ses sympathies proaméricaines et pour avoir renforcé considérablement les liens, surtout économiques (Granatstein et Hillmer, 1999 : 189), entre le Canada et les États-Unis. L'accord de libre-échange, autre thème de la campagne électorale de 1988, en est un exemple assez frappant. Au

cours de son premier mandat, Mulroney affirme sa priorité d'entretenir
« good relations, super relations » (Granatstein et Hillmer, 1999 :
196) avec les Américains. Et il y réussit à merveille. Cette volonté de
poursuivre une bonne entente est donc influente. Le gouvernement de
Mulroney veut bien paraître dans ses relations avec les Américains,
mais également dans les comparaisons démocratiques et pacifiques
entre les deux nations. Comme l'exprime Maryka Omatsu, une militante
de l'ANCJ : « Apparently he didn't want to be embarrassed by the
precedent set by his friend and guiding star » (Omatsu, 1992 : 160).

LA SÉDUCTION DU JAPON

Il n'y a pas qu'avec les États-Unis que le gouvernement de
Mulroney s'efforce d'entretenir de bonnes relations. Sur le plan
économique, on ne peut omettre que le Canada tente également de
renforcir ses liens avec le Japon. Dès le gouvernement de Trudeau,
le Canada adopte la troisième option comme stratégie économique[5].
Cette option veut maintenir le statu quo avec les États-Unis, mais aussi
accroître les liens commerciaux avec la Communauté européenne et le
Japon (Granatstein, 1994 : 301). Dès 1960, le Japon apparaît comme
étant une puissance économique sur le plan mondial (Vié, 1995 : 1). Le
Canada veut ainsi profiter de cette possibilité (Fry, 1998 : 238). En 1986
et 1987, le Japon est le second partenaire commercial du Canada, après
les États-Unis bien entendu. Les investissements japonais au Canada
dépassent les 35 milliards de dollars (*Rapport annuel. Ministère des
affaires extérieures*, 1987-1988 : 52). Ces années sont également pour
le Japon une période de croissance dans le domaine des importations,
ce qui représente une bonne opportunité pour les exportateurs canadiens
(Miwa et Schultz, 1991 : 141). On peut ainsi être porté à croire que le
gouvernement de Mulroney hâte l'entente avec les Canadiens d'origine

---

5. La première option prônait le statu quo avec les États-Unis, la
deuxième option consistait en une certaine « intégration économique » avec
les États Unis (Miwa et Schultz, 1991 : 165-166).

japonaise afin de promouvoir une meilleure image du Canada et de pouvoir ainsi profiter de la croissance économique du Japon.

Le député Ian Waddell dit justement le 11 août 1988 dans la Chambre des communes : « Nous nous efforçons de resserrer nos liens avec les pays du Pacifique. Cette région est celle qui connaît l'expansion la plus spectaculaire sur le plan commercial. [...] La présence des Canadiens d'origine asiatique constitue un grand avantage pour nous. Elle permettra au Canada de faire une percée dans la région du Pacifique qui englobe les pays de l'Asie » (*Débats,* 1988 : 17389). Il faut néanmoins souligner le fait que cette stratégie politique connaît peu de résultats. Les relations diplomatiques sont assez efficaces, mais les hommes d'affaires ne suivent pas (Coates, 1996 : 51 ; Miwa et Schultz, 1991 : 167 ; Montgomery, 1988 : A12). De plus, les investisseurs japonais semblent davantage intéressés à investir aux États-Unis (Miwa et Schultz, 1991 : 174).

En plus de cette stratégie économique, on peut croire que le Canada « répare » les Canadiens d'origine japonaise afin également de favoriser en réciproque la compensation du traitement des soldats canadiens par le Japon lors de la Seconde Guerre mondiale. Une demande est faite en ce sens dans la Chambre des communes, au cours de la journée précédent l'annonce de la compensation (*Débats*, 1988 : 19740). L'Association canadienne des vétérans de Hong Kong[6] suggère même au gouvernement fédéral de suspendre les négociations avec l'ANCJ afin d'accélérer les compensations provenant du gouvernement japonais envers les soldats canadiens internés. Bien que cette demande soit rejetée, elle permet à l'ANCJ de « victimiser » davantage le cas des Canadiens d'origine japonaise. En effet, selon ces derniers, les soldats canadiens seraient des victimes des affres de la guerre alors que les Canadiens d'origine japonaise seraient des victimes des failles de la démocratie canadienne, terre de leur nationalité. Ne pas percevoir la différence de traitement ne ferait, selon eux, que perpétuer le racisme canadien de la Seconde Guerre mondiale :

---

6. À ce titre, George Hees, le ministre des Affaires des anciens combattants de 1984 à 1988, fut un adversaire à la « réparation » des Canadiens d'origine japonaise (Omatsu, 1992 : 25).

Those who could not see the difference between Canadians of Japanese ancestry and Japanese nationals were reinforcing the very racist perceptions that were endorsed by the government's internment policy. [...] *The injustices were not comparable – and in comparing them, the veterans opposed to redress failed to recognize the human rights issue at stake for Japanese Canadians* (Miki et Kobayashi, 1991 : 100).

Le discours de l'ANCJ nous apparaît ici encore comme voulant absolument attribuer l'épithète de l'unicité à l'expérience des Canadiens d'origine japonaise. Ce discours n'empêche toutefois pas les faits : 1 700 soldats canadiens sont faits prisonniers à Hong Kong en décembre 1941. De ce nombre, environ 25 % sont morts des suites de conditions de vie atroces. Ceux qui ont survécu en conservent de profondes blessures physiques et psychologiques (Coates, 1996 : 40-45). Le Japon ne veut pas reconnaître ses crimes de guerre envers le Canada. Mulroney en fait pourtant la demande, en 1991 par exemple (Fry, 1998 : 238). C'est finalement le Canada qui, en 1998, offre 24 000 $, soit 18 $ par jour de détention, aux survivants canadiens ou à leurs veuves (Lépine et Lessard, 1998).

Bref, le gouvernement de Mulroney ne semble pas être totalement désintéressé lorsqu'il conclut son entente avec les Canadiens d'origine japonaise. L'aspect précipité de l'accord renforce l'assertion selon laquelle le gouvernement Mulroney utilise ce règlement à des fins de stratégie électorale. La volonté de suivre l'exemple américain et la volonté de bien paraître devant la communauté japonaise peuvent également servir de motivations à moyen terme.

RÉACTIONS ET DÉBATS

L'accord entre les Canadiens d'origine japonaise et le gouvernement de Mulroney suscite beaucoup de réactions. Alors que les tenants du groupe dominant et que la majorité des journalistes sont comblés, les membres du groupe néoconservateur craignent les conséquences d'une telle entente. Cette entente stimule les débats entre historiens.

DES RÉACTIONS FAVORABLES IMMÉDIATES

À la suite de l'annonce du 22 septembre 1988, plusieurs intervenants félicitent le gouvernement (« Justice at last for victims », 1988 : B2 ; Wagnière, 1988 : B2). Même si, comme on l'a vu précédemment, certains croient que le geste de Mulroney ait pu viser quelques objectifs, ils expriment leur satisfaction. Par cette compensation, ils croient que le Canada a pu corriger le passé, réparer ses erreurs et préparer un meilleur avenir. Des historiens affirment même que la « réparation » est bénéfique non seulement pour les Canadiens d'origine japonaise, mais bien pour tous les Canadiens : « It is an agreement for all Canadians, both because it establishes an important precedent, procedurally and in principle, for recognizing and righting official wrongs of the past, and because by including legislative has potentially » (Kobayashi, 1992 : 12).

Cette conception reconnaissant dans la compensation une victoire pour l'identité canadienne rejoint sensiblement la position de Mulroney. Le 22 septembre 1988, en Chambre des communes, Mulroney exprime cette célébration d'un meilleur avenir pour le Canada : « Voilà le genre de pays que nous devons léguer à nos enfants, le Canada de la *Charte des droits et libertés*, de la nouvelle *Loi sur les langues officielles* et de la *Loi sur le multiculturalisme* canadien » (*Débats*, 1988 : 19499).

Certains, tels que le journaliste William Johnson, croient que le gouvernement de Mulroney aurait même pu offrir une meilleure compensation financière : « The settlement for the victims was little enough in comparison to what was unjustly taken from them » (Johnson, 1988 : B3 ; Todd, 1986 : A16). On prend d'ailleurs bien soin de mentionner que la compensation financière ne répare que les pertes économiques immédiates. Néanmoins, les protagonistes du groupe dominant, les intervenants dans l'espace public et les responsables politiques semblent tous des plus réjouis par la présentation d'excuses et la compensation financière.

MANIFESTATIONS DU GROUPE NÉOCONSERVATEUR

Cette vision du Canada tolérant et multiculturel n'est néanmoins pas célébrée par tous. Dès l'annonce du 22 septembre 1988, les tenants du groupe néoconservateur commencent à exprimer leur mécontentement. Jack L. Granatstein devient rapidement le chef de file de cette tendance, même si on peut noter, entre autres, la présence d'Andrew Cohen, un journaliste et chroniqueur, et de Michael Bliss, un historien, au sein du groupe. Granatstein impose davantage sa présence dès 1988. Cette décision du gouvernement Mulroney lui sert de tremplin pour s'attirer du capital symbolique. Il intervient alors davantage dans les médias afin d'exprimer son point de vue sur cette décision du gouvernement canadien et ses conséquences. Granatstein sort ainsi quelque peu du champ historien afin de se donner une meilleure posture au sein de la société. Il s'expose et s'impose, n'ayant pas vraiment ainsi la figure du « chercheur engagé » de Michel Foucault, n'éprouvant aucune propension à être « capable en permanence de se déprendre de [lui]-même » (Noiriel, 2003 : 240).

De par sa posture, Granatstein cherche ainsi à faire un plaidoyer pour l'enseignement de l'histoire canadienne, comportant autant les échecs que les accomplissements du passé, dans une perspective de la construction de la nation. Ses convictions sont exprimées principalement à l'intérieur de deux ouvrages. Le collectif *Mutual Hostages : Canadians and Japanese During the Second World War* tente d'exposer une version plus réaliste, selon les auteurs, des événements allant de 1941 à 1949. Puis, le connu *Who Killed Canadian History ?* révèle la vision globale de Granatstein.

La position de Granatstein se fonde tout d'abord sur la question de la présentation d'excuses. Granatstein reproche au gouvernement canadien d'avoir reconnu une faute et d'avoir formulé des excuses sans avoir remis les événements dans leur contexte de guerre (Granatstein, 1998 : 98). La compensation financière se justifierait dans la mesure où le gouvernement n'aurait pas dû vendre les propriétés des Canadiens d'origine japonaise. La présentation d'excuses serait toutefois inadéquate puisque, selon lui, « even democracies have the right to defend themselves » (Granatstein, 1998 : 97).

Cette présentation d'excuses, sans efforts d'explications des décisions, aurait pour effet de mettre uniquement l'accent sur la cruauté du gouvernement canadien de la Seconde Guerre mondiale, celui précédant la Charte canadienne des droits et libertés et de la Loi sur le multiculturalisme. En mettant uniquement l'accent sur leur barbarie et leur racisme, les Canadiens auraient perdu de vue l'immense effort déployé lors de la Seconde Guerre mondiale (Granatstein, 1998 : 115). Ainsi, le cas des Canadiens d'origine japonaise ferait oublier aux Canadiens l'intégration pacifique de millions d'immigrants.

Puis, Granatstein élargit sa réflexion sur le contexte politique et la présentation de l'histoire canadienne. Il estime que le gouvernement canadien promeut le multiculturalisme et la rectitude politique aux dépens de la réalité. Les professeurs et autres intervenants en histoire n'enseigneraient que les fautes du passé, ce qui contribuerait à enrichir la culture victimaire ambiante (Granatstein, 1999a : B5). Ce reproche serait surtout adressé aux historiens. Selon Granatstein, le gouvernement et les historiens utiliseraient le passé afin de servir des objectifs du présent (Granatstein, 1999b : B5) et ainsi détruire l'histoire canadienne. En conséquence, les professeurs et autres intervenants en histoire enseigneraient l'histoire de tous, sauf celle de la nation canadienne afin de ne pas heurter les sensibilités (Granatstein, 1998 : 93). Granatstein les accuse de contribuer au manque de fierté que ressentiraient les Canadiens envers leur histoire.

DES DÉBATS ENCORE PRÉSENTS

Les membres de l'ANCJ et les historiens répliquent vigoureusement aux attaques de Granatstein. Omatsu exprime sa « frustration » face aux idées de Granatstein. Elle ne peut comprendre l'argumentation de *Mutual Hostages* justifiant l'évacuation alors que le gouvernement canadien a reconnu avoir mal agi deux ans auparavant. Elle semble ainsi sous-entendre que la position d'un gouvernement a préséance sur celle d'un historien. Elle renforce une certaine tendance actuelle voulant que l'État légitime un présent, une histoire officielle. Néanmoins, l'ANCJ demande à Ramsay Cook, un autre historien canadien réputé, de produire une autre étude sur le sujet. Cette lettre écrite à l'intention de David Crombie, le ministre fédéral du Multiculturalisme, montrerait que les principales thèses de Granatstein ne sont pas fondées. Selon les volontés de Cook, la lettre n'est néanmoins publiée que dans la presse canado-japonaise (Omatsu, 1992 : 167-168). Les reproches des historiens émis à l'endroit de Granatstein sont multiples. La posture qu'occupe ce dernier modifie la donne. Ce n'est pas un historien aux écrits obscurs qu'ils réfutent, mais bien un historien canadien reconnu. Granatstein est, pour certains historiens, un polémiste qui n'admet aucune objection à son point de vue : « Polemicists are always, of course, on the side of the virtue, and Granatstein is no exception » (McKillop, 1999 : 270 ; Strong-Boag, 1994 : 5). Selon Veronica Strong-Boag, Granatstein et les néoconservateurs s'efforceraient d'homogénéiser l'histoire et de laisser ainsi en plan des composantes importantes de la société canadienne. De par sa position privilégiée, l'historien devrait être humble : « We must make room for other voices who have so often been silenced. Such humility is especially challenging if our expectations of privilege are considerable » (Strong-Boag, 1994 : 6). Au titre de l'ouvrage de Granatstein *Who Killed Canadian History ?*, McKillop répond : « Canadian history did not die, only the Granatstein version of history » (McKillop, 1999 : 295). Bref, ils reprochent à Granatstein d'utiliser sa posture pour promouvoir une vision homogène de la société canadienne qui n'admet que peu d'inclusions.

Les débats autour de la position du gouvernement canadien et de la présentation de l'histoire, ancrés en partie dans la présentation d'excuses et d'une compensation financière aux Canadiens d'origine japonaise, durent et perdurent jusqu'à aujourd'hui. Alors que les protagonistes du groupe dominant en sont satisfaits, les tenants du courant néoconservateur en craignent les répercussions. D'autres historiens s'immiscent entre les deux positions, exprimant les bienfaits de l'entente du 22 septembre 1988, dans une perspective à venir d'une meilleure intégration et d'une représentation plus adéquate de toutes les composantes de la société canadienne.

*
* *

Ce qui ressort de ce débat relatif à la compensation financière accordée aux Canadiens d'origine japonaise, c'est que tous les protagonistes semblent gagnants. Les Canadiens d'origine japonaise retrouveraient, selon eux, une certaine dignité. Ils pourraient guérir des injustices perpétrées à leur endroit de 1941 à 1949 et s'intégrer justement dans la société canadienne. Le gouvernement de Mulroney est reporté au pouvoir aux élections de 1988. Le gouvernement de Mulroney pourrait offrir une image limpide de défenseur des injustices, de militant contre le racisme et de promoteur du multiculturalisme, autant à la communauté canadienne, américaine que japonaise. Du même coup, on peut être porté à croire que cette image est utilisée afin de suivre l'exemple américain et de favoriser les rapports avec le Japon. Ainsi, autant les Canadiens d'origine japonaise que le gouvernement de Mulroney y trouvent des avantages. Cette conséquence correspond à un principe élaboré par Elazar Barkan : « The process of restitution leads to a reconfiguration of both sides. While the perpetrators hope to purge their own history of guilt and legitimize their current position, the victims hope to benefit from a new recognition of their suffering and to enjoy certain material gains » (Barkan, 2000 : 321).

De même, Granatstein acquiert une certaine visibilité dans l'espace public. L'histoire canadienne est stimulée par de nouveaux débats. Les groupes ethnoculturels étant capables de prouver qu'une injustice a été commise à leur endroit dans le passé trouvent dans le cas des Canadiens d'origine japonaise un référent unique. À la suite de l'annonce, les groupes multiplient leurs requêtes et entretiennent la « concurrence des victimes ». Les Québécois arrêtés lors de la Crise d'octobre, les Canadiens d'origine chinoise victimes de la « head tax » au début du siècle, les Canadiens d'origine ukrainienne « internés » durant la Première Guerre mondiale, par exemple, se comparent pour revendiquer à ce référent (Presse canadienne, 1988 : A9 ; « Chinese Canadians demand apology, compensation », 1988 : A2 ; « Ukrainian Canadians seeking redress for wartime internment », 1988 : A2). La société canadienne en général prend également le cas des Canadiens d'origine japonaise comme exemple ultime duquel tirer des leçons. Le référent dicte, par ses leçons, ce que nous ne devrions pas faire dans le présent. Nous ne devrions pas, entre autres, être hostiles à l'égard des Arabes après les attaques du 11 septembre 2001 comme nous l'avons fait avec les Canadiens d'origine japonaise durant la Seconde Guerre mondiale (Walkon, 2003 : A17). La dénonciation de ce référent en 1942 sert même d'argument politique pour légitimer sa position dans le présent, comme c'est le cas avec le Nouveau Parti démocratique (Comartin, 2003 : A21). Le cas des Canadiens d'origine japonaise semble ainsi être un cas, aussi patent que bénéfique, de l'utilisation d'une « faute » du passé afin de servir les intérêts du temps présent.

À l'intérieur de cette atmosphère victimaire où il semble préférable d'avoir souffert par le passé pour expliquer les tourments de son cheminement plutôt que d'être quelqu'un dans le présent, de rectification du passé selon les objectifs du temps présent et d'écriture de l'histoire intégrant tout le monde même au détriment, parfois, de la pertinence, comment définir ceux qui ne sont pas des victimes ? Quelle est l'identité de ceux qui sont là où ils le sont de par leurs efforts ou même de ceux qui ont subi des injustices par le passé, mais qui ne font pas partie d'une organisation suffisamment puissante pour faire valoir leurs droits en ce moment propice ? Cette culture victimaire, sous-jacente aux cas de « fautes » et de « réparations », peut certes « diriger » l'écriture de l'histoire canadienne, mais elle biaise également la constitution d'une identité individuelle.

BIBLIOGRAPHIE

ADACHI, Ken (1976), *The Enemy that Never Was : A History of the Japanese Canadians*, Toronto, McClelland and Stewart.

BAER, Nicole (1984), « Ottawa says sorry, but blaks at paying interned Japanese », *Vancouver Sun*, 21 juin, p. A11.

BARKAN, Elazar (2000), « Toward a theory of restitution », *The Guilt of Nations, Restitution and Negociating Historical Injustices*, New York, W. W. Norton, p. 308-349.

BROADFOOT, Barry (1977), *Years of Sorrow, Years of Shame : The Story of the Japanese Canadians in World War II*, Toronto, Doubleday Canada.

« Canada shamed again » (1988), *The Gazette*, 8 août, p. B2.

CANADA (1982), *Charte canadienne des droits et libertés*, [en ligne] [http://lois.justice.gc.ca/fr/charte/#charte] (30 novembre 2003).

CANADA (1985), *Loi sur le multiculturalisme canadien* [en ligne] [http://lois.justice.gc.ca/fr/C-18.7/73974.html] (28 novembre 2003).

CHAUMONT, Jean-Michel (1997), *La concurrence des victimes. Génocide, identité, reconnaissance*, Paris, La Découverte.

CHENG, May M., Gerald L. GALL et Keiko MIKI (2005), « Réparation des préjudices causés par le gouvernement », *Patrimoine canadien. Multiculturalisme* [en ligne] [http://www.pch.gc.ca/progs/multi/wcar/advisory/redress_f.shtml] (27 novembre 2003).

CHERNIACK, Saul M. (1998), *Canada and the Japanese Canadians : Originally Presented Before the Jewish Historical Society of Western Canada, Lecture Series, December 1, 1998*, Winnipeg, Jewish Historical Society.

« Chinese Canadians demand apology, compensation » (1988), *The Toronto Star*, 27 septembre, p. A2.

CLEROUX, Richard (1988), « Deal set for Japanese Canadians », *The Globe and Mail*, 22 septembre, p. A1.

CLEROUX, Richard (1988), « Deal with Japanese Canadians not a precedent, minister warns », *The Globe and Mail*, 23 septembre, p. A8.

COATES, Ken, et Carin HOLROY (1996), *Pacific Partners : The Japanese Presence in Canadian Business, Society, and Culture*, Toronto, James Lorimer.

COMARTIN, Joe (2003), « Practising what we preach », *The Toronto Star*, 17 janvier, p. A21.

DAY, Richard J. F. (2000), *Multiculturalism and the History of Canadian Diversity*, Toronto, University of Toronto Press.

Débats de la Chambre des communes : compte rendu officiel (1984-1988), Ottawa, Imprimeur de la Reine, 21 mars 1984 – 22 septembre 1988.

ENGLISH, John, et Norman HILLMER (1992), *Making a Difference ? Canada's Foreign Policy in a Changing World Order*, Toronto, Lester.

FISHER, Matthew (1988), « Japanese Canadians recall hardships of wartime exile », *The Globe and Mail*, 26 septembre, p. A7.

FRY, Michael, John KIRTON et Mitsuru KUROSAWA (1998), *The North Pacific Triangle : The United States, Japan, and Canada at Century's End*, Toronto, University of Toronto Press.

GOAR, Carol (1988), « Pre-election goodies show crass opportunism », *The Toronto Star*, 27 septembre, p. A21.

GRANATSTEIN, Jack L. (1998), *Who Killed Canadian History ?*, Toronto, Harper Collins Publishers.

GRANATSTEIN, Jack L. (1999a), « A politically correct history leads to a distorted past and a bleak future », *The National Post*, 28 août, p. B5.

GRANATSTEIN, Jack L. (1999b), « Do we need canadian history ? Contemporary intellectuals question the existence of a common public memory », *The National Post*, 4 septembre, p. B5.

GRANATSTEIN, Jack L., et Andrew COHEN (1999), *Trudeau's Shadow : The Life and Legacy of Pierre Elliot Trudeau*, Toronto, Vintage Canada.

GRANATSTEIN, Jack L., et Norman HILLMER (1994), *Empire to Umpire : Canada and the World to the 1990s*, Mississauga, Coop Clark Longman.

GRANATSTEIN, Jack L., et Norman HILLMER (1999), *Prime Ministers : Ranking Canada's Leaders*, Toronto, Harper Collins.

GRANATSTEIN, Jack L., et Gregory A. JOHNSON (1998), « The evacuation of the Japanese Canadians, 1942 : a realist critique of the received version », dans Norman HILLMER, Bohdan KORDAN et Lubomyr LUCIUK, *On Guard for Thee : War, Ethnicity and the Canadian State, 1939-1945*, Ottawa, Canadian Commitee for the History of the Second World War, p. 101-129.

GRIFFIN, Kevin (1988), « Canadian war veterans divided on redress issue », *Vancouver Sun*, 23 septembre, p. B1.

HARRIS, Ingrid, et Gary Brent MADISON (2000), *Is There a Canadian Philosophy ? Reflections on the Canadian Identity*, Ottawa, University of Ottawa Press.

JANNARD, Maurice (1988), « Mulroney renforce son cabinet en Ontario », *La Presse*, 16 septembre, p. A1.

JEFFREY, Brooke (1992), *Breaking the Faith : The Mulroney Legacy of Deceit, Destruction and Disunity*, Toronto, Key Porter Books.

JOHNSON, William (1988), « Amends fo our days of infamy », *Vancouver Sun*, 23 septembre, p. B3.

« Justice at last for victims » (1988), *Vancouver Sun*, 23 septembre, p. B2.

KOBAYASHI, Audrey (1992), « The Japanese-Canadian redress settlement and its implications for "race relations" », *Canadian Ethnic Studies*, 24, 1, p. 1-19.

LÉPINE, Sylvie, et Daniel LESSARD (1998), « Survivants des camps japonais », *Le Téléjournal – Le Point*, 11 décembre.

MACALUSO, Grace (25 mars 1989), « Trying to right historic wrongs : mental scars still remain for those falsely branded as enemy aliens », *The Ottawa Citizen*, p. B7.

MARTEL, Marcel (2005), « Usage du passé et mémoire collective franco-ontarienne : le souvenir du Règlement 17 dans la bataille pour sauver l'hôpital Montfort », *Mens, Revue d'histoire intellectuelle de l'Amérique française,* automne (vol. VI, n° 1), p. 69-94.

MCKILLOP, Alexander Brian (1999), « Who killed Canadian history ? A view from the trenches », *The Canadian Historical Review*, 80, 2 (juin), p. 269-299.

MIKI, Roy, et Cassandra KOBAYASHI (1991), *Justice in Our Time : The Japanese Canadian Redress Settlement*, Vancouver, Winnipeg, Talonbooks, National Association of Japanese Canadians.

MINISTÈRE DES AFFAIRES EXTÉRIEURES (1987-1988), *Rapport annuel,* Ottawa, Le Ministère, p. 52-54.

MIWA, Kimitada, et John A. SCHULTZ (1991), *Canada and Japan in the Twentieth Century*, Toronto, Oxford University Press.

MONTGOMERY, Charlotte (1988), « Canada accused of ignoring trade strategy for Japan », *The Globe and Mail*, 21 septembre, p. A12.

LA « RÉPARATION » DE L'INTERNEMENT DES CANADIENS

NADEAU, Pierre, et Madeleine POULIN (1984), « 22 000 Japonais déplacés », *Le Point*, 24 octobre.

NOIRIEL, Gérard (2003), « Michel Foucault : les trois figures de l'intellectuel engagé », *Penser avec, penser contre*. *Itinéraire d'un historien*, Paris, Bélin, p. 229-248.

NOVICK, Peter (1999), *The Holocaust in American Life*, Boston – New York, Mariner Books.

OMATSU, Maryka (1992), *Bittersweet Passage : Redress and the Japanese Canadian Experience*, Toronto, Between the Lines.

O'NEIL, Peter (1988), « Internees to share $300 million. Japanese-Canadians get apologies from Mulroney », *Vancouver Sun*, 22 septembre, p. A1.

PATTON, Janice (1973), *The Exodus of the Japanese*, Toronto, McClelland ans Stewart.

PC (1984), « Ottawa offers its regrets, no redress to Japanese », *Vancouver Sun*, 21 juin, p. A11.

PC (1988), « PQ leaders calls for compensation », *The Toronto Star*, 26 septembre, p. A9.

POIRIER, Marie-Hélène (1988), « Au nom de la loi des mesures de guerre », *Présent dimanche,* Radio-Canada, 25 septembre.

« Rhetoric or reality ? » (1984), *Vancouver Sun,* 22 juin, p. A4.

ROY, Patricia *et al.* (1990), *Mutual Hostages : Canadians and Japanese During Second World War*, Toronto, University of Toronto Press.

SCIASCIA, Antonio (1988), « What about the interned Italian-Canadians ? », *The Gazette*, 1ᵉʳ avril, p. B2.

SIMPSON, Jeffrey (1988), « Compensation queue », *The Globe and Mail*, 27 septembre, p. A9.

STACEY, Charles Perry (1970), *Arms, men and Governments : The War Politics of Canada, 1939-1945*, Ottawa, Published by Authority of the Minister of National Defence.

STRONG-BOAG, Veronica (1994), « Presidential adress/Discours de la présidente. Contested space : the politics of Canadian memory », *Journal of the Canadian Historical Association / Revue de la Société historique du Canada*, 5, p. 3-17.

SUNAHARA, Ann Gomer (1981), *The Politics of Racism : The Uprooting of Japanese Canadians During the Second World War*, Toronto, J. Lorimer.

115

SUNAHARA, Ann Gomer (2005), « Canadiens d'origine japonaise, Réparations », *Historica : L'Encyclopédie canadienne* [en ligne] [http://www.canadianencyclopedia.ca/index.cfm ?PgNm=TCE&Params=F1SEC708 391] (27 novembre 2003).

TAILLEFER, Guy (1988), « Ottawa s'excuse et verse $ 300 millions aux Nippo-Canadiens », *La Presse*, 23 septembre, p. B1.

TODD, Paula (1986), « Estimates of losses are too low groups say », *The Toronto Star*, 9 mai, p. A16.

TODOROV, Tzvetan (2000), « La conservation du passé », *Mémoire du mal, tentation du bien. Enquête sur le siècle*, Paris, Robert Laffont, p. 125-159.

« Ukrainian Canadians seeking redress for wartime internment » (1988), *The Toronto Star*, 31 octobre, p. A2.

VALPY, Michael (1988), « Day of atonement to heal deep wounds », *The Globe and Mail*, 23 septembre, p. A8.

VIÉ, Michel (1995), *Le Japon et le monde au XXᵉ siècle*, Paris, Masson.

VIENNEAU, Daniel (1985), « Split in Japanese community crops up on compensation issue », *The Toronto Star*, 5 juin, p. A12.

VIENNEAU, Daniel (1986), « 1942 Report said Japanese in B.C. were spies », *The Toronto Star*, 23 janvier, p. A8.

VIENNEAU, Daniel (1986), « Top secret files were destroyed spy services says », *The Toronto Star*, 4 avril, p. A10.

WAGNIÈRE, Frédéric (1988), « Enfin, justice ! », *La Presse*, 24 septembre, p. B2.

WALKON, Thomas (2003), « Ghosts of 9/11 haunt Canada », *The Toronto Star*, 2 septembre, p. A17.

WARD, Doug (1988), « Redress package brings jubilation, sadness, cynicism », *Vancouver Sun*, 23 septembre, p. B1.

WARD, W. Peter (1990), *White Canada Forever : Popular Attitudes and Public Policy Toward Orientals in British Columbia*, Montréal, McGill-Queen's University Press.

WEBSTER, Norman (1988), « To cleanse the past », *The Globe and Mail*, 23 septembre, p. A6.

« Where's the fire ? » (1986), *Vancouver Sun*, 30 janvier, p. A4.

LES ACADIENS ET LA RECONNAISSANCE DES TORTS POUR LA DÉPORTATION.

INTERPRÉTATION DES DISCOURS, 1999-2003

Stéphane Savard
Université Laval

Dans le monde occidental et dans quelques autres pays, dont en Afrique du Sud, de plus en plus de groupes minoritaires ou de groupes dénudés de pouvoirs politiques et économiques revendiquent leurs droits contre les injustices présentes et passées. Même si ce phénomène de demande de réparations pour des fautes commises dans le passé n'est pas exclusif aux deux dernières décennies, précisons néanmoins que la conjoncture judiciaire actuelle et que l'évolution contemporaine des droits individuels et collectifs favorisent grandement ces revendications (Barkan, 2000 : 312-314 ; Galanter, 2002 : 108-109 ; Thompson, 2002 : viii-ix). Au Canada, c'est surtout dans la foulée des nombreux recours judiciaires issus de la Charte canadienne des droits et libertés que nous dénombrons une explosion des demandes de réparations provenant des différentes minorités ethniques, qu'elles soient des minorités de langues officielles ou non. Les Acadiens, avec leur demande adressée à la Couronne britannique concernant la reconnaissance des torts causés par la Déportation entre 1755 et 1763, s'inscrivent dans ce contexte occidental et canadien.

Un épisode de cette demande a lieu de 1999 à 2003 : un groupe d'Acadiens réclame une réparation symbolique et attend une réponse positive de la part de la Couronne britannique. Malgré sa spécificité contemporaine et son caractère relativement inachevé, il est possible d'étudier cette démarche pour éclairer la situation présente et pour mieux comprendre les frictions actuelles qu'elle engendre. Cette étude doit toutefois se réaliser dans un cheminement intellectuel précis : analyser l'usage du passé émanant des discours qui entourent la demande de reconnaissance des torts causés aux Acadiens lors de la Déportation de 1755 à 1763, ainsi qu'interpréter ces discours et ces utilisations du passé selon un rapport de force politique existant au sein de la communauté acadienne du Nouveau-Brunswick.

Très peu de chercheurs se sont penchés sur le sujet en raison de son caractère indéniablement contemporain et inachevé. Mentionnons néanmoins le *Rapport du comité consultatif sur la motion M-241* (Basque, 2001) qui soulève des notions d'histoire et de droit international pour appuyer la démarche de reconnaissance des torts. L'absence d'études nous propulse vers les sources premières, très nombreuses et d'un accès facile dans notre cas. Elles sont composées en partie des débats parlementaires de la Chambre des communes du Canada dans lesquels les principaux acteurs des discours ont une voix privilégiée. Elles se constituent également des articles de journaux, qui suivent l'évolution constante du sujet, où les acteurs des discours occupent une place passablement grande mais dans lesquels la critique est aussi visible. Enfin, elles représentent aussi quelques archives ou documents émanant des réseaux associatifs ou institutionnels.

À la lumière de l'étude de la documentation, une hypothèse peut être établie. Les discours entourant la motion M-241 et les autres débats concernant la reconnaissance des torts causés aux Acadiens lors de la Déportation utilisent le passé pour orienter l'avenir d'une façon diamétralement opposée, soit dans une volonté d'acceptation du présent, soit dans une volonté de correction de la situation contemporaine. Parmi la communauté acadienne du Nouveau-Brunswick, ces discours s'insèrent dans les rapports de force ou dans une lutte, opposant les élus politiques aux membres des élites des réseaux associatifs, pour le contrôle du passé et ainsi pour le contrôle de la définition de l'identité acadienne.

Une brève mise en contexte présente et définit les étapes de la demande de reconnaissance des torts : précisions sur les événements préalables et sur le cheminement de la motion M-241, de même que présentation de l'évolution du débat depuis le refus de la motion, c'est-à-dire depuis la fin de l'année 2001. Cette étape permettra d'aborder l'analyse et la critique de l'utilisation du passé émanant des discours de ceux qui désirent des excuses et de ceux qui n'en désirent pas. L'analyse offrira une interprétation de ces deux discours, à l'aide des concepts de l'identité acadienne, du politique ainsi que de LA politique en Acadie du Nouveau-Brunswick, pour découvrir les raisons voilées qui poussent certains Acadiens à vouloir obtenir des excuses et qui en incitent d'autres à résister à cette même demande.

LE CONTEXTE DE LA DEMANDE

Puisque la demande de reconnaissance des torts est récente, une mise en contexte qui précise les principaux événements essentiels à la compréhension de cette étude sera nécessaire. Trois parties seront rassemblées autour de la motion M-241 – étape charnière de la reconnaissance des torts puisqu'elle est la première véritable motion dont la lecture et le vote en Chambre des communes engendrèrent beaucoup de débats : ceux de la situation avant la motion M-241, des événements entourant la motion M-241, de février à novembre 2001, et enfin des développements postérieurs au refus de la motion, c'est-à-dire principalement de 2001 à 2003.

AVANT LA MOTION M-241

C'est l'avocat louisianais et cadien Warren Perrin qui lança le premier l'idée de s'adresser à la Couronne britannique pour protester contre les torts de la Déportation. Il déposa en 1988 une pétition contenant six demandes particulières, dont la réclamation de la reconnaissance des torts causés par la Déportation de 1755 à 1763 (Basque, 2001 : 2). Perrin recueillit plusieurs signatures d'Acadiens et transmit sa pétition à la reine le 5 janvier 1990. Malgré l'insuccès de cette action, Perrin continua tout de même sa pétition et se présenta d'ailleurs au Congrès mondial acadien de 1994, qui eut lieu au Nouveau-Brunswick, pour expliquer en détail son projet. Se fondant sur les règles du droit anglais du XVIIIe siècle et du droit international contemporain, ainsi que sur les nombreux exemples d'excuses contemporaines, Perrin soutenait et soutient toujours que la Couronne britannique est responsable de la Déportation et qu'elle doit donc reconnaître pleinement ses torts (Perrin, 1996 : 48-51).

STÉPHANE BERGERON ET LA MOTION M-241 : NAISSANCE, DÉBATS ET DÉFAITE

Dès la fin de l'année 1999, Stéphane Bergeron, député du Bloc québécois du comté de Verchères – Les-Patriotes, entreprend auprès du Sous-comité des affaires émanant des députés – instance qui fait partie intégrante du Comité permanent de la procédure et des affaires de la Chambre des communes – des démarches concernant une demande d'excuses pour la Déportation des Acadiens (Plante, 1999 : 4). Ce n'est que le 7 février 2001 que Bergeron put présenter pour la première fois à la Chambre des communes du Canada sa motion intitulée M-241. Cette dernière se lisait comme suit : « Qu'une humble adresse soit présentée à Son Excellence la priant d'intervenir auprès de Sa Majesté afin que la Couronne britannique présente des excuses officielles pour les préjudices causés en son nom au peuple acadien de 1755 à 1763. » (Basque, 2001 : iii).

Puisque bon nombre d'Acadiens et d'associations acadiennes, dont la Société nationale de l'Acadie (SNA), ne l'appuyaient pas lors des débats qui ont eu lieu aux mois de février et mars 2001, Bergeron décida d'entreprendre une tournée de l'Acadie à l'été 2001 pour rencontrer les Acadiens et les membres des réseaux associatifs. Après discussions et après que Bergeron ait réitéré ses origines acadiennes, la SNA décida de soutenir la démarche (Basque, 2001 : 2 ; Vastel, 2001 : A19). Cette dernière commanda même, à la fin de la saison estivale, un rapport sur la motion M-241 présidé par les historiens Maurice Basque et Neil Boucher, la sociologue Lise Ouellette et le professeur de droit Kamel Khiari (Basque, 2001 : iii). Ce rapport étudiait d'une manière méthodique la demande d'excuses et recueillait d'une façon aléatoire et non scientifique les opinions des individus, des associations, des municipalités et des organismes acadiens provenant du Canada, des États-Unis et de la France[1]. Le 1er octobre 2001, le comité remit son rapport à la SNA et proposa « [q]ue la motion [M-241] soit parrainée par l'ensemble de la députation acadienne à la Chambre des communes, abstraction faite des affiliations politiques » (Basque, 2001 : iii).

Les mois d'octobre et novembre 2001 furent très importants car ils symbolisèrent la rupture officielle entre les élus politiques acadiens du Parti libéral et Stéphane Bergeron, appuyé par la SNA et les autres réseaux associatifs. Ainsi, c'est à partir de cette période qu'il devint clair et précis que les députés du Parti libéral, dont les membres du caucus acadien, refuseraient en bloc la motion M-241 lors du vote du 27 novembre. En guise de solution de rechange, les Libéraux, dont la sénatrice libérale Rose-Marie Losier-Cool ainsi que Sheila Copps, proposèrent aux Acadiens de reconnaître officiellement la Fête nationale des Acadiens (Bergeron, 2002a : B11 ; Doucet, 2001b : 12 ; Hachey, 2001a : 4). Pendant ce temps, Stéphane Bergeron, dans une volonté de réaliser un compromis politique, modifiait quelque peu sa motion M-241 en remplaçant le terme « excuses officielles » par l'expression « reconnaissance des torts » (Chiasson, 2002 [en ligne] ; Dugas, 2001 : 3 ; Ricard, 2001 : 3 ; Vastel, 2001 : A19).

Le vote eut finalement lieu comme prévu le 27 novembre 2001. Peu avant le vote, un mémo distribué par les membres du caucus acadien du Parti libéral – dont le chef était Dominic LeBlanc – et destiné à tous les députés libéraux disait ceci : « Le caucus acadien (sénateurs-trices, députés-e-s, ministres) est unanimement contre la motion M-241 et son amendement. [...] S.V.P. appuyez la résolution unanime de vos collègues du caucus acadien qui se sont réunis à maintes reprises sur ce sujet » (Ricard, 2001 : 3). Un très grand nombre de libéraux ont finalement voté contre la motion M-241, les députés acadiens du Parti libéral ayant tous voté contre celle-ci (Dugas, 2001 : 3 ; Vastel, 2001 : A19).

---

1. Sur 140 avis, le comité a reçu 129 opinions en faveur de la demande d'excuses (Basque, 2001 : iii, 9).

LA SNA APRÈS LA MOTION M-241 :

LA POURSUITE DES REVENDICATIONS

À la suite du refus de la motion M-241 à la Chambre des communes d'Ottawa, la SNA décida de faire cavalier seul en contournant le Parlement canadien et en s'adressant directement à la monarchie britannique. En effet, le 12 juin 2002, le président de la SNA, Euclide Chiasson, envoya à la reine une lettre demandant « à la Couronne britannique de reconnaître officiellement les torts historiques infligés inutilement en son nom au peuple acadien au moment du Grand Dérangement » (Chiasson, 2002 [en ligne]). La SNA reçut une réponse un an plus tard, soit le 18 juin 2003, stipulant que la reine, avant de se pencher sur la demande, devait attendre que le gouvernement canadien approuve celle-ci. La SNA a donc décidé au mois d'août 2003 d'envoyer le dossier aux ministres Stéphane Dion et Sheila Copps (Ricard, 2003a : 3).

C'est ainsi qu'à l'automne 2003, d'intensives discussions ont lieu entre Euclide Chiasson et Sheila Copps. Les pourparlers abordèrent l'idée d'une proclamation royale dans laquelle la Couronne britannique reconnaîtrait ses torts envers les Acadiens, mais aussi et surtout dans laquelle elle ferait du 28 juillet le jour de commémoration du drame acadien (Hachey, 2003a : 3). Le vote sur un arrangement eut lieu le 2 décembre 2003 et le cabinet fédéral accepta à l'unanimité la Proclamation royale (*Radio-Canada.ca – Région Atlantique*, 2003 [en ligne] ; Ricard, 2003c : 2.). Le texte de cette dernière fut dévoilé et présenté au président de la SNA le 10 décembre 2003. S'il stipule que le 28 juillet devient à compter de l'année 2005 jour de commémoration du Grand Dérangement et s'il reconnaît les conséquences tragiques de la Déportation, le texte omet le terme « torts » et mentionne uniquement une reconnaissance des faits historiques par la Couronne du Canada et non par la Couronne britannique (Ricard, 2004 : 6 ; Thibault, 2005 : 12). Interrogé à ce sujet, Chiasson a affirmé que cette proclamation représentait le meilleur de ce qu'il a cherché à obtenir (Hachey, 2003b : 5).

Pendant ce temps, à l'automne 2003, le député Stéphane Bergeron revenait à la charge avec la motion M-382, demandant « [q]u'une humble adresse soit présentée à Son Excellence, dans la foulée des démarches entreprises par la Société nationale de l'Acadie, la priant d'intervenir auprès de Sa Majesté afin que la Couronne britannique reconnaisse officiellement les préjudices causés en son nom au peuple acadien, de 1755 à 1763 » (Ricard, 2003b : 7). Pour le député de Verchères – Les-Patriotes, il demeurait essentiel que la reine lise la Proclamation royale devant les Acadiens et qu'elle reconnaisse ainsi les torts perpétrés par la Couronne (Bergeron, 2004 ; Godin, 2004). Cette nouvelle motion ne fut toutefois pas appuyée par la SNA. En effet, dès septembre 2003, Chiasson croyait qu'elle serait battue et que cela n'avait plus aucune importance. Toujours selon lui, la démarche de la SNA depuis la fin de l'année 2001 était maintenant indépendante de Stéphane Bergeron et donc sans ambiguïté concernant ses origines acadiennes (Ricard, 2003a : 3). Après d'âpres débats, la motion fut défaite en Chambre des communes le 10 mars 2004. Mentionnons également que la reine n'est jamais venue en Acadie pour annoncer ses excuses ou encore pour lire la Proclamation royale.

ANALYSE DES DISCOURS :
DEUX USAGES DU PASSÉ OPPOSÉS

Nonobstant les différentes tournures ou les différentes facettes du débat, l'essence même des arguments utilisés depuis février 2001 peut être regroupée autour de deux principaux discours. Ainsi, il s'agit toujours d'une prise de position entre ceux qui désirent des excuses ou la reconnaissance des torts et entre ceux qui jugent cette demande inutile et qui n'en veulent évidemment pas. Analysons ces deux discours et critiquons leurs arguments à l'aide de certaines notions historiennes.

LE DISCOURS DE L'ACCEPTATION :
UNE VOLONTÉ DE CORRECTION DU PRÉSENT

Le débat engendré depuis février 2001 n'aurait jamais vu le jour sans l'initiative de ceux qui désirent réellement recevoir des excuses de la part de la Couronne britannique. Les principaux acteurs sont Stéphane Bergeron – député du Bloc québécois mais Acadien d'ascendance –, les membres de la SNA – dont Euclide Chiasson et le Comité consultatif sur la motion M-241 –, ainsi que des associations du Nouveau-Brunswick comme la Société des Acadiens et Acadiennes du Nouveau-Brunswick (SAANB). Mentionnons également le seul député acadien à la Chambre des communes d'Ottawa, Yvon Godin, qui s'est fait élire dans le comté d'Acadie-Bathurst pour le NPD (Basque, 2001 : iii)[2]. Ces acteurs sont nombreux et proviennent surtout du Nouveau-Brunswick, de la région de l'Atlantique ainsi que de la diaspora acadienne. Leur discours présente de nombreux arguments intéressants à analyser.

Ne concernant pas *stricto sensu* les usages du passé, deux motifs relèvent plutôt de la représentativité acadienne. En effet, lorsque Stéphane Bergeron répond à ses détracteurs et assure se présenter, lorsqu'il divulgue la motion M-241, comme un Acadien et non comme un membre du Bloc québécois, il y a certainement justification de son identité acadienne (Bergeron, 2003 ; Doucet, 2001a : 12). Il précise ainsi que sa motion provient du peuple acadien et non d'une action politique québécoise. On retrouve cette même recherche de justification et de représentation du peuple acadien chez la SNA et parmi les réseaux associatifs. Pour eux, l'appui de leurs membres à la motion M-241 ou encore à la démarche d'Euclide Chiasson est une preuve indiscutable que la demande de reconnaissance des torts est réellement contrôlée par les Acadiens (Dalphond-Guiral, 2001 ; Doucet, 2002a : 12 ; Dugas, 2001 : 3 ; Hachey, 2001b : 3 ; Roy, 2001).

Des raisons encore plus importantes motivent un usage du passé afin de convaincre les Acadiens et le Parti libéral du Canada d'accepter la demande d'excuses. Un des principaux arguments est celui de la nécessité de faire le deuil de la Déportation pour refermer la blessure profonde que celle-ci a causée dans l'imaginaire acadien et pour se tourner définitivement vers l'avenir (Basque, 2001 : 4)[3]. Pour eux, seules des excuses peuvent avoir ces effets de condoléances

---

2. Pour plus d'information concernant les principaux acteurs en faveur de la reconnaissance des torts, voir Chiasson (2002) [en ligne] et Roy (2001).

3. Voir aussi Bergeron (2002a : B11), Chiasson (2002) [en ligne], Comeau (2001 : 12) et Roy (2001).

bénéfiques sur le peuple acadien. D'autres acteurs soulignent la nécessité de reconnaître la mémoire, l'histoire et la société acadienne. Dans ce cas-ci, les excuses favoriseraient la légitimation du peuple acadien, qui ne serait plus nié ou caché mais plutôt respecté et bien visible (Bergeron, 2002a : B11 ; Chiasson, 2002 [en ligne] ; Godin, 2001 ; Leclerc, 2002 : B6). Comme le dit bien Jean-Marie Nadeau en réponse au député libéral acadien Robert Thibault, « [p]eut-être que si ton passé était si bien réglé que cela, tu n'aurais pas de difficultés à être plus présent en acadien et en français aujourd'hui » (Nadeau, 2001 : 12). Ce respect que gagnerait ainsi la communauté acadienne permettrait indubitablement à cette dernière de vivre une réconciliation avec la communauté anglophone (Bergeron, 2002a : B11 ; Bergeron, 2003 ; Chiasson, 2002 [en ligne] ; Leclerc, 2002 : B6) et d'obtenir une meilleure image de soi (Basque, 2001 : 9).

Les seules solutions envisagées par les acteurs de ce discours demeurent les excuses ou la reconnaissance des torts par la Couronne britannique. En évoquant des arguments fondés sur le constat de la situation présente – les Acadiens ont une mémoire « traumatisée », ils ne sont pas reconnus ni respectés, ils n'entretiennent pas de bonnes relations avec la communauté anglophone – les acteurs demandent ainsi une réparation symbolique qui annulerait l'injustice passée et toujours présente. Ils reconnaissent donc qu'il y a eu une faute ou une injustice dans l'histoire acadienne et ils jugent qu'ils ont le droit et le pouvoir de revenir sur ce passé et de le corriger. Il y a donc utilisation du passé pour comprendre et critiquer la situation présente ainsi que pour orienter positivement l'avenir. Le discours des gens qui refusent la demande d'excuses se place à l'opposé de cette réflexion.

LE DISCOURS DU REFUS :
LA VOLONTÉ D'ACCEPTER LE PRÉSENT TEL QU'IL EST

Ceux qui refusent l'idée de la reconnaissance des torts sont essentiellement des acteurs politiques. Les plus importants, ceux qui reçoivent surtout les critiques pour l'échec de la motion M-241, sont évidemment des députés acadiens : Dominic LeBlanc, Andy Savoy, Claudette Bradshaw et Robert Thibault. Ces derniers forment le caucus acadien du Parti libéral du Canada en compagnie du Brayon Jeannot Castonguay. En ce qui concerne les autres membres du gouvernement fédéral actuel, les ministres Stéphane Dion et Sheila Copps ainsi que la sénatrice acadienne Rose-Marie Losier-Cool ne donnent de toute évidence pas leur place au sein du discours. Il ne faut pas oublier Herménégilde Chiasson, lieutenant-gouverneur du Nouveau-Brunswick depuis 2003 (Gagnon, 2003 : 3). Ces personnalités particulières produisent donc une argumentation et des solutions qui leur sont propres.

Les arguments de ce discours peuvent eux aussi se diviser selon les deux catégories employées par la rhétorique de l'acceptation. Les raisons évoquées qui ne concernent pas l'utilisation du passé attaquent d'emblée la sincérité de Stéphane Bergeron. Pour les acteurs du refus, Bergeron présente la motion M-241 davantage comme un membre du Bloc québécois que comme un Acadien. Il en découle deux accusations concoctées par ces professionnels de la parole : la demande d'excuses provient non pas des Acadiens mais bien des Québécois, plus particulièrement des « séparatistes », et le Bloc québécois ne devrait pas être pris au sérieux car il n'agirait jamais pour bâtir le Canada – il utiliserait plutôt les Acadiens dans sa lutte contre le gouvernement fédéral (Allard, 2003 ; Bourque, 2002 : 12 ; Castonguay, 2001 ; Doucet, 2001c : 12 ; Dugas, 2001 : 3 ; Fradette, 2001b : 3 ; Savoy, 2001 ; Vastel, 2001 : A19). Il y a donc dénonciation de l'affiliation de Bergeron au Bloc québécois au sujet de la motion M-241, motion que le Brayon Jeannot Castonguay considère d'ailleurs comme « [u]ne attitude paternaliste offensante, insultante et blessante de la part des séparatistes du Bloc québécois » (Jeannot Castonguay, cité par Vastel, 2001 : A19). Une autre raison soulignée par le camp du refus explique que les Acadiens entretiendraient des rapports de bonne entente et de partage avec les concitoyens anglophones. La peur de déranger *l'Autre* est évoquée sous le prétexte que la relation de bonne entente entre Acadiens et Canadiens anglais serait compromise (Allard, 2003 ; Bergeron, 2002a : B11 ; Bourque, 2002 : 12 ; LeBlanc, 2001).

Plusieurs autres arguments montrent que les acteurs qui refusent les excuses utilisent le passé de la même façon que les magiciens utilisent un lapin pour leur spectacle : ils le montrent, le font disparaître et ensuite ils passent à un autre tour en épatant la foule. Tout cela dans le but d'éviter les questionnements portant sur les illusions qui semblent à première vue impossibles à résoudre. Ainsi, s'il est bon de se rappeler que la Déportation fait partie de l'histoire des Acadiens, il est doublement plus important de remarquer que le peuple acadien a survécu à ce drame. Selon ces acteurs, notamment Dominic LeBlanc, les Acadiens ne devraient pas regarder ce passé infâme et encore moins y vivre mais plutôt se tourner vers l'avenir, véritable lieu de confiance pour les Acadiens (Allard, 2003 ; Bergeron, 2002a : B11 ; Castonguay, 2001 ; Gagnon, 2003 : 3 ; LeBlanc, 2001 ; Savoy, 2001). En d'autres mots, le futur serait le seul salut. Il ne servirait donc à rien de réécrire l'histoire ; ce n'est d'ailleurs aucunement le rôle du gouvernement selon une phrase célèbre dictée par Pierre Elliott Trudeau et reprise par Dominic LeBlanc lors des débats (LeBlanc, 2001).

Les solutions qui émanent de ce discours sont au nombre de trois : les deux premières sont ouvertement exprimées alors que la dernière flirte avec l'art de la subtilité et du raffinement excessif. D'emblée, ces acteurs exigent, jusqu'à l'automne 2003, le refus catégorique de la demande d'excuses. Dans un espoir de diversion, ils proposent ensuite d'accepter officiellement la Fête nationale des Acadiens (15 août) dans le but de « reconnaître la contribution des Acadiens au dynamisme de l'ensemble de la société canadienne » (Stéphane Dion, cité par Bergeron, 2002a : B11). En octobre et novembre 2003, ils reviennent à la charge avec l'adoption d'une proclamation royale qui transforme le 28 juillet en une journée commémorative du drame acadien. Ces solutions explicites se présentent donc aux Acadiens comme du « bonbon », comme une monnaie d'échange dans le but de leur faire oublier leur demande de reconnaissance des torts. Subtile est par contre la véritable utilisation du passé acadien qui consiste à le mettre sur papier, à le chiffonner et à le jeter à la poubelle. Faisant table rase du passé, la solution est de se résigner à accepter le présent tel qu'il est et à se tourner vers la construction d'un avenir possible : l'édification d'un Canada bilingue dont la célébration sera de toute évidence bienheureuse pour le peuple acadien[4].

---

4. Voir Savoy (2001) en ce qui concerne la volonté de contribuer à l'édification du Canada.

FAUTE ET RÉPARATION AU CANADA ET AU QUÉBEC CONTEMPORAINS

Les deux discours qui émanent du débat sur la reconnaissance des torts sont ainsi antonymes. Pour en dégager une analyse critique pertinente, il est utile de se référer à certaines approches théoriques.

LA NOTION DE RÉPARATION :
POUR UNE MEILLEURE CRITIQUE DES DISCOURS

Parmi ces approches, notamment celles portant sur la notion de réparation, les études traitant des besoins et intérêts présents, de la compensation symbolique ainsi que de la création d'une nouvelle identité, nous seront ici utiles.

Dans une volonté de comprendre les phénomènes historiques de la faute et de la réparation, l'historien Elazar Barkan affirme que les besoins de la société actuelle jouent un rôle majeur dans l'utilisation du passé. Pour que les réparations soient acceptées par tout le monde, l'auteur conclut donc que la nature de celles-ci doit absolument correspondre tant aux intérêts contemporains des victimes qu'à ceux des « accusés ». Issu de l'excuse et du pardon, le respect volontaire de l'Autre est de toute évidence un accomplissement positif tangible pour les deux parties (Barkan, 2000 : 318-319, 322, 325-328 ; Thompson, 2002 : viii-xi). Ainsi, puisque le respect engendré par les excuses favoriserait véritablement une nette amélioration des relations entre la communauté acadienne et la communauté anglophone, les arguments de Bergeron et des membres de la SNA se rapprochent des conclusions de Barkan, alors que ceux s'opposant à l'initiative du député bloquiste privilégient le maintien de l'état de fait actuel.

D'autres réflexions abordent l'importance, pour les victimes, de la réparation symbolique. En fait, les excuses permettent hors de tout doute de faire le deuil de l'événement traumatisant, de briser le sentiment d'inquiétude, de repousser l'image sombre et dédaigneuse de soi, d'éclairer la pénombre étouffante et de construire un avenir meilleur en rebâtissant l'histoire (Barkan, 2000 : 323-324 ; Jewsiewicki, 2002 : 73 ; Lecavalier, 2000 : 75). Il est possible d'observer là des similitudes avec les arguments utilisés par les acteurs souhaitant la reconnaissance des torts, tant par le vocabulaire employé – « deuil », « meilleure image de soi » – que par les excuses privilégiées. D'autre part, les partisans

128

du refus proposent, une fois de plus, des arguments qui ne permettent pas d'assurer la réparation symbolique.

Enfin, l'historien Bogumil Jewsiewicki souligne un autre point complémentaire à l'analyse d'Elazar Barkan. Il se penche sur la création d'une nouvelle identité lorsque la réparation symbolique a lieu. Le passé étant maintenant supportable et le présent davantage équitable, la victime se forgerait ainsi une nouvelle identité en se projetant dans un futur tout à fait souhaitable (Jewsiewicki, 2002 : 73). Malgré le fait que cette notion de la construction d'une nouvelle identité ne soit jamais employée explicitement par ceux qui désirent des excuses, nous croyons qu'elle est présente dans le débat que nous étudions. En fait, elle permet de mieux comprendre pourquoi il y a un groupe qui exige des excuses et pourquoi il y en a un autre qui tient résolument, à l'aide d'un discours plutôt « boiteux », à nier les bienfaits de celles-ci : il en va de la promotion de nouvelles références identitaires et des résistances envers le changement éventuel. Dès lors, il importe d'élargir le cadre d'analyse en interprétant les discours et les usages du passé selon les luttes pour le contrôle de la définition des références identitaires.

INTERPRÉTATION DES DISCOURS : LES RAPPORTS DE FORCE PARMI LA COMMUNAUTÉ ACADIENNE DU NOUVEAU-BRUNSWICK

Afin d'interpréter ces discours, plaçons-les sous le jour de la question identitaire acadienne ainsi que celle de LA politique en Acadie du Nouveau-Brunswick. Grâce à ces nouvelles perspectives, il sera possible de dévoiler des rapports de force qui existent parmi la communauté acadienne du Nouveau-Brunswick, dont la pointe de l'iceberg correspond aux discours opposés sur la demande d'excuses à la reine.

LE POLITIQUE EN ACADIE : L'IDENTITÉ ACADIENNE ISSUE DE LA DÉPORTATION

S'il est une chose que les historiens et autres chercheurs universitaires contemporains s'entendent pour dénoncer, c'est bien le fait que « [l]'image mythique de l'Acadie traditionnelle, constituée autour de la Déportation, est une métaphore qui imprégna plusieurs discours identitaires acadiens, même jusqu'à présent » (Richard, 1998-1999 : 244). Plus particulièrement, la renaissance acadienne des années 1880, s'appuyant sur un récit de « l'exil » symbolisé par le poème *Évangéline*, transforma l'événement de la Déportation en un mythe du « Grand Dérangement » – un parcours historique extraordinaire représentant désormais la genèse des Acadiens (Clarke, 2004 : 27-29, 40-42). Dès la fin du XIXe siècle, ce mythe a construit de nouvelles références identitaires acadiennes, indubitablement différentes de celles observées avant 1755, nouvelles références qui sont encore en vigueur de nos jours (Basque, 2001 : 4 ; Doucet, 1993 : 310 ; Griffiths, 1997 : 122 ; Thériault, 1996 : 266).

Quelles sont donc les caractéristiques particulières des références élaborées depuis les années 1880 et tout au long du XXe siècle ? D'emblée, ces références identitaires acadiennes impliquent une fermeture et un repli sur soi. Ainsi, des intellectuels tels Jean-Marie Nadeau ou Léon Thériault dénoncent leur caractère génétique ou généalogique qui ne jure que par les 35 familles déportées, dont sont issus les véritables descendants des Acadiens (Nadeau, 1992 : 31-32 ; Thériault, 1982a : 37-38). Tout cela « [c]omme si, après 1755, l'Acadie avait cessé de faire des Acadiens et Acadiennes » (Thériault, 1982a : 38) et comme si le peuple ne pouvait pas adapter ses critères « d'admissibilité ». Ce repli sur soi engendre une représentation de la minorisation axée sur la survivance (Doucet, 1993 : 306 ; Roy, 1989 : 152, 173, 203 ; Thériault, 1982a : 37 ; Thériault, 1982b : 131). La notion de territorialité est alors repoussée ou reléguée à ceux qui contestent ce discours conventionnel et hégémonique au risque de se faire ostraciser ou marginaliser dans la communauté (FCFA, 1993 : 7 ; Martel, 1995 : 19-21). L'Acadie est ainsi écrasée au sein du territoire appartenant à la majorité anglophone et cette situation encourage la résignation face à un passé amer et tragique. Ces références identitaires font la promotion d'un peuple acadien folklorique, peuple qui ne constitue pas une nation mais bien une minorité ethnique sans pouvoir et sans capacité de renouvellement.

Ces références identitaires ont certainement influencé LE politique en Acadie. D'une façon positive, elles ont favorisé ce que certains chercheurs universitaires nomment « l'acadianisation » des institutions. Dans une volonté de contrôler leur vie sociale et communautaire pour survivre, les Acadiens ont donc créé ou investi des institutions spécifiques – comme les écoles et collèges, l'Université de Moncton ou encore certains médias – lors de la « renaissance » des années 1880 ou lors des mandats du gouvernement de Louis J. Robichaud dans les années 1960 (Doucet, 1995 : 25-38, 43-48 ; Doucet, 1993 : 311-314, 323-327 ; Thériault, 1982a : 29-33 ; Thériault, 1982b : 132-133). À l'exception de l'expérience du Parti acadien entre 1972 et 1982[5], l'empêtrement dans la survivance, l'image de « minoritaires traumatisés » ainsi que l'absence de territorialité ont inévitablement empêché l'émergence d'un discours politique acadien (Thériault, 1982a : 39).

Puisque plusieurs Acadiens développent des références identitaires issues de la Déportation, qui ne permettent pas l'élaboration d'un projet politique proprement acadien, ils éprouvent beaucoup de difficultés depuis les années 1960 à comprendre et à accepter ces Canadiens français qui se sont appropriés le territoire du Québec et qui se nomment désormais « Québécois ». L'incompréhension semble réciproque puisque ces Québécois, forts d'un projet politique viable qu'il soit à l'intérieur ou non du Canada, ne semblent pas saisir la situation politique

---

5. Le Parti acadien prônait une politique essentiellement acadienne et avait comme objectif de former une province acadienne en séparant en deux le territoire du Nouveau-Brunswick. Il souhaitait ainsi bâtir un projet de société à l'aide d'un territoire dans lequel les Acadiens du Nouveau-Brunswick se sentiraient majoritaires. Cette volonté justifie certainement les propositions d'un rapprochement avec le Québec. Ses membres étaient d'ailleurs majoritairement en faveur de l'indépendance du Québec ou, du moins, comprenaient les revendications de cette province. Le Parti acadien demeura marginal pendant ses onze années d'existence puisque ses options étaient très controversées et puisqu'il n'a jamais réussi à faire élire un seul candidat (Doucet, 1993 : 326-327 ; Ouellette, 1992 : 54, 68 ; Thériault, 1982b : 136-139).

acadienne. En fait, cette ignorance mutuelle (Dallaire, 1999 : 20-21 ; Harvey, 2000 : 85 ; Martel, 1995 : 36-37) alimente l'important clivage politique entre les deux peuples : de nombreux Acadiens favorisent le dualisme culturel du Canada et son bilinguisme institutionnel, alors que plusieurs élites québécoises souhaitent la construction d'un Québec unilingue français indépendant ou au cœur d'un dualisme politique (Dallaire, 1999 : 24-25 ; FCFA, 1993 : 21 ; Harvey, 2000 : 80 ; Roy, 1989 : 203 ; Thériault, 1982a : 232-233). Ironiquement, cette situation a permis un rapprochement entre plusieurs Canadiens anglophones et Acadiens pour la construction d'un pays bilingue et multiculturel. Dans ces références identitaires acadiennes émergeantes et dans les projets canadiens qui en découlent, les Québécois sont de plus en plus considérés comme l'Autre aux yeux des Acadiens (Roy, 1989 : 256).

Les références identitaires construites autour de la Déportation semblent être responsables des lacunes d'un projet politique acadien, de l'acceptation du bilinguisme canadien et de l'éloignement identitaire par rapport au Québec. La carence d'un projet sociétaire ne signifie toutefois pas l'absence d'actions politiques, la situation particulière de LA politique présente dans la communauté acadienne du Nouveau-Brunswick, la plus imposante numériquement et la plus organisée socialement, économiquement et institutionnellement, le montrant bien.

LES RAPPORTS DE FORCE DANS LA POLITIQUE DE LA COMMUNAUTÉ ACADIENNE DU NOUVEAU-BRUNSWICK

Puisque LE politique ainsi que le projet de société qui en découle ne sont pas « acadianisés », il est tout à fait normal que LA politique implique elle aussi cette absence péjorative d'acadianité (Thériault, 1982a : 13). Malgré tout, un nombre important d'Acadiens du Nouveau-Brunswick font de la politique nationale, provinciale ou associative. En politique acadienne, deux aires distinctes de l'exercice du pouvoir peuvent être relevées : celle des élus politiques fédéraux ou provinciaux et celle des élites des réseaux associatifs. Ces aires de pouvoir entrent en conflit concernant la légitimation ou la représentativité des Acadiens de la province (Doucet, 1995 : 53-54, 157-158 ; Thériault,

1982a : 121-123). Les rapports de force ainsi présents contiennent deux discours personnalisés et très détachés l'un de l'autre.

Les élus politiques acadiens, qu'ils relèvent du Parlement d'Ottawa ou de celui de Fredericton, dominent d'une façon écrasante la politique de la province depuis les années 1980 et la fin de la pluralité des discours politiques (Doucet, 1995 : 226-227). Appuyés par la première vague d'entrepreneurs acadiens durant les années 1960 et par plusieurs de la deuxième vague des années 1970-1980, qui ne désirent pas parler des problèmes socio-économiques des Acadiens (Beaudin et Leclerc, 1993 : 284-288 ; Dallaire, 1999 : 29 ; Nadeau, 1992 : 102), ces députés et ministres possèdent l'expérience et le pouvoir économique pour être écoutés. Ils se considèrent d'ailleurs les seuls véritables porte-parole des Acadiens en s'appuyant sur leurs victoires remportées par suffrage universel (Thériault, 1982a : 121-123). Toutefois, ces élus sont membres de partis politiques non acadiens, ce qui signifie qu'ils doivent respecter l'orientation du parti avant de considérer les besoins de leur communauté. Cette remarque éclaire la compréhension de leurs deux principales aspirations. La première aspiration vise l'accommodement des Acadiens avec la société anglo-canadienne, ou leur intégration à celle-ci. Tout cela dans le but de promouvoir la contribution de la société acadienne à l'édification d'un pays bilingue ou encore d'une province bilingue (Doucet, 1995 : 228 ; Roy, 1989 : 254 ; Thériault, 1996 : 275 ; Thériault, 1982b : 133)[6]. La seconde concerne la promotion de la bonne entente qui encourage la légitimation de la démocratie, de la gouvernance et de l'État et qui veut enrayer l'intolérance ou la violence issues du mécontentement populaire (Allain, 2001 : 12 ; Belliveau, 2003 : 12 ; Rousselle, 2003 : 12). Selon les membres de cette élite politique, « pour vivre dans une société pacifiée et civile, en fin de compte, il faut accepter de tous être gouvernés par la même autorité » (Belliveau, 2003 : 12). Ces responsables politiques, sans oublier leurs partisans, entretiennent donc un discours opportuniste

---

6. Voir aussi Castonguay (2001) ; Hachey (2001b : 3) et LeBlanc (2001).

qui semble favoriser le maintien de l'identité acadienne issue de la Déportation.

Quant aux élites des réseaux associatifs du Nouveau-Brunswick, elles ont émergé surtout entre les années 1960 et 1980, à la suite de la contestation du discours « conventionnel » (Doucet, 1995 : 52-54 ; Doucet, 1993 : 324-327). Elles ont formé des associations de toutes sortes, dont la Société des Acadiens et Acadiennes du Nouveau-Brunswick (SAANB), qui se veulent près de la population acadienne et de ses besoins mais qui, sur le plan de la légitimité, sont perdantes face aux acteurs politiques élus au suffrage universel (Thériault, 1982a : 121). Malgré le fait que les élus politiques occupent une place privilégiée dans le discours acadien, les élites des réseaux associatifs dérangent en promouvant un discours politique différent. En effet, elles avancent l'idée d'un projet de société fortement contrôlé par les Acadiens. Jean-Guy Rioux, président de la SAANB au moment du débat autour de la motion M-241, a d'ailleurs mentionné que « [s]i nous voulons aller plus tard vers un projet de société en Acadie du Nouveau-Brunswick, nous avons besoin de connaître des éléments autres que la langue. Nous devons nous positionner sur bien d'autres choses » (Fradette, 2001a : 4). Au contraire des politiciens qui travaillent à maintenir les pouvoirs qu'ils ont acquis, l'avenir des Acadiens préoccupe ces associations qui aimeraient parler de sujets comme l'immigration, l'économie des régions, la gouvernance ou encore la santé (Thériault, 1982b : 134 ; Fradette, 2001a : 4). Il est également permis de croire que les membres des élites des réseaux associatifs affectionnent un certain dédain pour le sentiment minoritaire ; c'est-à-dire qu'ils perçoivent une quelconque égalité identitaire des Acadiens avec la communauté anglophone de la province (Thériault, 1995 : 200). Ces associations contestent donc les références identitaires acadiennes qui sont issues de l'interprétation plus conventionnelle de la Déportation.

L'ACCEPTATION DES EXCUSES POUR CONTRÔLER
LA NOUVELLE DÉFINITION DE L'IDENTITÉ

Ces deux tendances du discours, celle de l'acceptation et celle du refus, peuvent être motivées par ces rapports de force. Ainsi, le discours de l'acceptation s'appuierait sur une thèse centrale, soit l'existence d'un lien puissant entre ceux qui désirent des excuses et les élites des réseaux associatifs du Nouveau-Brunswick qui contestent les références identitaires acadiennes plus conventionnelles. En ce sens, la reconnaissance des torts favoriserait une redéfinition des références identitaires acadiennes, réalité qui profiterait aux élites des réseaux associatifs en rejetant certaines situations politiques, économiques et sociales contemporaines.

Afin d'étayer cette affirmation, il importe de se pencher sur le contexte canadien au moment de la demande d'excuses, à la fin des années 1990 et au début des années 2000. Trois éléments conjoncturels principaux peuvent être avancés. Le premier élément touche l'arrêt Marshall du 17 septembre 1999 concernant les droits de pêche des Amérindiens, ainsi que les répercussions qu'il a engendrées sur les communautés autochtones du Nouveau-Brunswick, notamment la communauté de Burnt Church. Des Acadiens exaspérés, jugeant que les ressources de la mer leur filaient entre les doigts, et des Amérindiens, voulant entrer dans cette économie lucrative du homard, du crabe et des poissons, se sont violemment heurtés. Cette situation provoqua une crise politique aux incidences identitaires parmi les communautés acadienne et autochtones de la région (Paulin, 2002 : 29).

Le deuxième élément concerne l'année 2001 en tant que moment du recensement décennal canadien. En fait, et de manière régulière depuis 1961, les débats portant sur l'assimilation linguistique et l'émigration ressurgirent. Les quelques données préliminaires fournies par Statistique Canada en 2001 et 2002 sont venues confirmer les craintes antérieures : le taux de l'assimilation linguistique des Acadiens de la province du Nouveau-Brunswick est passé de 9,7 % à 10,5 % entre 1996 et 2001 (Doucet, 2002b : 12 ; Rousselle, 2002 : 13). L'exode des francophones du Nord vers le Sud et ses « régions "bilingues" où l'assimilation fait de plus grands ravages dans la province » (Rousselle, 2002 : 13) fut évidemment l'objet d'une forte inquiétude dans la communauté.

Enfin, le troisième élément conjoncturel concerne la situation économique précaire dans laquelle la région acadienne du Nord-Est est plongée depuis les années 1990. Alors que les secteurs minier, forestier et surtout halieutique traversent une importante crise dans cette région, l'État canadien semble abandonner à leur sort plusieurs travailleurs saisonniers en modifiant les critères d'admissibilité à l'assurance-emploi à partir de 1991 (Allard, 1999 : 3 ; Doucet, 2000 : 12 ; Fradette, 2002 : 3). Quant au gouvernement de Fredericton, une épée de Damoclès trône au-dessus de sa tête avec les conséquences du taux de chômage très élevé de la région de Chaleur et de la Péninsule acadienne. Pourtant, même s'« il est impossible de nier que le sous-développement des régions acadiennes comporte une dimension linguistique » (Nadeau, 1992 : 28), ni Fredericton ni le Conseil économique du Nouveau-Brunswick ne semble s'émouvoir de ce problème (Dallaire, 1999 : 30).

C'est dans la crise identitaire engendrée par ces problèmes que les élites des réseaux associatifs, se préoccupant de l'avenir des Acadiens, favorisent l'émergence d'un discours prônant la reconnaissance des torts causés aux Acadiens lors de la Déportation. Il y a donc eu l'établissement d'un lien, vers la fin des années 1990, entre les effets de la Déportation et les problèmes présents ; comme il y a eu établissement d'un lien entre les références identitaires plus conventionnelles et les problèmes présents. En réinterprétant la Déportation non plus comme le drame déclencheur de la folklorisation des Acadiens, mais comme un événement marquant qui a altéré son histoire, les références identitaires centrées sur la Déportation s'estomperaient et la modernité, jugée essentielle à l'épanouissement d'une nation, serait possible. La critique du bilinguisme, du « bonne-ententisme » et de l'assimilation deviendrait plus légitime dans l'espace public et la promotion de références identitaires francophones et majoritaires[7], dont les caractéristiques se rapprocheraient des référents québécois[8], serait certainement envisageable.

---

7. Malgré le fait que certains chercheurs contestent la notion d'identité acadienne avant la Déportation, nous estimons qu'un sentiment majoritaire et francophone était en vigueur, à l'instar de Griffiths (1997 : 38-40, 72) et Thériault (1982a : 17, 22 ; 1982b : 135).

8. La Fédération des communautés francophones et acadienne du Canada (FCFA), qui peut se situer selon nous dans cet ensemble de réseaux associatifs,

Les nouvelles références identitaires favoriseraient certainement l'émergence d'un projet politique acadien où les élus et les autres membres des élites se concentreraient sur d'autres enjeux pour l'Acadie et son avenir. Puisque les membres des élites des réseaux associatifs du Nouveau-Brunswick désirent déjà acquérir une légitimité afin de produire un projet de société acadien, la création de ces références neuves servirait indubitablement leurs aspirations. Ces membres des réseaux associatifs auraient ainsi une longueur d'avance sur les élus politiques qui promeuvent le mythe affirmant que l'avenir des Acadiens passe par la construction d'un Canada bilingue. C'est pour cette raison que la demande d'excuses leur tient réellement à cœur et que ceux qui n'en veulent pas tentent de contrôler le processus.

UN REFUS POUR CONSERVER LA DÉFINITION DE L'ACADIANITÉ ISSUE DE LA DÉPORTATION

Pourquoi le discours s'est-il orienté vers le refus des excuses ? Question cruciale, fondée sur des raisons profondes et subtiles. Une hypothèse peut être avancée ici, celle d'un lien solide entre le rejet de la demande d'excuses et les références identitaires acadiennes plus conventionnelles promues par les élus politiques et ceux qui les appuient.

D'emblée, le discours d'intégration au tout multiculturel canadien a favorisé le maintien des références identitaires acadiennes plus conventionnelles. La réciproque est également vraie : les élus politiques acadiens se conçoivent comme les héritiers et les défenseurs de cette définition identitaire, car elle sert merveilleusement bien leur travail qui tend, consciemment ou inconsciemment, à établir un processus de folklorisation des Acadiens ne dérangeant aucunement la construction d'une société *New-Brunswicker* et, ce faisant, d'une société multiculturelle canadienne. De plus, dans l'édification d'un Canada fort ou d'un Nouveau-Brunswick « nouveau » et bilingue, les responsables politiques d'Ottawa et de Fredericton trouvent leur compte dans ces

---

a d'ailleurs entrepris un rapprochement avec le Québec depuis 1995 (Ministère du Conseil exécutif, 1995 : 13-15 ; FCFA, 1993 : 11-14).

références identitaires. Il n'y a pas d'intérêt à promouvoir une Acadie développant une attitude de majoritaire ou critiquant le bilinguisme centré sur la connaissance de l'anglais. Il demeure plus intéressant de conserver une Acadie qui soutient la mise en place du nouvel ordre symbolique canadien. Leur promotion des références identitaires plus conventionnelles s'appuie sur un sentiment de crainte face à la demande de reconnaissance des torts qui favoriserait la création de nouveaux repères. Dans une réaction conservatrice, les députés ont d'abord refusé les excuses. Par la suite, ils ont trouvé des moyens pour contrôler le processus et pour ainsi préserver de façon optimale les références identitaires plus conventionnelles.

Comment procédèrent-ils ? Deux stratégies furent privilégiées. La première stratégie consiste à affaiblir le discours de ceux qui proposent des excuses en procédant à un glissement sémantique. Ainsi, la demande d'excuses officielles – motion M-241 de février 2001 – est remplacée ou substituée par une reconnaissance des torts – motion M-241 de l'automne 2001 et lettre de la SNA envoyée à la reine à l'été 2002 –, pour enfin se transformer en une proclamation royale dans laquelle la reconnaissance des torts n'occupe véritablement pas la première place. En réalisant cet exercice, la faute est à moitié avouée et la responsabilité de la Couronne britannique s'en trouve diminuée et oubliée. En fait, avec le 28 juillet – moment où le gouverneur de la Nouvelle-Écosse Charles Lawrence a décrété la Déportation en 1755 – comme journée commémorative du drame acadien, le Parlement canadien semble davantage repousser la faute sur un individu, Lawrence, plutôt que sur l'institution de la Couronne britannique. Le 5 septembre – journée où le général Winslow a annoncé à Grand Pré, au nom du roi d'Angleterre, la Déportation – aurait été préférable dans le cadre d'une reconnaissance institutionnelle (LeGallant, 2003 : 13 ; Hachey, 2003a : 3 ; Morin Rossignol, 2003 : 13). Selon Tzvetan Todorov, ces méthodes d'adoucissement du discours, souvent utilisées par les tenants de l'autorité politique, visent à contrôler la mémoire des citoyens et à justifier les pouvoirs contemporains de l'État (2000 : 127-132). La situation décrite porte à croire qu'elles servent également à façonner ou à préserver des références identitaires acadiennes utiles au groupe dominant – la communauté anglophone. Voilà qui justifie que trois années de débats furent nécessaires avant une quelconque ouverture de la part des partisans du refus.

La seconde stratégie renvoie à la commémoration, commémoration qui produit généralement une histoire officielle simplifiée et sans nuance à la remorque des nombreux usages politiques de l'État (Levi, 2001 : 31-33 ; Todorov, 2000 : 127-132). Ainsi, les partisans du refus – surtout les responsables politiques –, ont proposé d'abord une fête et ensuite une commémoration dans le but de détourner ou de récupérer le discours politique de ceux qui désirent des excuses. En effet, lorsque Sheila Copps proposa de rendre officielle la Fête nationale des Acadiens, elle et ses collègues espéraient ouvertement que les Acadiens se contenteraient de ce « joujou », selon l'avis de Michel Doucet (2001b : 12). En tentant de détourner l'attention, elle souhaitait l'oubli des excuses et de leur signification pour le peuple acadien. De la même façon, lorsque Sheila Copps et Euclide Chiasson ont négocié la Proclamation royale, il y a eu récupération politique de la part des députés de la majorité en Chambre. Ainsi, une proclamation royale minimisant le rôle de la Couronne britannique et ordonnant une commémoration de la Déportation s'insère drôlement bien dans la volonté de reconnaître le dynamisme acadien à l'intérieur de la société canadienne et de ses valeurs multiculturelles. Il importe ici de célébrer l'effort, la persévérance et le sacrifice des Acadiens dans la construction du Canada. Cette journée commémorative s'inscrit donc dans une propagande du *nation-building* canadien si cher aux responsables politiques acadiens et aux députés et ministres d'Ottawa.

Un bilan de ces deux solutions permet de constater que les élus politiques partisans du refus ont réussi à récupérer la demande d'excuses pour conserver, justifier et propager les références identitaires acadiennes plus conventionnelles. Mieux encore, ils ont su l'intégrer plus subtilement à leurs besoins et idéaux politiques et sociétaires.

DES PISTES DE RÉFLEXION...

Comme nous l'avons vu, le discours recommandant une reconnaissance des torts demeure essentiellement le fait de membres des réseaux associatifs et de descendants d'Acadiens vivant hors de la région de l'Atlantique – à l'instar du député bloquiste Stéphane Bergeron. Ceux qui désirent des excuses avancent une argumentation cohérente et appuyée par des réflexions universelles sur la notion de la réparation. Ils affirment ainsi que l'acceptation de leur demande permettrait de faire le deuil de la Déportation et de favoriser une histoire et une société reconnues et renouvelées. Ce deuil entraînerait une nouvelle définition des références identitaires acadiennes, non plus axées sur les malheurs et les méfaits de la Déportation – sentiment de minorisation, volonté de bonne entente, intégration au groupe dominant – mais centrées sur une attitude de majoritaires, sur une fierté de leur francité, ainsi que sur une promotion de l'égalité de la société acadienne avec la société anglophone du Nouveau-Brunswick. Dans le rapport de force qui oppose les responsables politiques aux élites des réseaux associatifs du Nouveau-Brunswick, ces dernières sont davantage préoccupées par les problèmes actuels de l'Acadie. Elles recherchent alors un projet politique acadien qui peut devenir possible avec une modification des références identitaires plus conventionnelles. C'est ainsi que se dévoile la principale raison derrière la demande d'excuses : obtenir un projet de société piloté par les élites des réseaux associatifs.

Nous avons vu aussi qu'il existe une affiliation subtile entre les responsables politiques et le discours refusant ou retardant la demande de reconnaissance des torts. Ceux qui refusent la motion d'excuse avancent une argumentation qui est motivée par des raisons politiques. Ainsi, les références identitaires plus conventionnelles utilisées par les responsables politiques pour contrôler l'intégration acadienne seraient mises en danger par des excuses et par la nouvelle identité qui en découlerait. Dans les rapports de force les opposant aux élites des réseaux associatifs et leur projet de société, les responsables politiques désirent préserver au maximum les références identitaires plus conventionnelles. Pour cette raison, ils ont d'abord refusé catégoriquement la demande d'excuses en 2001 et, lorsqu'ils ont compris que la SNA et la SAANB persévéreraient, ils ont répliqué avec un affaiblissement du discours de leurs adversaires et avec une stratégie de commémoration détournant le projet sociétaire acadien vers la célébration du Canada.

Cherchant d'abord à établir un travail de défrichement dans cette réalité contemporaine et en achèvement constant, l'étude propulse maintenant le lecteur vers une autre série de questionnements. Outre les quelques opinions personnelles recueillies auprès des responsables politiques et des membres des élites associatives, qu'en est-il des autres Acadiens ? Qui appuie les responsables politiques et les élites des réseaux associatifs ? Pouvons-nous étudier les rapports de force présents en Acadie du Nouveau-Brunswick à l'aide des groupes sociaux ? Certaines observations suggèrent un clivage entre les entrepreneurs et les membres des classes laborieuses, différence qui pourrait justifier pourquoi un député près des travailleurs comme Yvon Godin, pourtant un élu politique, appuie fortement la demande d'excuses. De la même façon, pouvons-nous présumer pour la demande d'excuses un taux d'appui variable selon les régions, c'est-à-dire très positif dans les régions francophones du Nord-Est et de moins en moins fort à mesure que nous avançons vers le Sud bilingue ou vers d'autres régions des Maritimes en dehors du Nouveau-Brunswick ? Ceci permet de se demander si les discours, qui se présentent de façon uniforme dans notre travail de déblayage, contiennent à l'intérieur d'eux-mêmes différents degrés de refus ou d'acceptation. Enfin, Euclide Chiasson et la SNA ont convenu d'une proclamation royale qui semble affaiblir la reconnaissance des torts. Sont-ils vraiment satisfaits de celle-ci ? Ont-ils subi le chantage du « médiocre ou rien » de la part des responsables politiques ? D'autres études pourront peut-être apporter des éléments de réponse satisfaisants à cet effet.

BIBLIOGRAPHIE

1. SOURCES

A) Débats parlementaires

ALLARD, Carole-Marie (2003), *Débats de la Chambre des communes*, 37e législature, 2e session (6 février à 18 h 15).

BERGERON, Stéphane (2002b), *Débats de la Chambre des communes*, 37e législature, 1re session (3 mai à 14 h 10).

BERGERON, Stéphane (2003), *Débats de la Chambre des communes*, 37e législature, 2e session (6 février à 18 h 00).

BERGERON, Stéphane (2004), *Débats de la Chambre des communes*, 37e législature, 3e session (11 février à 18 h 05).

CASTONGUAY, Jeannot (2001), *Débats de la Chambre des communes*, 37e législature, 1re session (27 mars à 17 h 45).

DALPHOND-GUIRAL, Madeleine (2001), *Débats de la Chambre des communes*, 37e législature, 1re session (22 novembre à 15 h 45).

GODIN, Yvon (2001), *Débats de la Chambre des communes*, 37e législature, 1re session (27 mars à 18 h 05).

GODIN, Yvon (2004), *Débats de la Chambre des communes*, 37e législature, 3e session (11 février à 18 h 20).

LEBLANC, Dominic (2001), *Débats de la Chambre des communes*, 37e législature, 1re session (22 novembre à 16 h 00).

ROY, Jean-Yves (2001), *Débats de la Chambre des communes*, 37e législature, 1re session (3 octobre à 17 h 30).

SAVOY, Andy (2001), *Débats de la Chambre des communes*, 37e législature, 1re session (3 octobre à 17 h 50).

B) Articles de journaux

ALLAIN, Greg (2000), « À bas l'intolérance ! », *L'Acadie nouvelle* (section « Mon opinion »), 5 septembre, p. 12.

ALLARD, Étienne (1999), « Lord ne veut plus de programmes à répétition », *L'Acadie nouvelle*, 18 août, p. 3.

BELLIVEAU, Joël (2003), « La loi de la jungle », *L'Acadie nouvelle* (section « Mon opinion »), 7 mai, p. 12.

BERGERON, Stéphane (2002a), « Reconnaissance de la Déportation des Acadiens : pour mettre enfin un terme à l'exil intérieur », *Le Devoir*, 6 avril, p. B11.

BOURQUE, Jean-Clarence (2002), « Rien à gagner des excuses », *L'Acadie nouvelle* (section « Mon opinion »), 27 juin, p. 12.

COMEAU, Anna-Lise (2001), « À bas la neutralité ! », *L'Acadie nouvelle* (section « Mon opinion »), 4 décembre, p. 12.

DOUCET, Michel (2000), « Ça chauffe », *L'Acadie nouvelle*, 13 décembre, p. 12.

DOUCET, Michel (2001a), « Opération M-241 infinie », *L'Acadie nouvelle*, 5 octobre, p. 12.

DOUCET, Michel (2001b), « Le troc », *L'Acadie nouvelle*, 19 novembre, p. 12.

DOUCET, Michel (2001c), « Gênant », *L'Acadie nouvelle*, 28 novembre, p. 12.

DOUCET, Michel (2002a), « L'étape à franchir », *L'Acadie nouvelle*, 13 juin, p. 12.

DOUCET, Michel (2002b), « Toujours forts », *L'Acadie nouvelle*, 12 décembre, p. 12.

DUGAS, Isabelle (2001), « Les députés acadiens au pouvoir rejettent la motion d'excuses », *L'Acadie nouvelle*, 4 octobre, p. 3

FRADETTE, Réal (2001a), « La SAANB veut se rapprocher du peuple », *L'Acadie Nouvelle*, 20 septembre, p. 4.

FRADETTE, Réal (2001b), « Foi de Stéphane Dion, la motion d'excuses à l'Acadie sera bloquée », *L'Acadie nouvelle*, 24 septembre, p. 3.

FRADETTE, Réal (2002), « Paul Martin promet de répondre aux préoccupations du Nord », *L'Acadie nouvelle*, 14 février, p. 3.

GAGNON, Charles-Antoine (2003), « Assermenté, hier, à titre de 29e lieutenant-gouverneur : Herménégilde Chiasson se tourne résolument vers l'avenir », *L'Acadie nouvelle,* 27 août, p. 3.

HACHEY, Steve (2001a), « Non aux excuses, oui au 15 août », *L'Acadie nouvelle*, 16 novembre, p. 4.

HACHEY, Steve (2001b), « La voix du peuple ? », *L'Acadie nouvelle*, 29 novembre, p. 3.

HACHEY, Steve (2003a), « Le 28 juillet deviendrait jour de commémoration du drame acadien », *L'Acadie nouvelle*, 8 octobre, p. 3.

HACHEY, Steve (2003b), « Le 28 juillet deviendra Journée de Commémoration du Grand Dérangement : la Proclamation royale sera signée aujourd'hui », *L'Acadie nouvelle*, 10 décembre, p. 5.

LECLERC, Jean-Claude (2002), « La déportation des Acadiens », *Le Devoir*, 12 août, p. B6.

LEGALLANT, David (2003), « Pour une proclamation royale juste ! », *L'Acadie nouvelle*, 30 octobre, p. 13.

MORIN ROSSIGNOL, Rino (2003), « Des pinottes historiques », *L'Acadie nouvelle*, 6 décembre, p. 13.

NADEAU, Jean-Marie (2001), « Le "Québec bashing" de Robert Thibault », *L'Acadie nouvelle* (section « Mon opinion »), 12 juin, p. 12.

PAULIN, Sylvie (2002), « Des eaux plus calmes dans la baie Miramichi. Les autochtones de Burnt Church et leurs voisins acadiens sont engagés sur la voie de la réconciliation », *L'Acadie nouvelle*, 18 octobre, p. 29.

PLANTE, Gilles (1999), « Un bloquiste veut des excuses royales pour la Déportation », *L'Acadie nouvelle*, 29 octobre, p. 4.

RADIO-CANADA (2003), « Ottawa adopte une proclamation reconnaissant les torts causés aux Acadiens lors de la Déportation », *Radio-Canada région Atlantique*, 3 décembre [en ligne] [www.radio-canada.ca/Atlantique] (10 décembre 2003).

RICARD, Philippe (2001), « Le caucus acadien a pris les moyens pour défaire la motion d'excuses », *L'Acadie nouvelle*, 29 novembre, p. 3.

RICARD, Philippe (2003a), « La SNA a reçu une lettre d'un représentant de la Couronne britannique », *L'Acadie nouvelle*, 25 septembre, p. 3.

RICARD, Philippe (2003b), « Reconnaissance des torts causés par la Déportation », *L'Acadie nouvelle*, 19 septembre, p. 7.

RICARD, Philippe (2003c), « Le 28 juillet deviendra jour de commémoration du Grand Dérangement. Le gouvernement fédéral accepte la proclamation royale », *L'Acadie nouvelle*, 3 décembre, p. 2.

RICARD, Philippe (2004), « Président de l'organisme acadien de 2000 à 2004 : le dossier des excuses aura marqué le passage d'Euclide Chiasson à la SNA », *L'Acadie nouvelle*, 29 mai, p. 6.

ROUSSELLE, Serge (2002), « Des chiffres et des maux », *L'Acadie nouvelle*, 16 décembre, p. 13.

ROUSSELLE, Serge (2003), « La violence, non merci ! », *L'Acadie nouvelle*, 5 mai, p. 13.

THIBAULT, Jean-François (2005), « Déportation : des excuses demeurent nécessaires », *L'Acadie Nouvelle*, 9 juillet, p. 12.

VASTEL, Michel (2001), « Les grands dérangés du Parlement », *Le Soleil*, 29 novembre, p. A19.

C) Sources institutionnelles et étatiques

BASQUE, Maurice (2001), *Rapport du Comité consultatif sur la motion M-241*, Moncton, 19 p.

CHIASSON, Euclide (2002), *Lettre à Sa Majesté la reine Elizabeth II*, Dieppe (12 juin) [en ligne] [www.snacadie.org] (30 septembre 2003).

FCFA (FÉDÉRATION DES COMMUNAUTÉS FRANCOPHONES ET ACADIENNE DU CANADA) (1993), *La francophonie canadienne : un espace à reconnaître. Pour une politique de rapprochement entre le Québec et les communautés francophones et acadiennes du Canada*, Ottawa, FCFA.

MINISTÈRE DU CONSEIL EXÉCUTIF : SECRÉTARIAT AUX AFFAIRES INTERGOUVERNE-MENTALES CANADIENNES (1995), *Politique à l'égard des communautés francophones et acadiennes du Canada : un dialogue, une solidarité agissante*, Québec, Gouvernement du Québec.

2. OUVRAGES GÉNÉRAUX

BARKAN, Elazar (2000), *The Guilt of Nations. Restitution and Negociating Historical Injustices*, New York, W. W. Norton.

GALANTER, Marc (2002), « Righting old wrongs », dans Martha MINOW (dir.), *Breaking the Cycles of Hatred : Memory, Law, and Repair*, Princeton, Princeton University Press, p. 107-131.

GRIFFITHS, Naomi E. S. (1997), *L'Acadie de 1686 à 1784 : Contexte d'une histoire*, Moncton, Les Éditions d'Acadie.

JEWSIEWICKI, Bogumil (2002), « De la vérité de mémoire à la réconciliation », *Le Débat. Histoire, politique, société*, n° 122 (novembre-décembre), p. 63-67.

LECAVALIER, Pierre (2000), « Sommes-nous coupables ? Entretien avec l'historien Elazar Barkan », *L'Actualité*, vol. 25, n° 18 (15 novembre), p. 75.

LEVI, Giovanni (2001), « Le passé lointain. Sur l'usage politique du passé », dans François HARTOG et Jacques REVEL (dir.), *Les usages politiques du passé*, Paris, É.H.É.S.S., p. 25-37.

ROY, Michel (1989), *L'Acadie des origines à nos jours : essai de synthèse historique*, Montréal, Éditions Québec Amérique.

THOMPSON, Janna (2002), *Taking Responsability for the Past : Reparation and Historical Justice*, Cambridge (Angleterre), Polity Press.

TODOROV, Tzvetan (2000), *Mémoire du mal, tentation du bien : enquête sur le siècle*, Paris, Robert Laffont, p. 125-159.

3. ÉTUDES ACADIENNES

BEAUDIN, Maurice, et André LECLERC (1993), « Économie acadienne contemporaine », dans Jean DAIGLE (dir.), *L'Acadie des Maritimes : Études thématiques des débuts à nos jours*, Moncton, Chaire d'études acadiennes, p. 250-297.

CLARKE, Patrick D. (2004), « L'Acadie du silence : pour une anthropologie de l'identité canadienne », dans Simon LANGLOIS et Jocelyn LÉTOURNEAU (dir.), *Aspects de la nouvelle francophonie canadienne*, Sainte-Foy, Les Presses de l'Université Laval, p. 19-57.

DALLAIRE, Patrice (1999), *Regard sur l'Acadie et ses rapports avec le Québec : essai*, Moncton, Les Éditions d'Acadie.

DOUCET, Michel (1995), *Le discours confisqué*, Moncton, Les Éditions d'Acadie.

DOUCET, Philippe (1993), « La politique et les Acadiens », dans Jean DAIGLE (dir.), *L'Acadie des Maritimes : études thématiques des débuts à nos jours*, Moncton, Chaire d'études acadiennes, p. 299-340.

HARVEY, Fernand (2000), « Les relations culturelles Québec-Acadie : analyse d'une mutation », dans Beatrice BAGOLA (dir.), *Le Québec et ses minorités : actes du Colloque de Trèves du 18 au 21 juin 1997 en l'honneur de Hans-Josef Niederehe*, Tübingen, MaxNiemeyer Verlag, p. 75-86.

MARTEL, Angéline (1995), « L'étatisation des relations entre le Québec et les communautés acadiennes et francophones : chroniques d'une époque », dans CONSEIL DE LA LANGUE FRANÇAISE (dir.), *Pour un renforcement de la solidarité entre francophones au Canada : réflexions théoriques et analyses historique, juridique et sociopolitique*, Québec, Gouvernement du Québec, p. 5-58. (Coll. « Les Publications du Québec », dossier 42.)

NADEAU, Jean-Marie (1992), *Que le tintamarre commence ! Lettre ouverte au peuple acadien*, Moncton, Les Éditions d'Acadie.

OUELLETTE, Roger (1992), *Le Parti acadien : de la fondation à la disparition, 1972-1982*, Moncton, Chaire d'études acadiennes.

PERRIN, Warren (1996), « Une pétition à l'Angleterre », dans LE CONGRÈS MONDIAL ACADIEN, *L'Acadie en 2004 : actes des conférenciers et des tables rondes*, Moncton, Les Éditions d'Acadie, p. 47-51.

RICHARD, Ricky G. (1998/1999), « Discours et référence identitaires : regard critique sur l'étude de l'acadianité moderne », *Égalité*, n°s 44-45 (automne-printemps), p. 239-275.

THÉRIAULT, Joseph-Yvon (1996), « Vérités mythiques et vérités sociologiques sur l'Acadie », dans LE CONGRÈS MONDIAL ACADIEN, *L'Acadie en 2004 : actes des conférenciers et des tables rondes*, Moncton, Les Éditions d'Acadie, p. 263-279.

THÉRIAULT, Léon (1982a), *La question du pouvoir en Acadie : essai*, 2e édition, Moncton, Les Éditions d'Acadie.

THÉRIAULT, Léon (1982b), « Les aspirations politiques et territoriales des Québécois et des Acadiens : divergences et convergences », *Égalité*, n° 6 (été), p. 125-145.

THÉRIAULT, Léon (1995), « Parallèles Acadie-Québec, de 1864 à nos jours », dans CONSEIL DE LA LANGUE FRANÇAISE (dir.), *Pour un renforcement de la solidarité entre francophones au Canada : réflexions théoriques et analyses historique, juridique et sociopolitique*, Québec, Gouvernement du Québec, p. 187-205. (Coll. « Les Publications du Québec », dossier 42.)

POLÉMIQUES MÉDIATIQUES

HISTOIRE, MÉMOIRE ET MÉDIAS : CONNAISSANCE ET RECONNAISSANCE DU GÉNOCIDE ARMÉNIEN DANS LA PRESSE QUÉBÉCOISE, 1915-2005

Joceline Chabot
Université de Moncton

Richard Godin
Université Laval

Dans le cadre de ce chapitre, nous avons cherché à éclairer les rapports qu'entretiennent l'histoire, en tant que discipline, et l'anthropologie des médias, en tant que champ inhérent à l'étude des sciences de la communication, avec le concept de mémoire. Pour ce faire, l'étude du travail mémoriel du génocide arménien, tel qu'appréhendé par deux quotidiens québécois – *La Presse* et *Le Devoir* –, constitue une approche pertinente et féconde, voire heuristique.

MÉMOIRE, ENTRE HISTOIRE ET ANTHROPOLOGIE DES MÉDIAS

Les historiens demeurent prudents, voire méfiants, face à la place qu'occupe l'acte mémoriel aujourd'hui dans nos sociétés. Cette prudence soulève en conséquence un problème de nature épistémologique, puisque la discipline historique – tout comme la pratique du journalisme d'ailleurs – suppose une volonté de mise à distance et une objectivation des faits recueillis par le truchement des archives et des témoignages disponibles. Pourtant, la mémoire des témoins – ne devrions-nous pas parler des mémoires tant celles-ci sont multiples, subjectives et plurielles – demeure une des sources les plus précieuses en histoire (Le Goff, 1988 ; Wieviorka, 2002). Devant ce que l'on considère comme des phénomènes limites, des événements traumatiques et tout particulièrement lorsqu'il est question de cette expérience extrême que constitue le génocide, l'histoire et la mémoire forment un couple indissociable, intimement lié à la connaissance du processus génocidaire (Vidal-Naquet, 1991 ; Wieviorka, 1995). Comme l'a souligné l'historien Carlo Ginzburg (2001), la réalité du génocide, qui procède d'un changement de nature de la violence dans nos sociétés contemporaines, est plus aisément appréhendée par la mémoire des témoins. Dans une compréhension mémorielle des génocides, le témoignage constitue donc un acte nécessaire. Il faut toutefois poser un constat méthodologique à savoir que la mémoire singularise le passé, elle est par définition subjective alors que l'histoire procède par des rationalisations globales. L'opposition ne tient pas seulement au degré de proximité ou de distance à l'objet, mais aussi à la position respective du témoin et de l'historien (Derouesné et Spire, 2002).

La mise en parallèle des notions d'histoire et de mémoire oblige les chercheurs à se questionner sur leur usage respectif et leur rapport au passé. Depuis quelques années, les travaux se multiplient autour d'une réflexion qui vise à comprendre comment la mémoire, en se transformant, structure les représentations du passé non seulement des individus, mais aussi des collectivités (Rousso, 1987). Aujourd'hui, la mémoire est devenue un objet d'étude de la discipline historique (Rousso, 1998 ; Ricœur, 2005). Dans cette perspective, l'immédiateté de la culture médiatique semble s'opposer au déchiffrement de la mémoire. Pourtant, les médias constituent des vecteurs de la mémoire et il nous semble intéressant d'examiner les rapports évolutifs entre l'information, l'émergence de la mémoire et la représentation du passé à partir de l'exemple du génocide des Arméniens (1915-1916). D'où la nécessité de prendre en compte la perspective médiatique.

Si l'histoire entretient une relation de méfiance avec la notion de mémoire, il en va autrement pour le champ de la communication – surtout parce que ce champ de recherche est résolument tourné vers l'immédiat et la prospective. Ce qui ne signifie pas pour autant qu'on y sous-estime l'histoire (Mattelart et Mattelart, 1996). Ici, il faudrait parler de défiance, dans la mesure de l'usage fait du concept de mémoire dans la pratique journalistique courante. Toutefois, la *mémoire médiatique*[1] dispose d'une durée de vie relative, courte, s'inscrivant en faux comme source documentaire et données informationnelles (Mattelart, 2003). Elle se révélera aussi dans le jalonnement de l'histoire des technologies et de l'innovation (Breton et Proulx, 2002). C'est dans les fonctions de la communication médiatique que la mémoire médiatique se manifeste alors, le temps d'un événement, pour ensuite reposer dans les archives. Dans cette perspective, étudier la mémoire présuppose des choix théoriques importants, soit la sociologie des médias, soit l'anthropologie des médias.

En étude des médias, l'analyse descriptive issue de la sociologie domine ce champ, de sorte que l'explication demeure accessoire à la démarche. L'approche fonctionnaliste permet de circonscrire l'utilité de la production médiatique, tant sur le plan des usages que des pratiques, et consiste à aborder le rôle des médias, en termes de responsabilité, et ce, de manière synchronique. Or, via cette approche, l'analyse en profondeur des récits médiatiques se trouve reléguée, la plupart du temps, au second plan. Dans notre désir d'aller plus loin dans l'étude de la représentation informationnelle d'une mémoire en transformation, il importe d'adopter une démarche qui prend en compte le récit. En ce sens, l'approche anthropologique offre de plus grandes possibilités : d'une part, elle permet l'analyse structurelle des

---

1. La mémoire médiatique comme concept ne semble apparaître nulle part dans la littérature scientifique largement recensée, mais il nous semble tout à fait justifié et pertinent d'en faire usage dans le cadre de cette recherche. Notons toutefois que dans son ouvrage consacré à *La mémoire saturée* (2003), Régine Robin consacre un chapitre entier à la relation entre mémoire et médias, sans toutefois utiliser la notion de mémoire médiatique.

signes particuliers comme référent commun, c'est l'analyse du récit médiatique des événements ; d'autre part, elle ouvre sur une diachronie que l'approche fonctionnaliste ne permet en aucun temps. Ainsi, le cas de la Shoah, tel que représenté dans les médias depuis ses origines, constitue un récit en transformation du point de vue de l'anthropologie structurale, au sens entendu par l'idée de structure transformationnelle (Greimas, 1966 ; Piaget, 1972 ; Lévi-Strauss, 1973), voire d'un modèle transformationnel du récit médiatique en information (Godin, 2000). L'anthropologie des médias offre donc cette possibilité d'une lecture représentationnelle (Coman, 2003 ; Lardellier, 2003). Ce faisant, un tel modèle opératoire jette les bases d'une structure spatiotemporelle du récit médiatique interférant dans la mémoire historique, tout en considérant les interactions entre les sujets médiatiques – journalistes, chroniqueurs, etc. – et les sujets médiatisés par le récit – acteurs, victimes, bourreaux, témoins, etc. La mise en relation entre ces deux temporalités permet de situer certaines modifications de perspectives, qu'elles relèvent des dimensions politique, identitaire, philosophique, etc.

Dans ce cadre, nous nous proposons d'explorer quelques pistes de réflexions à la fois épistémologiques et méthodologiques afin d'éclairer les rapports entre la mémoire, l'histoire et les médias. Nous tenterons de répondre à deux questions : quel rapport faut-il établir entre une discipline – l'histoire – et un champ d'études composite – l'anthropologie des médias –, en regard du travail de mémoire à l'œuvre dans les médias ? Comment réfléchir à la représentation mémorielle en termes historiographiques et médiatiques ?

Nous croyons qu'une approche qui cherche à mesurer les convergences et les divergences entre le fait historique – le génocide des Arméniens entre 1915 et 1916 – et les récits médiatiques sur ledit fait historique à l'épreuve de la mémoire, peut contribuer à saisir le travail de mise à distance des individus et des collectivités par rapport à un passé traumatique, travail se manifestant par le deuil, la reconnaissance de la faute, l'effort visant une certaine réparation à distance, etc. En fait, nous estimons que le travail mémoriel du génocide arménien serait tributaire du rapport entretenu entre le discours médiatique – divulgation des faits, analyse des faits, prise de position, etc. – et l'analyse historique de ce même discours – vérification des faits, contextualisation, interprétation, etc. Mais au-delà de cette dernière assertion, force est d'admettre l'importance du concept de mémoire dans ces deux champs disciplinaires. Ce faisant, notre travail se limitera à ces seules considérations, excluant d'emblée toutes formes d'analyses des débats d'ordre politique ou philosophique, ainsi que les querelles d'historiens autour de la négation du génocide arménien.

Dans ce texte, nous tenterons d'apporter des éléments de réponse aux questions précitées en procédant à la mise à l'épreuve des hypothèses découlant de ces dernières. Cette tâche sera effectuée à partir de l'analyse d'un corpus constitué de deux journaux francophones : *La Presse* et *Le Devoir*. Nous retiendrons les articles publiés lors de la perpétration du massacre des Arméniens en 1915 et 1916 ainsi que ceux publiés aux dates commémoratives décennales. À ce corpus s'ajoutera la couverture de deux événements particuliers qui, à notre avis, ont relancé la mémoire du génocide arménien au Canada, soit les assassinats de deux membres du corps consulaire turc en poste à Ottawa en 1982, et le débat entourant l'édification à Montréal d'un mémorial de 1996 à 1998. L'objectif principal consiste donc à montrer de quelle manière les journaux étudiés ont contribué à structurer la mémoire du génocide au sein de la collectivité québécoise.

Nous privilégierons une approche qualitative nécessitant des techniques d'investigation documentaires propres à la recherche historique et à l'étude des médias, c'est-à-dire la composition d'un corpus constitué d'articles de journaux de la période susmentionnée ; l'analyse de contenu des thèmes récurrents étant exécutée à l'aide d'une grille d'analyse élaborée en fonction de la cueillette et de l'observation des données empiriques. Si bien que nous disposerons à la fin :

1) d'une analyse du corpus comme tel (présentation globale du corpus, distribution et formatage médiatique, fréquences d'apparition) ;

2) d'une analyse de contenu thématique proposant une double lecture superposée, soit la représentation des événements du passé et le marquage de la mémoire par l'avènement

d'événements nouveaux (actes de violence et débat sur un mémorial) s'imposant à l'événement fondateur.

LA MÉMOIRE COMME LIEU DE CONVERGENCE

La mémoire pourrait être vue comme un lieu de rencontre, de reconnaissance et d'admission de l'expérience humaine. Il conviendrait de définir la notion de lieu à l'aide des dimensions admises par la raison humaine, à savoir l'espace et le temps. Le lieu spatial, placé dans les limites frontalières du territoire, référerait à une géographie connue d'une communauté, d'une société donnée, ainsi qu'à une culture partagée et partageable de cette dernière, dont la langue, les coutumes et le savoir. Le lieu temporel, situé dans les limites épisodiques de l'existence du lieu spatial, référerait à l'histoire répertoriée et reconnue d'une société donnée et de ses échanges avec d'autres sociétés données dans le calendrier humain. Par exemple, aux yeux de la Turquie, la nation arménienne n'aurait pas d'existence légitime et historique, en termes spatiotemporels, comme en fait foi un opuscule célèbre de l'Institut de politique étrangère d'Ankara intitulé « Le problème arménien : neuf questions, neuf réponses », publié en 1982 (Chaliand *et al.*, 1984 : 203-256). Ce texte s'emploie à nier le fait par le biais d'une rhétorique *ad hoc*.

De même, les dimensions spatiotemporelles acquièrent des qualités nouvelles selon les stratégies discursives du moment. Ainsi, l'Empire ottoman est perçu soit comme un instrument de l'empereur allemand Guillaume II poursuivant ses visées au Proche-Orient, soit comme « une victime du pangermanisme » de la Première Guerre mondiale (Griselle, 1918). René Pinon, professeur à l'École des sciences politiques de Paris, abonde dans le même sens. Selon R. Pinon, qui rédige la préface française à la première édition du rapport secret de Johannès Lepsius sur les massacres des Arméniens, si le crime est turc, la méthode est allemande (Lepsius, 1918 : XIV-XV). Or, dans le cadre de la Première Guerre mondiale, ces accusations formulées par des Français sur la responsabilité allemande dans le génocide arménien semblent alimentées par le discours patriotique en vigueur. Ainsi, reconnaître le génocide arménien est une chose, mais l'admettre par adversité en est une autre. Et pour qu'il y ait « reconnaissance » du fait, il faut bien qu'il y eût « connaissance » et « conscience » des événements liés au fait précis. Dans un ordre chronologique, la connaissance précède la reconnaissance, et par conséquent, le travail des médias précédera toujours celui des historiens, c'est indéniable – nous reviendrons plus loin sur cette idée. C'est ainsi, par le tissage des perspectives que s'élabore la trame relationnelle d'une mémoire, éventuellement d'une histoire au sens scientifique du terme.

La mémoire pourrait aussi être vue, suivant l'idée précédente, comme la sédimentation de l'expérience humaine, au point de la rendre involontairement saturée (Robin, 2003). *A contrario*, l'exercice de l'oubli, *a priori* mécanisme propre de la mémoire individuelle, nourrirait les idéologies politiques – négation, refus, révisionnisme. Dans le sillage de l'approche organiciste, comme l'a bien montré Maurice Halbwachs (1950), la mémoire collective fonctionnerait de manière analogue à la mémoire individuelle, laquelle ne retiendrait que l'essentiel à la survie et à l'épanouissement de son détenteur, avec une durée de vie humaine. Mieux encore, « chaque mémoire individuelle est un point de vue sur la mémoire collective, que ce point de vue change suivant la place que j'y occupe, et que cette place elle-même change suivant les relations que j'entretiens avec d'autres milieux » (Halbwachs, 1950 : 33). Dans cette perspective, et, sans égard au devoir de mémoire (Levi, 1995) et au travail de mémoire (Ricœur, 2000), c'est le fait « partagé », au détriment du fait « retenu », qui domine ici. Ainsi, dans le cas qui nous occupe, la connaissance et la reconnaissance du génocide arménien par la collectivité de langue française du Canada s'inscrivent dans ce partage d'un fait particulier, à un moment donné de l'histoire canadienne[2]. C'est ensuite que l'idée de devoir ou de travail de mémoire intervient, avec

---

2. Du côté du Canada anglophone, il faut mentionner l'ouvrage d'Isabel Kaprelian-Churchill (2005). Dans son livre, cette dernière fait état des réactions de la presse canadienne au moment du génocide, en 1915 et après. Elle consacre par ailleurs un chapitre entier (chapitre X) aux actions entreprises par la communauté arménienne pour que le gouvernement du Canada reconnaisse officiellement le génocide.

commémorations périodiques, manifestations publiques, délibérations politiques visant à reconnaître le fait, événements épisodiques, etc. L'exercice sera alors le fait, et des médias, et de l'histoire, lesquels se disputeront la paternité des récits mémoriels.

MÉMOIRE ET MÉDIAS

Dans une chronologie des faits, il est habituel que le récit médiatique précède le récit historique. L'approche utilitariste détermine la pratique des médias dans la sélection des informations retenues pour traitement et diffusion publique, c'est-à-dire que la nature de la communication médiatique, ouverte et volontaire, dépendra toujours de l'auditoire visé quant à la divulgation d'informations utiles, mais intéressantes, voire divertissantes (McQuail, 1994). La sélection des faits sera toujours affaire de péremption, de valeur informationnelle dans le temps présent. Tuchman (1978) montrera l'importance du fait nouveau – *first* – dans la dimension temporelle de la sélection – *hard news, soft news, continuing news* –, et, par conséquent, de son incidence sur la suite du récit médiatique. Le fait premier nouveau, la nouvelle, opère non pas comme une représentation symétrique de la condition humaine, mais plutôt comme une relation – *report* – d'un aspect de la réalité (Lippman, 1922). Cette relation se traduit en un récit que le sociologue américain Robert Park compare à cette « forme de connaissance » que constitue l'histoire (Park, 1940). Ainsi, si l'histoire s'intéresse aux événements du passé, le journalisme – grâce à son usage de la nouvelle – se concentre sur les faits « récents » et « récurrents ». Comment faire autrement, alors que les journalistes sont les historiens du temps présent, pour paraphraser Albert Camus. Tout comme pour la discipline historique, la prise en compte de l'actualité par le journalisme implique une objectivation et un examen à distance des faits pour éviter le biais et valider les faits, et ce, par la mise en pratique d'une approche empruntée à la science. Les composantes suivantes conditionnent l'idéal de l'objectivité journalistique : l'étude de faits véridiques et significatifs, avec impartialité, en toute neutralité et dans l'équilibre des points de vue exprimés (Westersthal, 1983).

Lorsque nous évoquions l'idée de reconnaissance, et donc de connaissance qui la précède, nous pensions alors à cette idée que, dans l'immédiat, la mémoire affective et la mémoire à court terme agiraient au plan collectif. La fonction de surveillance du milieu dévolue aux médias d'information (Lasswell, 1964) interviendrait dans l'exercice mémoriel. Au-delà de cette immédiateté, l'information se sédimenterait pour devenir archives et donc, matériau utile à la science historique. Dans cette perspective, l'histoire est aussi le résultat de la communication, laquelle fait partie intégrante de la nature humaine. Elle se manifeste sciemment ou non selon les signes extérieurs visant l'échange interindividuel. Si les modes verbal et non verbal servent le signe, la mémoire, cette faculté psychologique propre à chaque individu, constitue d'une certaine manière le centre des opérations de toute communication.

Lorsque la communication est utilisée à dessein, il convient de l'assimiler à un outil de persuasion. Par exemple, dans le cas du discours arménien à propos du génocide, la rhétorique turque nie le fait. Aristote a bien décrit la mécanique liée à l'usage professionnel de la parole et de ses effets (Breton, 1997). Quand l'individu – l'être humain – fait intervenir le génie technologique – le support –, l'outil acquiert une nouvelle qualité, si bien qu'il se fond à l'objet de communication – le média. L'éclectique Marshall McLuhan, qui avait saisi avant son temps cette idée de fusion, parlait des médias comme les « prolongements technologiques de l'homme », d'où son fameux aphorisme : « le message, c'est le médium » (McLuhan, 1964). En simultané, il faut reconnaître la nature même des médias comme « équipement technique » destiné à « communiquer l'expression » de la pensée humaine, peu importe « la forme et la finalité de cette expression » (Balle, 1988 : 50).

En synthèse de ces deux idées concomitantes, il faut retenir la définition suivante de la communication médiatisée : « The mechanism through which human relations exist and develop – all the symbols of the mind, together with the means of conveying them through space and preserving the in time » (Charles H. Cooley, cité par Schramm, 1971 : 13).

159

Donc, il s'agit de transmettre dans l'espace – le territoire – le fait révélé – le génocide arménien –, par le biais d'un équipement technique disponible – les journaux –, lequel sera protégé des affres du temps – les archives. Ainsi, la parole n'est plus seulement lancée en l'air, mais fixée définitivement sur le support – journaux, bandes vidéo, films, photos, livres, etc. –, dans un esprit de reproductibilité, selon l'idée développée par Walter Benjamin. Dès lors, l'individu crée, en dehors de lui-même, une nouvelle mémoire, la *mémoire médiatique*.

Elle se manifeste d'abord dans le concret, par le support et son contenu – *support/contenu* : c'est le livre, le journal, la photographie, etc. Ensuite, elle se prolonge virtuellement dans la relation que le producteur de sens – les médias – et l'usager – la masse – entretiennent avec le *support/contenu* : c'est le *processus* de diffusion, de sélection et de perception de l'information. Il existerait deux modes de la mémoire médiatique : un mode actif, lorsque processus et support interagissent ; et un mode passif. À ces deux modes, il est possible d'y adjoindre la dyade avancée par Régine Robin, celle de « l'événement vécu fini » et de « l'événement vécu remémoré » (Robin, 2003 ; 389). Par exemple, en avril 1915, la mémoire médiatique des quotidiens *La Presse* et *Le Devoir* se construit. Elle porte alors à la connaissance du public le massacre des Arméniens par l'Empire ottoman, de sorte qu'elle s'active comme un « événement vécu fini » – en dépit du fait que les massacres se poursuivront jusqu'en 1916. La mémoire médiatique relative à toute cette affaire sera passive jusqu'à sa réactivation prochaine de « l'événement vécu remémoré », comme cela est évoqué épisodiquement dans la presse. Évidemment, le temps n'altère en rien la qualité de la mémoire médiatique, à condition de pouvoir la sauvegarder convenablement.

MÉMOIRE ET HISTOIRE

Depuis une vingtaine d'années, les historiens ont fait de la mémoire un objet de recherche à part entière et les ouvrages qui, de près ou de loin, s'intéressent à la représentation mémorielle du passé sont aujourd'hui nombreux[3] Il n'est pas inutile de s'interroger sur l'apparition de ce nouvel objet dans le champ de la recherche historique. Si les travaux dirigés par Pierre Nora sur *Les lieux de mémoire* (1984 ; 1993) constituent sans aucun doute une étape importante dans le renouvellement du champ historiographique, à n'en pas douter, la demande sociale en matière de commémoration, ainsi que l'impérieux devoir de mémoire qui anime de nombreuses collectivités marquées par une histoire traumatique, ont obligé les chercheurs à réfléchir aux rapports entre histoire et mémoire.

Il n'entre pas dans le cadre de cet article de rendre compte de l'ensemble des questions soulevées par l'étude de la mémoire comme objet d'histoire. Notre propos vise à éclairer certains aspects qui touchent plus directement le cas de la mémoire et de l'histoire des génocides au XXᵉ siècle. Un premier constat semble d'ailleurs rallier les chercheurs. À l'échelle historique, le travail de mémoire paraît plus facile à étudier dans le cadre d'événements comme les guerres, les catastrophes et les génocides que par rapport à des événements jugés moins traumatiques[4] (Voldman, 2005). En effet, si l'histoire, en tant que discipline, entretient des rapports difficiles avec la mémoire, sur laquelle pèse toujours le soupçon de subjectivité, il n'en demeure pas moins que l'on peut difficilement faire l'économie d'une compréhension mémorielle des génocides. Cette mémoire constituée autour des documents, des récits et des témoignages a permis d'établir et de connaître les faits historiques entourant les crimes de génocide – et tout particulièrement la Shoah – même si certains aspects demeurent aujourd'hui encore peu explorés. D'aucuns ont souligné que l'accumulation documentaire ainsi que les

---

3. Il serait fastidieux d'énumérer tous les ouvrages sur le sujet. À titre indicatif, on peut se référer aux auteurs suivants : Becker (1988), Calder (2004), Conan et Rousso (1994), Djebabla-Brun (2004), Farmer (1994), Wieviorka (1995) et Youg (1993).

4. Il faut noter que certains travaux explorent la mémoire sans que celle-ci réfère à des événements douloureux. On peut penser aux travaux de Coornaert (1966) qui abordent la mémoire du compagnonnage en France ou ceux de Zonabend (1980) qui traite de la mémoire dans le monde villageois.

activités mémorielles rendent compte d'une « mémoire à profusion », mais souvent oblitèrent la question de la « captation de l'héritage » (Thanassekos, 2004 : 56-57). En effet, malgré les connaissances acquises et certains travaux pionniers (Vegh, 1979 ; Altounian, 1999), tout se passe comme si les historiens peinent à comprendre les voies de la transmission de la mémoire et de sa captation au-delà de la première génération, celles des survivants. Un problème surgit alors : si la mémoire individuelle est chose avérée, il en va autrement pour la mémoire partagée, laquelle demeure un objet plus difficile à saisir. En effet, doit-on parler de mémoire collective, communautaire ou sociale ? Selon Paul Ricœur (2005), nos souvenirs nous appartiennent, mais d'autres personnes peuvent également les partager ; nos mémoires seraient plurielles, liées les unes aux autres et, en ce sens, collectives. Cela va dans le sens du modèle analysé par Maurice Halbwachs. Ce que l'on désigne par le terme de mémoire collective serait donc une mémoire partagée. À l'instar de Joël Candau (2004 : 50-51), on doit toutefois s'interroger : mais qu'est-ce qui est partagé ? À cet égard, l'historien rappelle que l'observation d'actes mémoriels par un groupe ou une communauté, comme la commémoration devant un monument aux morts de la Première Guerre mondiale, ne nous livre pas d'information sur les représentations du passé des personnes présentes. Cependant, à travers les rites et les commémorations, on peut saisir le lien qui unit une collectivité à son passé sans que toutefois cela nous permette de comprendre la distance qui l'en sépare. Car les événements commémoratifs, dont les médias se font souvent l'écho, superposent mémoire et actualité sans aucune mise à distance. Et c'est bien là sans doute leur fonction première : actualiser le passé. L'histoire en tant que discipline procède d'une tout autre manière et cherche à mettre le passé à distance en l'objectivant.

Selon Maurice Crubellier (1991), la mémoire collective fonde l'identité des groupes. Maurice Halbwachs estimait quant à lui qu'un groupe en rupture avec son passé « n'est pas un même groupe qui oublie une partie de son passé ; il y a en réalité deux groupes qui se succèdent » (Halbwachs, 1950 : 70). Dans cette perspective, la mémoire collective en tant qu'objet d'étude permet de mesurer les dimensions culturelle et affective qui relient un groupe, une communauté, une collectivité à son passé (Valensi et Wachtel, 1986). Toutefois, l'étude de la mémoire collective permet également de comprendre la vie actuelle du groupe dans la société. La mémoire collective est toujours identitaire en ce qu'elle porte un projet qui peut orienter le groupe vers l'avenir. Le danger est que la mémoire, en devenant un enjeu politique, soit reconstruite de manière réductrice, voire illégitime (Quesney, 2001). Plusieurs approches semblent avoir été privilégiées pour étudier la mémoire. En premier lieu, les historiens ont posé une réflexion sur les transformations que la mémoire imprime aux représentations du passé, que ce soit chez le même individu ou au fil des générations (Vidal-Naquet, 1995). Puis, certains ont cherché à repérer des séquences mémorielles de façon non seulement à analyser l'événement historique en tant que tel, mais aussi la représentation de cet événement dans la mémoire et les pratiques sociales avec ce que cela implique d'oubli, de refoulement et de traumatisme (Rousso, 1987). D'autres ont tenté d'identifier les supports de la mémoire collective à travers les traces commémoratives des événements mêmes dans leur plus modeste présentation (Martin, 1987).

Quant à nous, nous aimerions poursuivre cette réflexion en cherchant à comprendre comment le discours historique vient s'inscrire dans la mémoire collective ou comment, pour reprendre l'expression de Paul Ricœur, la mémoire est éduquée par l'histoire. Autrement dit, peut-on parler d'une mémoire historique et collective du génocide des Arméniens au Québec au XXe siècle ? En ce sens, il nous faut repérer à partir de l'exemple de deux journaux les temporalités, les mécanismes et les acteurs sociaux qui permettent la transmission de la mémoire collective du génocide arménien. Se situant au lieu possible de convergence de la mémoire médiatique et de la mémoire historique, notre analyse cherche alors à comprendre le parcours mémoriel d'une communauté dans la société québécoise actuelle à partir de sa trace dans les médias.

UNE MÉMOIRE DES FAITS

Depuis la fin du XIXe siècle, les Arméniens vivant dans l'Empire ottoman manifestent des sentiments nationalistes et revendiquent une forme d'autonomie par rapport au pouvoir politique ottoman. Minorité chrétienne au sein d'un empire multiethnique et majoritairement musulman, les Arméniens possèdent certaines libertés religieuses et communautaires, mais demeurent des citoyens de second ordre. À partir des années 1870-1880, la question arménienne occupe la scène internationale alors que les puissances européennes, l'Allemagne, la France et la Russie, appuient les revendications arméniennes. Cet appui à la cause arménienne demeure toutefois de l'ordre des principes, mais il n'en inquiète pas moins les autorités ottomanes.

Dès les années 1890, l'Empire ottoman, soumis aux pressions de ses puissants voisins, l'Autriche-Hongrie et la Russie, connaît des difficultés politiques majeures et ne cesse de perdre des territoires, notamment dans la région des Balkans. C'est dans le cadre de cette crise politique que le sultan Abdul Hamid ordonne le massacre de plus de 100 000 Arméniens résidant dans la plaine anatolienne, au cœur même de l'Empire. Ces massacres visent à mettre un terme aux revendications arméniennes, mais selon certains auteurs ils possèdent déjà un caractère génocidaire (Ternon, 1995 : 25 ; Dadrian, 1996 : 296-298).

Pour comprendre les motivations ayant mené aux événements de 1915-1916, il faut se reporter en 1908, au moment où un coup d'État amène au pouvoir les représentants d'un mouvement nationaliste et moderniste que l'on désigne par le terme de *Jeune-turc*. Dès lors, une période d'instabilité politique s'installe, laquelle ne prendra fin qu'en 1914, au moment où le parti Union et Progrès issu du mouvement Jeune-turc prend la tête d'un gouvernement fortement nationaliste. Quelques mois plus tard, en novembre 1914, la Turquie s'engage dans la Première Guerre mondiale aux côtés des puissances centrales, l'Allemagne et l'Autriche-Hongrie. C'est dans ce contexte que survient le massacre des populations arméniennes de l'Empire ottoman.

Les 24 et 25 avril 1915, une grande rafle organisée contre l'élite arménienne résidant à Constantinople conduit à l'arrestation de 650 (Ternon, 2001 : 84) à 2 000 hommes (Ternon, 1995), essentiellement des notables. Ces dates marquent le début du massacre des Arméniens de l'Empire ottoman. Il s'agit donc de l'élément fondateur retenu par les historiens, lequel constitue l'acte officiel inaugurant le génocide arménien. De fait, il aurait été perpétré de manière systématique en trois étapes ou « opérations préventives » distinctes, soit, dans un premier temps, de janvier à mars 1915, ensuite d'avril à juillet 1915, et, enfin, jusqu'en juillet 1916 (Toynbee, 1917 ; Ternon, 2001).

La première opération vise les soldats ottomans d'origine arménienne. Des accusations de collaboration avec l'ennemi, dans le contexte de la Première Guerre mondiale, sont alors portées contre eux. En résultent le travail forcé, des déportations et des exécutions ponctuelles. La deuxième étape est marquée par les événements fondateurs des 24 et 25 avril 1915, à Constantinople, à la suite desquels s'intensifie, de mai à juillet 1915, l'opération de nettoyage dans sept provinces orientales de l'Empire ottoman. La mécanique est à peu près toujours la même : arrestation des notables, recherche de caches d'armes, séparation des femmes, des enfants et des vieillards du groupe des hommes, déportation et affaiblissement du premier groupe, élimination du second. Lors de la troisième et dernière étape, l'Empire systématise les opérations, lesquelles prennent fin en juillet 1916.

Malgré la guerre et la censure exercée par les principaux gouvernements, les nouvelles alarmantes entourant les massacres de grande ampleur qui frappent les Arméniens circulent rapidement sur les fils de presse et se retrouvent dans les journaux nationaux. Par exemple, le 26 avril 1915, une nouvelle en provenance de Tiflis paraît dans *Le Devoir*. On y apprend que : « [d]es réfugiés qui sont parvenus aux lignes russes rapportent que des massacres d'Arméniens par les mahométans se font sur une plus grande échelle qu'auparavant. Tous les habitants des villages près de Van, en Arménie, ont été mis à mort » (*Le Devoir*, 26 avril 1915, p. 3).

Au Canada, les premières informations relatives au drame qui se joue alors en 1915 sont rapportées dans les premières pages des quotidiens francophones et anglophones de l'époque, dont *La Presse*, le 26 avril, page 7, « Les Arméniens sont massacrés » ; le 28 avril, page 1, « Les Arméniens sont persécutés », et *Le Devoir*, le 26 avril, page 3, « Les Arméniens sont massacrés ». Du simple fait rapporté, *La Presse* prend durement position à l'encontre de l'Empire ottoman. Dans un éditorial du 28 avril, intitulé « Le sort de l'Arménie », le journal somme les dirigeants ottomans de mettre fin aux massacres et demande d'un même souffle au président des États-Unis d'agir :

> *En attendant, qui fera cesser les malheurs sans nom qui accablent l'Arménie ? Plusieurs ont déjà levé les yeux sur le président Woodrow Wilson, qu'ils regardent comme le seul sauveur possible. [...] Une nouvelle et sublime mission s'impose à son attention. Puisse-t-il l'accepter au plus tôt et faire cesser un état de choses qui déshonore l'humanité !* (*La Presse*, 28 avril 1915).

Quelques jours après les premières déportations de populations arméniennes, soit le 27 avril 1915, les pays de l'Entente, la France, la Grande-Bretagne et la Russie, dénoncent le sort réservé aux Arméniens. Dans une déclaration commune et par voie de communiqué, les représentants des trois États déclarent :

> *Depuis un mois, les populations turque et kurde, de concert avec les agents du gouvernement turc, et souvent avec leur aide, sont en train de massacrer les Arméniens. [...] Devant ce nouveau crime de « lèse-humanité » perpétré par les Turcs, les pays de l'Entente déclarent publiquement à la Sublime Porte qu'elles en tiendront personnellement responsables les membres du gouvernement ainsi que tous ceux qui auront participé à ces massacres* (Chaliand et Ternon, 1991 : 45-46).

Face à des crimes dont la nature semble exceptionnelle, les pays de l'Entente utilisent un terme nouveau, celui de « lèse-humanité », alors que la presse parle de crime qui « déshonore l'humanité », comme c'est le cas dans *La Presse* du 26 avril 1915. Un survol rapide des articles parus dans les journaux canadiens à l'époque permet d'affirmer que le caractère extraordinaire des crimes commis contre les Arméniens n'échappe pas à la presse. C'est ainsi que *L'Action catholique* qualifie le crime des Jeunes-turcs de « sans précédent dans l'histoire ancienne et moderne »[5]. *Le Canada,* quant à lui, écrit : « Ce n'est pas exagéré

---

5. « Lettre de l'orient », *L'Action catholique*, 2 octobre 1915, cité dans *Le génocide arménien dans la presse canadienne*, vol. 1, Montréal, C.N.A. du Canada, 1985, p. 25.

que de dire de ce crime, que c'est le plus horrible de toute l'histoire du monde[6] ».

En parallèle à l'information journalistique, mais aussi l'alimentant, les récits de témoins, victimes ou acteurs impuissants des crimes qui sont commis, s'accumulent dénonçant non seulement l'ampleur des massacres, mais aussi leur nature sans précédent. Que ce soit Johannès Lepsius, missionnaire allemand présent lors des massacres dont le rapport secret est rapidement connu en Europe (1918) ou le vicomte Bryce, ancien ambassadeur d'Angleterre aux États-Unis, dont Le Devoir du 7 octobre 1915, en page 7, rapporte ainsi les propos : « Ces massacres [...] sont le résultat de la bande qui détient maintenant le gouvernement en Turquie. Les ordres sont toujours venus directement de Constantinople [...] ». Tous estiment que la responsabilité des autorités turques est engagée au plus au niveau. Autrement dit, tous accusent le comité central du parti Union et Progrès et ses principaux dirigeants, Talaat Pacha, Enver Pacha et Djemal Pacha, d'avoir conçu et ordonné la déportation et l'extermination de la population arménienne.

À la suite de la défaite de la Turquie et de ses alliés, les trois principaux responsables du comité Union et Progrès, Talaat, Enver et Djemal Pacha, trouvent refuge en Allemagne – Talaat Pacha est assassiné à Berlin, en 1921, par un Arménien en exil. Dans Constantinople occupée par les vainqueurs, des membres du comité central du parti Union et Progrès ainsi que des fonctionnaires de l'Empire ottoman vont être traduits devant des tribunaux turcs et plusieurs d'entre eux sont jugés coupables de crimes contre les Arméniens. Néanmoins, après l'arrivée au pouvoir de Mustafa Kemal en 1923, les procès de Constantinople passent par la trappe de l'histoire et le nouvel État turc se construit sur le silence et l'oubli des crimes commis contre les Arméniens. Après 1945, alors que la Turquie est membre de l'ONU, la version officielle qui s'impose est de nier le caractère génocidaire des événements de 1915-1916.

---

6. « Le massacre des Arméniens », Le Canada, 17 novembre 1915, cité dans Le génocide arménien dans la presse canadienne, op. cit. p. 42.

ANALYSE DU CORPUS

Notre analyse comprendra deux parties : une première portant sur le formatage de la mémoire médiatique de l'événement tel qu'observé dans les journaux à l'étude, soit *La Presse* et *Le Devoir*, pour la période allant de 1915 à 2005 ; une seconde partie visant le contenu des articles répertoriés à la lumière de notre questionnement. Ces deux parties sont nécessaires à l'étude des faits relatifs à la constitution d'une mémoire du génocide des Arméniens dans la collectivité québécoise.

FORMATAGE DE LA MÉMOIRE MÉDIATIQUE

L'analyse du corpus permet une description globale de la mémoire médiatique liée au génocide arménien. C'est dans le formatage que se révèlent les premières traces de cette mémoire, soit l'apparition de l'événement dans les journaux de l'époque. Ainsi, un fait révélé surgit à un moment précis, le 26 avril 1915, dans *La Presse* et *Le Devoir*, soit le « massacre » de la population arménienne par l'Empire ottoman. Cette nouvelle, fait récent au sens journalistique, reviendra de manière récurrente dans le corpus à l'étude.

Au total, le corpus compte 84 éléments pertinents, selon les critères méthodologiques retenus (tableau 1).

TABLEAU 1

NOMBRE (N.) D'ARTICLES PAR QUOTIDIEN POUR LA PÉRIODE VISÉE

N. art./ journal	1915	1925-55	1965	1975	1985	1990	1995	2005	sous-total	1982-84	1996-2000	sous-total	Total
La Presse	3	0	1	0	6	2	5	2	19	4	19	23	42
Le Devoir	6	0	3	2	1	1	3	2	18	16	8	24	42
Total	9	0	4	2	7	3	8	4	37	20	27	47	84

On notera la similarité du nombre total d'articles parus dans les deux journaux, avec 42 articles chacun. Deux séries d'événements marquent le corpus : d'abord, le génocide et sa commémoration décennale, entre 1915 et 2005, avec 37 articles répertoriés ; ensuite, des faits nouveaux visant la reconnaissance du génocide, dont les attentats arméniens contre des Turcs au Canada (1982 et 1984) et la construction d'un mémorial à Montréal (1996-2000), avec 47 articles. *Grosso modo*, la couverture accordée au génocide comme tel est moindre, avec 44,2 % du total des articles répertoriés, comparativement aux événements ayant eu cours pour relancer la cause arménienne, avec 55,8 % (tableau 2).

TABLEAU 2

POURCENTAGE (%) D'ARTICLES PAR QUOTIDIEN POUR LA PÉRIODE VISÉE

% art./ journal	1915	1925-55	1965	1975	1985	1990	1995	2005	sous-total	1982-84	1996-2000	Sous total	Total
La Presse	3,6	0	1,2	0	7,1	2,4	6	2,4	22,7	4,7	22,6	27,3	50 %
Le Devoir	7,1	0	3,6	2,4	1,2	1,2	3,6	2,4	21,5	19	9,5	28,5	50 %
Total	10,7	0	4,8	2,4	8,3	3,6	9,6	4,8	44,2	23,7	32,1	55,8	100 %

Ainsi, en 1982 et 1984, lors des événements entourant les attentats perpétrés par des Arméniens contre le personnel de l'ambassade de Turquie à Ottawa, *Le Devoir* publie 16 articles comparativement à 4 pour *La Presse* (tableau 1). Il semble que le terrorisme arménien actif depuis le milieu des années 1970 ait favorisé la médiatisation de la cause arménienne. En 1996-2000, ce sont les événements entourant la construction et l'inauguration à Montréal d'un monument commémoratif aux victimes des génocides qui retiennent l'attention des médias et relancent la question du génocide arménien. À cette occasion, *La Presse* couvre largement les événements avec 19 articles contre 8 pour *Le Devoir*. Cette disparité dans la couverture médiatique peut sans doute s'expliquer par la place accordée à l'information locale montréalaise dans le journal *La Presse*.

Les tableaux 1 et 2 nous permettent de constater que si le génocide arménien fait l'actualité en 1915, notamment avec six articles parus dans *Le Devoir*, il faudra attendre le 50e anniversaire de sa commémoration avant de retrouver quatre articles dans les journaux québécois. Cette longue absence mérite une explication. Il faut d'abord se rappeler que durant les années 1920 et 1930, la communauté internationale se désintéresse du sort des Arméniens[7]. Ainsi, une fois le coup accusé, en 1915, *La Presse* et *Le Devoir* n'évoquent plus l'événement entre 1925 et 1955. À cela s'ajoutent des événements qui occulteront pendant une longue période la cause arménienne. En premier lieu, de 1925 à 1955, il convient de retenir la thèse du boum économique en Occident, qui a suivi les deux grandes guerres, avec en parallèle la fondation de la République turque après la disparition de l'Empire ottoman en 1924, de même que le climat de guerre froide qui domine l'actualité internationale au cours des années 1950, guerre froide dans laquelle la Turquie joue un rôle essentiel comme pilier du flanc sud de l'OTAN. En second lieu, il importe de prendre en compte la montée du fascisme en Europe et du nazisme en Allemagne, ainsi que la Seconde Guerre mondiale, pour 1935 et 1945, phénomènes historiques qui établissent de nouveaux critères en termes de crimes contre l'humanité.

Ce n'est qu'en 1965, lors du cinquantenaire du génocide[8], que les deux quotidiens aborderont de nouveau la question, et ce, régulièrement jusqu'en 2005, sauf en 1975, alors que *La Presse* reste muette (tableau 1). Par la suite, la question du génocide arménien fait l'objet d'articles jusqu'à aujourd'hui, alors que l'on vient de célébrer le 90e anniversaire de ces événements tragiques.

La mesure de la mémoire médiatique pourrait aussi se traduire dans la taille des articles publiés (tableaux 3 et 4). Les critères de la taille renvoient évidemment à leur longueur en fonction du nombre de mots les composant : court (moins de 150 mots), moyen (entre 151 et 350 mots), long (plus de 351 mots).

---

7. Désormais, la mémoire du génocide se perpétue au sein des communautés de réfugiés, alors que naissent les premières organisations arméniennes en Occident (Attarian, 1999).

8. Chaque année, le génocide arménien est commémoré le 24 avril. Cette date correspond aux premiers événements de déportation et d'exécution ayant eu cours à Constantinople en 1915. Ainsi, lors du cinquantenaire, se déroulent des manifestations de grande ampleur à Erevan en Arménie, alors république soviétique. Selon Varoujan Attarian, s'opère alors une prise de conscience dans l'ensemble de la diaspora arménienne devant aboutir à la revendication de la reconnaissance du génocide (Attarian, 1999 : 263-265).

TABLEAU 3

DISTRIBUTION (N.) PAR ANNÉE DE LA TAILLE DES ARTICLES
POUR LA PÉRIODE VISÉE

Taille art. /Année	La Presse			Le Devoir		
	Court	Moyen	Long	Court	Moyen	Long
1915	2	0	1	3	2	1
1925-55	0	0	0	0	0	0
1965	0	1	0	0	0	3
1975	0	0	0	0	0	2
1985	1	2	3	0	0	1
1990	1	1	0	0	0	1
1995	0	3	2	0	1	2
2005	0	0	2	0	0	2
Sous-total	4	7	8	3	3	12
1982-84	1	1	2	1	2	13
1996-2000	6	9	4	2	2	4
Sous-total	7	10	6	3	4	17
Total	11	17	14	6	7	29

Une première remarque s'impose : les articles longs comptent
pour 51 % de l'ensemble de notre corpus ; ceux de longueur moyenne
représentent 29 % de tous les articles ; finalement, les articles courts,
au nombre de 17, comptent pour 20 % du corpus (tableau 4).

TABLEAU 4

TOTAL (N. ET %) DE LA TAILLE DES ARTICLES POUR LA PÉRIODE VISÉE,
LA PRESSE ET LE DEVOIR

Taille des articles	Court		Moyen		Long		Total	
Total	17	20 %	24	29 %	43	51 %	84	100 %

Cette mémoire médiatique est pour le moins dissemblable lorsque
l'on compare La Presse et Le Devoir, ce dernier journal disposant

globalement de deux fois plus d'articles longs que le premier. Ainsi, *Le Devoir* compte plus d'articles longs que *La Presse*, soit 29 contre 14. Cela s'expliquerait par la vocation première de ces deux journaux : *La Presse* se destine davantage à un lectorat local, tandis que *Le Devoir* s'adresse aux élites politiques, économiques et intellectuelles du Québec.

D'ores et déjà, on peut constater que la couverture médiatique québécoise du génocide arménien n'est pas négligeable. Toutefois, ce constat doit être nuancé à la lumière de la source des articles (tableau 5) et des genres journalistiques (tableau 6), pour les deux journaux confondus. Ainsi, on compte une majorité d'articles signés, soit 54 sur 84, pour 64,2 % du corpus (tableau 5). Ces chiffres viennent donc appuyer l'affirmation précédente voulant que le traitement de cette question ne soit pas minoré par les journaux québécois.

TABLEAU 5

DISTRIBUTION TOTAL (N. ET %) DES SOURCES DES ARTICLES
POUR LA PÉRIODE VISÉE, *LA PRESSE* ET *LE DEVOIR*

Sources	Fil		Agence		Journal		Auteur		Total	
Total	12	14 %	10	12 %	8	10 %	54	64 %	84	100 %

Par ailleurs, la distribution des articles par genre journalistique (tableau 6) vient nuancer notre affirmation. En effet, la moitié des articles, 42 sur 84, relève de la nouvelle, alors que les articles d'analyse et les éditoriaux ne représentent que 17,5 % de tous les articles retenus. Les articles d'opinion, qui sont souvent des lettres de lecteurs, comptent pour 20 % du corpus.

TABLEAU 6

DISTRIBUTION TOTALE (N. ET %) DES GENRES JOURNALISTIQUES
POUR LA PÉRIODE VISÉE, *LA PRESSE* ET *LE DEVOIR*

Genres	Nouvelles		Reportage		Éditorial		Analyse		Opinion		Autre		Total	
Total	42	50 %	7	8 %	8	9,5 %	7	8 %	17	20 %	3	3,5 %	84	100 %

Cela nous fait évidemment dire que la mémoire se constitue d'abord par la nouvelle, le fait récent et dans ses récurrences, et qu'elle se révèle ensuite dans les autres genres, soit ceux de l'éditorial, de l'analyse et de l'opinion. L'éditorial appuie les faits divulgués par la nouvelle et la nécessité de reconnaître le caractère génocidaire des événements et la responsabilité des Turcs à cet égard. Mentionnons ici par exemple le texte d'André Patry, « Le génocide, un démon invaincu » (*Le Devoir*, 22 avril 1985, p. 6). Le texte d'analyse contribue aussi à cette mémoire médiatique, de sorte qu'il situe les enjeux réels et la portée des événements au pays comme à l'étranger, en posant le problème de la négation du génocide par l'État turc. Ainsi, le journaliste Jean Pellerin explique les motivations des Arméniens relativement aux attentats commis en 1982 et 1984, dans un texte intitulé « Les Arméniens montrent les dents après 67 ans de rancœur » (*La Presse,* 16 juin 1986, p. A6). Enfin, le texte d'opinion, la plupart du temps le fait de la diaspora arménienne, servira la càuse mémorielle. Le texte de Roupen Kouyoumdjian, « Génocide arménien : il faut contrer l'oubli et l'indifférence » (*La Presse*, 21 décembre 1998, p. B2), témoigne de ce dernier type.

À ce stade de l'analyse, nous pouvons admettre que le contenu de cette mémoire médiatique se structurerait en fonction du formatage décrit : divulgation des événements dans les journaux, récurrence et redite des faits, taille des articles, sources crédibles et genres journalistiques inhérents au récit de la presse écrite. Cette dernière catégorie nous permet de constater que la mémoire médiatique se construit dans le temps et l'espace par le tissage du factuel – nouvelle, reportage – et par l'interprétation du factuel – éditorial, analyse, opinion. Pénétrer cette mémoire signifie donc assurer la reconnaissance de certains faits, certes, mais aussi les définir et les interpréter.

CONTENU D'UNE MÉMOIRE MÉDIATIQUE

Il nous semble important d'examiner certains thèmes récurrents aux faits. Une double lecture se superposant est ici proposée, soit premièrement la représentation des événements du passé dans le corpus à l'étude, deuxièmement le marquage de la mémoire par l'avènement d'événements nouveaux s'imposant à l'événement fondateur – actes de violence et débat sur un mémorial. Par des actes particuliers d'un langage *ad hoc*, la communication symbolique doit opérer ici avec une certaine efficacité. Pour ce faire, les acteurs – la diaspora arménienne au Canada – interviennent dans l'espace public de manière répétée aux dates anniversaires par des rituels de commémoration. Cependant, lorsque les souvenirs commencent à s'estomper, une nouvelle génération utilise désormais d'autres formes du langage symbolique, à l'instar des manifestations, des actes de violence, de la demande de reconnaissance du génocide arménien auprès du gouvernement canadien, de l'édification d'un mémorial, etc. De cette façon, elle cherche à inscrire la mémoire du génocide non seulement au sein de la communauté arménienne, mais aussi dans l'ensemble de la collectivité québécoise.

TRANSFORMATION DE LA REPRÉSENTATION DES ÉVÉNEMENTS : NOMMER LE FAIT, NOMMER LE CRIME

Cette analyse met en relief les dispositifs mémoriels constitutifs aux médias et ultérieurement à l'histoire, ainsi que la représentation des événements du passé dans le corpus à l'étude, c'est-à-dire les stratégies médiatiques mises en avant pour ce faire. Par exemple, les récits journalistiques interpellent la mémoire collective par les faits – factuel –, alors que l'éditorial, l'analyse et la lettre d'opinion – interprétation du factuel – conduiront nécessairement à une prise de position destinée à inscrire les faits dans une finalité de conviction à l'égard de la reconnaissance et de la réparation. En conséquence, la représentation mémorielle est relative par rapport aux écrits journalistiques : genres, auteurs, périodes, etc. Toutefois, elle l'est aussi en fonction de sa transformation dans le temps en vertu de la compréhension des faits rapportés : la terminologie et la sémantique témoignent de cette transformation.

Une première observation touchant la représentation de l'acte du génocide arménien dans la mémoire médiatique est nécessaire. Il s'agit en fait de nommer l'acte, de nommer le crime. En 1915, le factuel des journaux québécois fera état de « massacres », de crime de

« lèse-humanité », de « persécutions », « d'extermination ». Dès le
départ, le caractère méthodique de l'opération est signalé : « Des
réfugiés qui sont parvenus aux lignes russes rapportent que des massacres
d'Arméniens par des Mahométans se font sur une plus grande échelle
qu'auparavant. Tous les habitants des villages près de Van, en Arménie,
ont été mis à mort » (*Le Devoir*, 26 avril 1915, p. 3). Cet article souligne
le caractère systématique des massacres en utilisant la formule « sur
une plus grande échelle qu'auparavant ». Ainsi, ce qui est nouveau,
c'est non pas le massacre, mais son ampleur et sa systématisation par
le gouvernement de l'Empire ottoman : « Dans un district la population
a été complètement exterminée [...]. Ces massacres, dit-il [le vicomte
Bryce], sont le résultat de la politique voulue et préméditée de la bande
qui détient maintenant le gouvernement en Turquie » (*Le Devoir,*
7 octobre 1915). Même la mémoire médiatique n'arrive pas à nommer
le crime sur un plan juridique : « Les horreurs sans nom qu'on nous
raconte sont sans égal dans l'histoire du monde » (*Le Devoir*, 8 octobre
1915). Un éditorial interprète les faits en résumant les événements
au titre évocateur suivant : « La question arménienne[9] » (*Le Devoir*,
9 octobre 1915). En référence aux témoignages et aux dires du vicomte
Bryce, l'éditorial insiste sur l'ampleur exceptionnelle du crime : « Les
crimes commis en Arménie dépassent en horreur et en cruauté tout ce
que l'histoire a enregistré dans ce genre depuis mille ans » (*Le Devoir*,
9 octobre 1915). À l'époque, si le crime semble « sans nom », les
contemporains prennent tout de même la mesure de la transformation
de la nature de la violence des événements. Toutefois, il faudra attendre
le dramatique épisode nazi pour que l'on puisse nommément rendre
compte du crime de génocide.

Le corpus montre l'introduction, en 1965, du terme juridique de
« génocide », terme qui, à l'époque, est réservé à l'extermination des Juifs

---

9. Cette expression n'est pas sans rappeler « la question juive » utilisée
par les nazis. Toutefois, il faut préciser que depuis le XIXᵉ siècle, le terme
« question » est employé pour désigner les problèmes sociaux qui sollicitent
de la part des contemporains un règlement. Il en est ainsi de la « question
ouvrière » ou encore plus largement de la « question sociale ».

par les nazis et inscrit au dictionnaire *Robert* en 1944. Dans une lettre d'opinion, nous relevons ce qui suit : « Le mot génocide est relativement nouveau, mais le crime qu'il désigne est ancien » (*La Presse*, 27 avril 1965, p. 4). Cette lettre souligne l'innovation linguistique, tout en définissant le terme par association d'idées : « dispersion », « massacres d'un million et demi de ses habitants aux mains des Turcs », « drame effroyable », « douloureuse histoire ». Toutefois, est évacué de cette lettre le caractère systématique du génocide. Il faudra attendre 1985 pour que le rapport entre le terme et son sens spécifique, à la lumière du corpus, soit établi dans la mémoire médiatique : « Le 24 avril […] marque le 70ᵉ anniversaire du génocide arménien […] crime contre l'humanité […] liquidation systématique d'une masse d'Arméniens estimée généralement à un million et demi » (*La Presse*, 24 avril 1985, p. A8).

Nommer le crime, c'est aussi le quantifier et pouvoir ainsi établir l'acte d'accusation afin d'obtenir la reconnaissance des faits et d'éventuelles réparations. Nous avons noté que ce sont les chiffres du vicomte Bryce qui sont les plus souvent cités en 1915. On estime alors le nombre de morts à près de 850 000 (*Le Devoir*, 7 octobre 1915 ; 9 octobre 1915 ; *La Presse*, 14 septembre 1915). En 1965, les chiffres sont sensiblement différents puisqu'il est désormais question d'un million et demi de victimes (*Le Devoir,* 27 avril 1965, p. 4 ; *La Presse,* 27 avril p. 4). Aujourd'hui la majorité des articles retient le chiffre de plus d'un million de morts, quoiqu'un article de *La Presse* revienne à une estimation plus conservatrice de 800 000 à 1,5 million de victimes (*Le Devoir*, 25 avril 2005, p. A4 ; *La Presse*, 23 avril 2005, p. A11). Cette différence quant à l'appréciation des victimes témoigne essentiellement de l'apport de la recherche historique à l'évolution de la connaissance factuelle des événements et à la construction des mémoires historique et médiatique, puisque les chiffres cités font consensus chez les historiens qui reconnaissent le génocide arménien. Mais au-delà des chiffres, il s'agit de vies individuelles, femmes, enfants, hommes. La mémoire médiatique est consciente de cela, si bien qu'elle cherchera le plus possible à décrire une « particule génocidaire » à l'aide du témoignage. Le reportage journalistique permet cette lecture à l'échelle humaine du génocide arménien :

Azniv Kouyoumdjian est une rescapée du génocide des Arméniens perpétré à partir de 1915 par les Turcs ottomans. [...] La petite fille d'il y a trois quarts de siècle se rappelle les longues files qu'attaquaient des criminels qu'on avait sortis délibérément des prisons. [...] Azniv apprendra plus tard qu'une de ses tantes, à l'instar de beaucoup de jeunes femmes, avait préféré se jeter dans l'Euphrate plutôt que de se laisser violer. Une autre avait péri d'épuisement, tout comme ses trois oncles (La Presse, 17 avril 1990, p. D16).

L'acte d'accusation comme la volonté de réparation est au cœur de la construction mémorielle du génocide arménien. Déjà, en 1915, le comité Union et Progrès est accusé d'avoir prémédité et exécuté le crime (*Le Devoir*, 7 octobre 1915 ; *La Presse*, 23 septembre 1915). En 1965, la recherche historique contribue à la construction mémorielle en étayant l'acte d'accusation à partir de deux sources : les télégrammes attribués à Talaat Pacha, ministre de l'Intérieur et responsable du génocide, et les récits des témoins oculaires (*Le Devoir*, 27 avril 1965, p. 4 ; 28 avril 1965, p. 4). La première source nous intéresse particulièrement, car son apparition et sa répétition dans des articles subséquents témoignent, si besoin est, de « l'éducation » de la mémoire médiatique par l'histoire, pour reprendre l'expression de Ricœur (*La Presse*, 27 avril 1985, p. A10 ; *Le Devoir*, 1er mai 1982, p. 9 ; 19 mai 1982, p. 13 ; 29 mai 1982, p. 7). En effet, les télégrammes dont il est question sont ceux que les spécialistes désignent sous le nom d'Andonian et font l'objet de vifs débats chez les historiens (Dadrian, 1986 : 311-360 ; Ternon, 1989 : 25-33 ; Veinstein, 1995 : 40-41). D'ailleurs, il est intéressant de noter que le débat sur les télégrammes Andonian fait son apparition dans les journaux à l'occasion des attentats contre l'ambassade turque en 1982. À cette occasion, comme nous le verrons plus loin, les représentants de la Turquie au Canada achètent une page publicitaire dans *Le Devoir,* dans laquelle ils présentent les télégrammes comme des faux (1er mai 1982). Notre propos n'est pas de débattre ici de la validité de cette source, mais plutôt de souligner le point de convergence entre mémoire historique et mémoire médiatique, l'une et l'autre contribuant à inscrire le génocide arménien dans la mémoire collective.

De la même manière, la question de la réparation de la faute participe à la construction mémorielle du génocide. Par exemple, à partir de 1965, la mémoire médiatique emprunte les voies de la mémoire historique pour rappeler qu'aujourd'hui comme hier, les grandes puissances n'ont pas réussi ou n'ont pas voulu imposer à l'État turc la réparation pour le crime commis. Dans un long article d'opinion, Vrej-Armen Artinian, représentant de la communauté arménienne montréalaise, estime que faute de réparation, les survivants ne peuvent oublier le drame. Pour cette raison, la communauté participe à « toutes ces manifestations publiques organisées à l'occasion de chaque anniversaire de cet acte barbare resté impuni » (*Le Devoir*, 25 avril 1975, p. 5).

MARQUAGE MÉMORIEL PAR LA VIOLENCE
ET LA RECONNAISSANCE DES FAITS

La mémoire médiatique ainsi révélée offre une diversité de lectures pouvant conduire à autant d'interprétations. À l'événement fondateur viendront se greffer de nouveaux événements ponctuels, lesquels s'additionnent au récit initial.

Ainsi, le Canada dispose de son propre récit du génocide arménien, et ce, en raison d'événements violents survenus en son territoire : « L'attentat contre un diplomate turc à Ottawa est revendiqué par des Arméniens » (*Le Devoir*, 10 avril 1982, p. 2) ; « L'attaché militaire turc à Ottawa est abattu au volant de sa voiture » (*Le Devoir*, 28 août 1982, p. 10) ; « Les Arméniens montrent les dents après 67 ans de rancœur » (*La Presse*, 16 juin 1982, p. 6). La violence constitue une forme langagière, voire de communication symbolique, utilisée dans la lutte politique pour faire entendre une voix non entendue ou tue par l'État. La violence contribue ainsi à réactualiser le discours mémoriel sur le génocide. À la suite du premier attentat, commis le 8 avril 1982, et à la veille de la date commémorative du 24 avril, Vrej-Armen Artinian prend à nouveau la parole et s'interroge : « quand reconnaîtra-t-on qu'un tort a été fait, qu'il faudra essayer de réparer […] » (*Le Devoir*, 23 avril 1982, p. 17). À l'évidence, le fait nouveau – l'attentat du 8 avril – se superpose à la commémoration du 24 avril. Actualité, mémoire médiatique et mémoire historique entretiennent un dialogue qui reconstruit le passé et questionne l'avenir. Cet exemple montre bien comment se construit et s'inscrit, au sein de la société québécoise, la mémoire collective du génocide arménien autour de la faute impunie et du désir de reconnaissance, et ultimement de sa réparation.

MARQUAGE MÉMORIEL PACIFIQUE
ET DÉBUT DE RÉPARATION SYMBOLIQUE

Les médias contribuent directement au marquage mémoriel, puisqu'ils témoignent de la véracité des faits dans la commémoration. Deux conséquences découlent de cette médiatisation des efforts de la communauté arménienne du Canada dans ce travail de mémoire. En premier lieu, une parole publique émerge et trouve écho dans l'espace public et les débats politiques. Par exemple, la volonté de faire reconnaître officiellement le génocide arménien par les différents ordres de gouvernement au Canada. Un éditorial de *La Presse* note ainsi la contribution unanime de l'Assemblée nationale du Québec à reconnaître le génocide arménien (*La Presse*, 24 avril 1985, p. A8).

Un autre exemple particulièrement éclairant nous est donné par le projet de mémorial à Montréal, qui compte parmi ces efforts. Alors que le maire de Montréal, Pierre Bourque, hésite à tenir l'engagement d'ériger un monument à la mémoire des victimes du génocide arménien, tel que promis par l'administration municipale précédente (*Le Devoir*, 4 mars 1996, p. A2), la communauté arménienne, quant à elle, commémore le 80e anniversaire en se rassemblant dans le parc où le monument doit être érigé. Geste doublement symbolique puisqu'il rappelle l'oubli dont est frappé le génocide arménien, mais aussi celui de l'administration municipale qui ne respecte pas ses engagements (*Le Devoir*, 22 avril 1996, p. A1). Après des mois de débats et de protestations, le monument financé à moitié par la communauté arménienne de Montréal est finalement inauguré en 1998. Sous le nom évocateur de *La Réparation*, il témoigne de la volonté de ne pas oublier tout en acquérant une nouvelle dimension, puisque « [l]e devoir de mémoire devient [...] impératif » alors que le monument est dédié à toutes les victimes de génocide au XXe siècle (*Le Devoir*, 27 avril 1998, p. A2).

*
*   *

À l'origine de cette réflexion, deux questions se posaient au regard de la recherche. La première interrogeait les rapports interdisciplinaires, ceux établis entre l'histoire et l'anthropologie des médias, en regard du travail de mémoire à l'œuvre dans les journaux. À la lumière de l'analyse, il nous semble possible de dégager un premier point de convergence qui contribue à inscrire le génocide arménien dans la mémoire collective : ce point nodal se situe au moment où la mémoire médiatique devient un objet d'étude de l'histoire.

Quant à la deuxième question posant le problème de la représentation mémorielle du point de vue historiographique et médiatique, il se dégage deux points de convergence. Tout d'abord, au plan factuel, histoire et médias rendent compte de la nature du crime, le génocide arménien, et ce, par l'utilisation de données relativement précises le quantifiant et le qualifiant. Ensuite, sur le plan de l'interprétation factuelle, histoire et médias concourent à la reconnaissance du génocide auprès de la société québécoise, laquelle reconnaissance pourra éventuellement ouvrir sur une demande sociale de réparation morale, surtout pour les générations actuelles. Ainsi, l'actualité, l'histoire et la mémoire se télescopent et tissent le fil d'un récit qui se superpose au rituel commémoratif et interpelle la faute impunie ainsi que l'absence de réparation.

Si des points de convergence peuvent être repérés, des divergences sont également perceptibles entre l'histoire et les médias. Ainsi, il nous paraît important de souligner que, dans l'ordre du récit, la discipline historique interroge le passé à partir du présent, de façon à en saisir les catégories qui lui sont propres et à montrer la distance qui nous en sépare. De leur côté, les médias vivent du temps présent, dans l'éphémère des événements d'une actualité sans fin, laissant à l'histoire le soin d'en tirer certaines conclusions. À partir de l'exploration de la mémoire médiatique éduquée par l'histoire, nous touchons sans doute une des voies de la captation et de la transmission de l'héritage mémoriel du génocide arménien. Incidemment, la mémoire médiatique sert la mémoire historique, et vice-versa.

Autour de la transmission de la mémoire du génocide arménien dans la société québécoise, il serait utile d'aborder de manière spécifique la question de la reconnaissance du génocide en parallèle à celle de son déni. Ainsi, comment s'élabore le dialogue entre la communauté arménienne et les citoyens du pays d'accueil, alors même que, pendant des décennies, le silence semble avoir cautionné le crime impuni ? Comment les médias, et plus particulièrement les journaux québécois, participent de ce dialogue ? Peut-on dégager des moments forts en fonction d'une chronologie particulière qui tienne compte des multiples enjeux à l'œuvre sur la scène politique régionale, nationale et internationale ?

De la même manière, il nous semble particulièrement important d'explorer plus avant la place des témoignages dans les récits médiatique et historique. À « l'ère du témoin » qui est aussi « l'ère du soupçon » à l'égard du témoignage, quelle place celui-ci occupe-t-il dans le cadre de la transmission mémorielle et quel rapport entretient-il avec la pratique historienne ? Comment le récit médiatique intègre-t-il le témoignage dans la connaissance et la reconnaissance du phénomène génocidaire ? Autrement dit, qui sont les témoins, en termes générationnels, et de quoi porte-t-on témoignage autour du génocide arménien, aujourd'hui comme hier ? Voilà quelques-unes des questions qui méritent d'être posées aux regards croisés de l'histoire et de l'anthropologie des médias.

BIBLIOGRAPHIE

ALTOUNIAN, Janine (1999), « Quel rapport à l'autre pour les héritiers d'un génocide non reconnu ? », *L'actualité du génocide des Arméniens*, Actes du colloque organisé par le Comité de défense de la cause arménienne, Paris-Sorbonne, 16-18 avril 1998, Paris, Édipol.

ATTARIAN, Varoujan (1999), « La mémoire en diaspora. Actions pour la reconnaissance du génocide des Arméniens », *L'actualité du génocide des Arméniens*, Actes du colloque organisé par le Comité de défense de la cause arménienne, Paris-Sorbonne, 16-18 avril 1998, Paris, Édipol.

BALLE, Francis (1988), *Médias et société*, Paris, Éditions Montchrestien.

BECKER, Annette (1988), *Les monuments aux morts : patrimoine et mémoire de la Grande Guerre*, Paris, Errances.

BRETON, Philippe (1997), *La parole manipulée*, Montréal, Boréal.

BRETON, Philippe, et Serge PROULX (2002), *L'explosion de la communication. À l'aube du XXIe siècle*, Montréal, Boréal.

CALDER, Angus (2004), *Disasters and Heroes : On War Memory and Representation*, Cardief, University of Wales Press.

CANDAU, Joël (2004), « Les bienfaits de l'oubli », *Le Nouvel Observateur, La mémoire de la Shoah*, Hors série, n° 53.

CHALIAND, Gérard, *et al.* (1984), *Le crime de silence : le génocide des Arméniens. Tribunal permanent des peuples*, Paris, Flammarion.

COMAN, Mihai (2003), *Pour une anthropologie des médias*, Grenoble, PUG.

CONAN, Éric, et Henri ROUSSO (1994), *Vichy, un passé qui ne passe pas*, Paris, Fayard.

COORNAERT, Émile (1966), *Les compagnonnages en France du Moyen-Âge à nos jours*, Paris, Éditions Ouvrières.

CRUBELLIER, Maurice (1991), *La mémoire des Français. Recherches d'histoire culturelle*, Paris, Veyrier et Kronos.

DADRIAN, Vahakn (1986), « The Naim-Andonian documents on the World War I destruction of Ottoman Armenians : the Anatomy of a Genocide », *International Journal of Middle East Studies*, vol. 18, n° 3, p. 311-360.

DADRIAN, Vahakn (1996), *Histoire du génocide arménien*, Paris, Stock.

DEROUESNÉ, Christian, et Antoine SPIRE (2002), *La mémoire*, Paris, EDP Sciences.

DJEBABLA-BRUN, Mourad (2004), *Se souvenir de la Grande Guerre. La mémoire plurielle de 14-18 au Québec*, Montréal, VLB éditeur.

FARMER, Sarah (1994), *Oradour : Arrêt sur mémoire*, Paris, Calmann-Lévy.

GINZBURG, Carlo (2001), *À distance. Neuf essais sur le point de vue en histoire*, Paris, Gallimard.

GODIN, Richard (2000), « Une analyse structurale du rituel de la soirée électorale à la télévision : le cas de la présidentielle française de 1995 », *Communication*, vol. 20, n° 1, p. 98-121.

GREIMAS, Julien (1966), *Sémantique structurale : recherche et méthode*, Paris, Larousse.

GRISELLE, Eugène (1918), *Une victime du pangermanisme*, Paris, Bloud et Gay.

HALBWACHS, Maurice ([1925] 1952), *Les cadres sociaux de la mémoire*, Paris, Presses universitaires de France.

HALBWACHS, Maurice (1950), *La mémoire collective*, Paris, Presses universitaires de France.

KAPRELIAN-CHURCHILL, Isabel (2005), *Like Our Mountains. A History of Armenians in Canada,* Montréal-Kingston, McGill-Queen's University Press.

LARDELLIER, Pascal (2003), *Théorie du lien rituel. Anthropologie et communication*, Paris, L'Harmattan.

LASSWELL, Harry (1964), « The structure and function of the communication in society », dans LYMAN BRYSON (dir.), *The Communication of Ideas,* New York, Cooper Square Publishers, p. 37-51.

LEGOFF, Jacques (1988), *Histoire et mémoire*, Paris, Gallimard.

LEPSIUS, Johannès (1918), *Le rapport secret du Dr Johannès Lepsius sur les massacres d'Arménie*, Paris, Payot.

LEVI, Primo (1995), *Le devoir de mémoire*, Turin, Éditions Mille et une nuits.

LÉVI-STRAUSS, Claude (1973), *Anthropologie structurale deux,* Paris, Plon.

LIPPMAN, Walter (1922), *Public Opinion*, New York, Harcourt Brace.

MARTIN, Jean-Clément (1987), *La Vendée et la France*, Paris, Seuil.

MATTELART, Armand (2003), *Histoire de la société de l'information*, Paris, La Découverte.

MATTELART, Armand, et Michèle MATTELART (1996), *Histoire des théories de la communication*, Paris, La Découverte.

MCLUHAN, Marshall (1964), *Understanding Media : The Extensions of Man*, New York, McGraw – Hill Book Company.

MCQUAIL, Denis (1994), *Mass Communication Theory. An Introduction*, London, Sage.

NORA, Pierre (1984-1993), *Les lieux de mémoire*, 3 tomes, Paris, Gallimard.

PARK, Robert ([1940] 1967), « News as a form of knowledge », dans R. H. TURNER (dir.), *On Social Control and Collective Behavior*, Chicago, Chicago University Press, p. 32-53.

PINON, René (1918), « Préface », dans *Le rapport secret du Dr Johannès Lepsius sur les massacres d'Arménie*, Paris, Payot.

QUESNEY, Chantale (2001), *Kosovo. Les mémoires qui tuent*, Montréal/Québec, Presses de l'Université Laval/L'Harmattan.

RICŒUR, Paul (2000), *La mémoire, l'histoire, l'oubli*, Paris, Seuil.

RICŒUR, Paul (2002), « Entre la mémoire et l'histoire », *Transit Europäische Revue*, n° 22, [en ligne]. [http://www.iwm.at/t-22txtl.htm] (7 mars 2005).

ROBIN, Régine (2003), *La mémoire saturée*, Paris, Stock.

ROUSSO, Henry (1987), *Le syndrome de Vichy de 1944 à nos jours*, Paris, Seuil.

ROUSSO, Henry (1998), *La hantise du passé*, Paris, Éditions Textuel.

SCHRAMM, Wilbur (1971), « The nature of communication between humans », dans Wilbur SCHRAMM et Donald F. ROBERTS (dir.), *The Process and Effects of Mass Communication*, Urbana, University of Illinois Press, p. 3-53.

TERNON, Yves (1989), *Enquête sur la négation d'un génocide*, Marseille, Parenthèses.

TERNON, Yves (1995), « Mise à mort d'un peuple », *L'Histoire*, n° 187, p. 24-32.

TERNON, Yves (2001), *L'innocence des victimes au siècle des génocides*, Paris, Desclée de Brouwer.

THANASSEKOS, Yannis (2004), « Enseigner la Shoah », *Le Nouvel Observateur. La mémoire de la Shoah*, hors série n° 53.

TOYNBEE, Arnold Joseph (1917), *Le traitement des Arméniens dans l'Empire Ottoman (1915-1916). Documents présentés au vicomte Grey of Fallodon, secrétaire d'État aux Affaires étrangères, par le vicomte Bryce, avec une Préface du vicomte Bryce*, France, Éditeurs Laval.

TUCHMAN, Gay (1978), *Making News : A Study in the Construction of Reality*, New York, Free Press.

VALENSI, Lucette, et Nathan WACHTEL (1986), *Mémoires juives*, Paris, Gallimard.

VEGH, Claudine (1979), *Je ne lui ai pas dit au revoir. Des enfants de déportés parlent*, Paris, Gallimard.

VEINSTEIN, Gilles (1995), « Trois questions sur un massacre », *L'Histoire*, n° 187, p. 40-41.

VIDAL-NAQUET, Pierre (1995), *Les Juifs, la mémoire et le présent*, Paris, Seuil.

VOLDMAN, Danièle (1999). « Le travail de mémoire : un objet commun à l'histoire, à la sociologie et à la psychanalyse ? », *Atelier du groupe de travail Histoire et Mémoire Centre Marc Bloch (Berlin)*, 29-30 janvier [en ligne]. [http: //www.ihtp.cnrs.fr/publications/bulletin73/trav_mem_bul73. htlm] (29 janvier 2005).

WESTERSTAHL, Jorgen (1983), « Objective news reporting », *Communication Research,* vol. 10, n° 3, p. 403-424.

WIEVIORKA, Annette (1995), *Déportation et génocide. Entre la mémoire et l'oubli*, Paris, Le Livre de Poche. (Coll. « Pluriel ».)

WIEVIORKA, Annette (2002), *L'ère du témoin*, Paris, Pluriel.

ZONABEND, Françoise (1980), *La mémoire longue. Temps et histoire au village*, Paris, Presses universitaires de France.

L'AFFAIRE DELISLE. CHAMP UNIVERSITAIRE ET SCOOP MÉDIATIQUE

Mathieu Pontbriand
Université Laval

En septembre 1991, Esther Delisle obtient un doctorat en science politique. Toutefois, elle est déjà connue du grand public depuis le mois de juin de la même année, alors que les conclusions de sa thèse « Antisémitisme et nationalisme d'extrême droite dans la province de Québec 1929-1939 » sont dévoilées dans le magazine *L'Actualité*. Celles-ci affirment que Lionel Groulx – présenté comme le premier penseur du nationalisme québécois – était un antisémite et un fasciste convaincu et que *Le Devoir* des années 1930 partageait ses idées. C'est le déclenchement de l'affaire Delisle. Tandis que l'article s'en prend principalement à Groulx, l'essentiel de la thèse concerne plutôt l'antisémitisme et le nationalisme d'extrême droite au Québec, entre 1929 et 1939, dans un ensemble plus large. Pour ce faire, l'auteure s'est inspirée des sources écrites du chanoine, du *Devoir*, de *L'Action nationale* et des *Jeune-Canada* (1992a ; voir le résumé du début de la thèse). Lors de la soutenance de la thèse, deux membres du jury font valoir que l'interprétation de ces sources et la méthodologie employée ont de sérieuses lacunes. Cependant, leurs arguments ne réussissent pas à convaincre leurs trois autres collègues présents sur le jury. La thèse est donc acceptée. Cet événement se produit dans un climat politique bouillant, où la question du nationalisme québécois est omniprésente : un long débat constitutionnel sur la *société distincte* secoue la fédération canadienne et une crise linguistique crée de fortes tensions au Québec. Étant donné ce contexte, les conclusions de la thèse sont récupérées, car elles jettent du discrédit sur quatre éléments notables de l'histoire du nationalisme québécois. Que nous révèle alors l'affaire Delisle (1991-2003) sur les pratiques de ses différents acteurs, dans les champs politique et médiatique ?

Très peu d'études se sont penchées sur le rôle des acteurs dans cette affaire. La plus importante est celle de Gary Caldwell. Il y émet l'avis que plusieurs membres du champ scientifique[1] ont repris la thèse à des fins politiques, sans tenir compte du fait que la doctorante « n'a pas fait une démonstration académiquement satisfaisante de l'argument de sa thèse, argument qui peut être ou ne pas être vrai » (1994a : 23). Gérard Bouchard, dans *Les deux chanoines*, reprend sensiblement ce constat. Par contre, il s'en prend aussi à ceux qui mettent « en veilleuse certains aspects peu recommandables » de Lionel Groulx (2003 : 19).

À notre avis, selon la conception des règles du jeu en vigueur dans le champ scientifique, les problèmes de fond et de méthode invalident la thèse et la publicité qui en est faite par les médias entraîne une dérogation à ces règles. Les conclusions de la thèse sont rapidement reprises par des acteurs des champs politique et médiatique. Pour discréditer les nationalismes québécois – considérés comme un bloc monolithique –, certains professionnels de la parole les utilisent, y voyant la confirmation d'un Lionel Groulx foncièrement antisémite. Des journalistes saisissent également au vol un bien intéressant *scoop historique*. Les opposants de la thèse, venant du champ scientifique comme politique, tentent de réduire sa portée. D'une part, en contestant sa crédibilité dans le champ scientifique, parce qu'elle ne répond pas à

---

1. Dans cette étude, nous entendons par champ scientifique un espace de relations entre agents qui partagent des règles de jeu en commun, grâce à une formation universitaire qui permet de former des gens aptes à critiquer les travaux de leurs pairs, sur des règles strictes, pour amener une certaine objectivité dans le but de faire évoluer les connaissances.

ses normes. D'autre part, en critiquant la vision polémique et doctrinaire des partisans de la thèse de Delisle.

Notre corpus de sources se fonde principalement sur une analyse de la presse quotidienne et d'articles de magazine, où il est fait mention d'Esther Delisle. Les principaux quotidiens étudiés sont *La Presse, Le Devoir, The Gazette* et *The Globe and Mail*. Nous avons aussi lu les comptes rendus – venant de revues scientifiques, de la presse quotidienne et de revues d'opinion – des versions française (1992b) et anglaise (1993a) du livre (version allégée de la thèse), pour prendre acte de ce qui a pu être écrit sur les constats de Delisle dans le champ scientifique.

Pour expliquer les trois principales dynamiques constituant l'affaire Delisle, nous optons pour un plan dialectique. Nous traitons d'abord de la perception des problèmes de fond et de méthode de la thèse « Antisémitisme et nationalisme d'extrême droite », ainsi que des sorties, à l'extérieur du champ scientifique, de son auteure avant sa soutenance de thèse. Par la suite, est abordée la façon dont certains des acteurs de cette affaire, dans les champs politique et médiatique, reprennent les conclusions de cette dernière, pour dénigrer les nationalismes québécois. Finalement, nous allons voir comment leurs adversaires répliquent.

UNE THÈSE QUI FAIT JASER : L'AFFAIRE DELISLE AVANT SA RÉCUPÉRATION

Avant d'être récupérée par d'autres acteurs, l'affaire Delisle concerne, d'abord et avant tout, les problèmes de fond et de méthode de la thèse « Antisémitisme et nationalisme d'extrême droite » et la diffusion de ses conclusions dans les médias, alors qu'elles ne sont pas encore acceptées par un jury universitaire. Une polémique est ainsi créée, polémique qui fera couler beaucoup d'encre.

ET L'AFFAIRE DELISLE FUT...

Rarement voit-on le sujet d'une thèse de doctorat être discuté sur la place publique. Il est beaucoup plus habituel de voir ce phénomène une fois que la thèse est publiée sous forme de livre. Et encore : son contenu doit être d'actualité, provoquant ou son auteur être déjà connu. Esther Delisle, étudiante au doctorat en science politique, voit, en juin 1991, ses conclusions publiées dans le magazine *L'Actualité* (Chartrand, 1991), avant que ne soit connu le verdict final de son jury d'évaluation. Même si, à ce moment, celles-ci ne sont pas acceptées académiquement, un débat s'engage sur l'antisémitisme et le fascisme possible de l'abbé Lionel Groulx et, plus particulièrement, sur la pertinence de la commémoration que la société québécoise lui rend. S'il est fait mention, dans l'article, que la thèse de Delisle vient à peine d'être remise pour évaluation et, donc, que son auteure ne détient pas encore le titre de docteure en science politique (Chartrand, 1991 : 114), ses constats sont présentés comme très bien fondés. Ils obtiennent ainsi une apparence de crédibilité scientifique dans l'espace public. Un des membres du jury, James Thwaites, avoue même qu'il est persuadé que la thèse « va provoquer des remous » (Chartrand, 1991 : 114). Dès la maîtrise, pourtant, il est exigé des étudiants de respecter un cadre strict, où tout le processus d'évaluation se déroule entre le directeur de recherche et le jury d'évaluation. Autrement dit, il ne doit pas se faire hors du cercle universitaire[2]. Une fois ce processus enclenché, un candidat au doctorat ne peut même pas entrer en contact avec un de ses examinateurs, car cela est « contraire à l'éthique universitaire »[3]. L'apparente crédibilité qu'obtiennent les conclusions d'« Antisémitisme et nationalisme d'extrême droite » contrevient donc à ces règles. Malgré tout, cette situation n'en reste pas là, puisque la doctorante se retrouve par la suite associée à l'affaire Mordecai Richler[4] et que *L'Actualité*

---

2. *Mémoire de maîtrise*, Faculté des études supérieures, Québec, Université Laval, 1995 : 23-38 ; *Thèse de doctorat*, Faculté des études supérieures, Québec, Université Laval, 1995 : 25-43.

3. *Thèse de doctorat,* 1995 : 2, 30.

4. Mordecai Richler, comme nous le verrons dans la deuxième partie, soulève un tollé lorsqu'il émet une opinion controversée sur le Québec, fondée en partie sur les conclusions d'« Antisémitisme et nationalisme d'extrême droite ».

publie un autre article à son sujet. Dans ce dernier, le magazine suppose qu'Esther Delisle subit un « blocus institutionnel inhabituel » (*L'Actualité*, 1991 : 9), lié à des raisons idéologiques qui ne sont pas expliquées. La doctorante a-t-elle donc subi un blocus, qui l'aurait obligée à sortir du champ scientifique ? Voyons-y de plus près.

La phase finale de son aventure universitaire commence en avril 1991, alors que sa thèse est soumise au jury d'évaluation pour prélecture[5]. Au doctorat, celui-ci est composé de cinq personnes. Pour juger de la qualité de la thèse qui nous occupe, sont réunis Jacques Zylberberg – directeur de thèse –, Guy-Antoine Lafleur, James Thwaites, Pierre Anctil et Henry Weinberg. Les trois premiers sont de l'Université Laval, mais seuls Zylberberg et Lafleur sont du département de science politique. Ce dernier est spécialiste de l'analyse de contenu – méthode employée par Delisle – et Thwaites enseigne au département des relations industrielles. Pierre Anctil, quant à lui, est de l'Université McGill et est reconnu comme une sommité de la question juive au Québec. Le dernier membre, Weinberg, enseigne la littérature française à l'université de Toronto et est l'auteur d'un livre ayant pour sujet le mythe juif en France, entre 1967 et 1982[6].

---

5. En fait, un premier dépôt est fait, en août 1990, à la Faculté des sciences sociales, à qui est associé le département de science politique. La thèse n'est cependant pas encore soumise au jury d'évaluation (Caldwell, 1994a : 18).

6. Henry H. WEINBERG (1987), *The Myth of the Jew in France, 1967-1982*, Oakville, Mosaic Press. Anctil a quitté l'Université McGill en 1991. Depuis, il a été président du Conseil des relations interculturelles, d'avril 2002 à octobre 2003 – un organisme du ministère des Relations avec le citoyen et de l'Immigration. À ce moment, il est devenu directeur du Centre d'expertise en relations interculturelles – lié au même ministère –, poste qu'il occupe jusqu'à juillet 2004. Depuis, il est directeur de l'Institut d'études canadiennes de l'Université d'Ottawa. On lui doit plusieurs études historiques sur la communauté juive de Montréal. Weinberg a aussi changé de poste. Il a quitté le Canada, en 1992, pour Israël, où il milite en faveur des droits des immigrants issus de l'ex-URSS. Il a même siégé à la Knesset, le parlement israélien, de

Le premier jugement des examinateurs est connu dès mai 1991. Deux sont négatifs, ce qui, selon les normes universitaires[7], oblige Delisle à revoir sa thèse en fonction des corrections exigées par les membres du jury. Un mois plus tard, l'article de Luc Chartrand paraît dans les pages de *L'Actualité*. Étant donné le portrait sombre de l'ancien penseur nationaliste qui y est présenté et le fait que sa mémoire soit commémorée un peu partout à travers la province – son nom est attribué, entre autres, à des rues, à des écoles et à une montagne (Chartrand, 1991 : 114) –, le scandale éclate. Deux mois plus tard, le 16 août 1991, a lieu une réunion qui ne devait pas avoir lieu. En effet, Weinberg se décommande à la dernière minute. Lafleur, Anctil et le président du jury ne sont pas joints à temps et tiennent donc une rencontre qui ne peut être qualifiée d'officielle (Caldwell, 1994b). Toutefois, ceux qui s'y présentent font savoir leur mécontentement concernant la médiatisation de la cause par la candidate. Celle-ci ne les écoute pas et poursuit ses apparitions publiques (Caldwell, 1994a : 18). En conséquence, Anctil indique, dans une lettre au directeur de l'École des gradués – aujourd'hui Faculté des études supérieures –, qu'il ne peut tolérer tout ce boucan médiatique entourant la thèse, car cela nuit considérablement à l'évaluation que doivent en faire les examinateurs. De plus, il trouve inadmissible que la doctorante sorte du cercle universitaire pour aller chercher de la crédibilité auprès du public. À ses yeux, cette attitude fait preuve d'un manque de respect des normes du champ scientifique (Caldwell, 1994a : 18). La lettre reste sans réponse.

C'est donc le 17 octobre 1991 qu'a lieu la première réunion officielle du jury. Après celle-ci, les objections à la thèse sont envoyées à la candidate. Selon les règles établies par l'Université Laval, six mois lui sont accordés pour accomplir les rectifications nécessaires. La deuxième et dernière réunion – où se fait la soutenance de thèse – n'a lieu que le 10 septembre 1992, alors qu'elle aurait dû se tenir en mai

---

1996 à 1999, sous le nom de Zvi Weinberg. [http://www.knesset.gov.il/mk/eng/mk_eng.asp?mk_individual_id_t=48] (20 février 2005).

7. *Thèse de doctorat*, 1995 : 4.

1992. Henry Weinberg ne peut se présenter à la première date convenue, puisqu'il se trouve en France, et ce, jusqu'en septembre. Cette situation est acceptée par la candidate, qui ne désire pas son remplacement. La doctorante, pour apporter des correctifs à son travail, a donc un délai de six mois et, en plus, elle accepte d'attendre encore trois mois pour faire sa soutenance. En décembre 1991, « Qui a peur d'Esther Delisle ? » paraît. L'article dévoile que la doctorante a demandé au protecteur universitaire – analogue à un ombudsman – d'étudier son cas, car elle se considère victime d'« irrégularités » (*L'Actualité*, 1991 : 9). Plus loin dans l'article, « une source universitaire bien informée », qui conserve l'anonymat, affirme qu'une des raisons expliquant les délais tient, entre autres, de « l'action de certains membres du jury qui en veulent idéologiquement à la candidate » (*L'Actualité*, 1991 : 9). Caldwell révélera, dans son article, que les « certains membres » ne sont en fait que Pierre Anctil (1994a : 18). En janvier 1992, le protecteur universitaire ne constate rien d'anormal, si ce n'est qu'il trouve les délais longs. Il faut noter que dans les dix-huit mois où se déroulent ces péripéties académiques, les corrections exigées ne sont pas réalisées (Caldwell, 1994a : 18).

La thèse est acceptée par trois examinateurs contre deux, devant une salle bondée. Le jury a été divisé, mais cela n'est pas inhabituel. Il est plutôt anormal de voir les conclusions d'une thèse être discutées sur la place publique avant d'être acceptées académiquement. De plus, les délais semblent plus être causés par les absences de Henry Weinberg que par un « blocus institutionnel inhabituel ». La doctorante a aussi tenu tête à une partie de son jury, en ne faisant pas les corrections demandées et en persistant à rencontrer les médias. Malgré cela, sa thèse a été acceptée[8].

---

8. Pour une étude plus complète sur tous ces événements, voir l'article de Caldwell (1994a) et son complément contenant des rectifications (1994b).

LES PROBLÈMES DE FOND ET DE MÉTHODE

La parution du premier article de *L'Actualité* sur les constats de Delisle et la publication de la thèse, sous forme de livre, soulèvent un fort débat au Québec. La présentation de l'icône nationaliste Lionel Groulx sous un visage antisémite et fasciste y est pour beaucoup. Cependant, le scandale ne tient pas simplement à cette révélation, puisque ce débat existe depuis longtemps déjà. Par exemple, en 1983, Elie Feuerwerker et Jacques Genest, ancien docteur du chanoine et à l'époque président de la Fondation Lionel-Groulx, débattaient de cette question dans les pages du *Devoir* (Genest, 1983a : VI (cahier 4) ; 1983b : 7 ; Feuerwerker, 1983 : 14). Dans le cadre de l'affaire Delisle, la commotion découle surtout du fait que le constat vient cette fois d'une thèse scientifique québécoise et jugée académiquement valable. Le commentaire de l'historienne Lita-Rose Betcherman résume bien ce propos : « English-language writers, myself included, have long said that anti-Semitism was endemic among Quebec ultranationalists before the Second World War. What is extraordinary is that a French-Canadian scholar has now said it and proved it, beyond a shadow of a doubt » (1993 : C5). Toutefois, plusieurs agents du champ scientifique refusent d'accepter ces conclusions, car ils considèrent leurs problèmes de fond et de méthode trop importants. Dès la soutenance de la thèse, le spécialiste de la question juive au Québec – Pierre Anctil – et celui de l'analyse de contenu – Guy-Antoine Lafleur – demandent des corrections à « Antisémitisme et nationalisme d'extrême droite ». Celles-ci ne sont pas apportées et les deux examinateurs refusent donc de la soutenir (Caldwell, 1994a : 18). Pierre Anctil explique son refus par le fait que le contexte historique y est totalement absent. Ainsi, selon lui, les propos de Groulx et autres sont pris et lus hors contexte, ce qui mène Delisle à tirer des « conclusions à l'emporte-pièce » (Anctil, 1995 : 68). Guy-Antoine Lafleur, quant à lui, conteste la façon dont la doctorante a employé l'analyse de contenu, puisque celle-ci n'a pas pris le soin d'analyser la nature des sources d'où elle tire ses citations (Dubé, 2002 : B1).

Dans sa réplique, que l'on peut lire dans l'introduction de son livre, Esther Delisle explique son refus d'analyser le contexte sociétal québécois des années 1930 par deux raisons. En premier lieu, en étudiant une partie de ce contexte, soit la communauté juive, elle craint de justifier l'antisémitisme :

> *Scruter la communauté juive afin de comprendre l'antisémitisme est une grossière erreur de perspective doublée d'une absurdité. Cette perspective inversée est aussi pernicieuse, en ce qu'elle suggère que les Juifs en chair et en os ont un lien quelconque – pis, une responsabilité – avec les crimes imputés à la terrifiante figure du Juif telle que dessinée par l'antisémite* (Delisle, 1992b : 34).

En second lieu, la politologue ne croit pas que de traiter du contexte historique puisse servir à la compréhension de son sujet, dans la mesure où elle étudie un délire, c'est-à-dire que ses quatre objets d'étude – les sources écrites de Lionel Groulx, de *L'Action nationale*, du *Devoir* et des *Jeune-Canada* – craignent un Juif imaginaire qui n'existe pas dans la réalité :

> *Le cadre théorique a été développé à partir d'études classiques ou plus récentes du racisme et de l'antisémitisme qui soutiennent et confirment que les objets du racisme sont des constructions symboliques. Ils n'existent pas hors du délire fantasmatique qui les crée et les fait vivre. Décortiquer le contexte historique n'apporte rien à la compréhension du délire et ne fournit aucune clé pour le pénétrer* (Delisle, 1992b : 33).

Pour reprendre l'expression de Jean-François Nadeau, « [l]e lecteur est plongé au cœur d'une recherche menée sous cloche de verre » (1993a : B3). Si le Juif qu'ils craignent est imaginaire, Lionel Groulx et sa clique ne vivraient donc pas en contact avec leur société. Malgré les assertions de l'auteure, le contexte, pour étudier une société actuelle ou ancienne, est essentiel à la compréhension, ne serait-ce que pour connaître, comme le dit Gary Caldwell, les « particularismes socio-historiques du milieu d'où proviennent les matériaux » (1994a : 21). De plus, négliger le contexte sociétal québécois des années 1930 peut mener à la défiguration de la réalité historique de cette société (Jones, 1994 : 33). Cette omission contextuelle permet de susciter une impression de culpabilité par association entre les groulxistes et les nazis (Lévesque, 1995 : 157). Aucune mention n'est faite d'Adrien Arcand, le principal chef du nationalisme d'extrême droite québécois de l'époque, celui que les Juifs québécois des années 1930 redoutent véritablement ; Groulx attire à peine leur attention (Anctil, 2001 : 18). Les leaders de la communauté juive québécoise, durant les années 1930, parviennent même à parlementer – quoique avec méfiance – avec *Le Devoir* de Georges Pelletier et d'Omer Héroux, et ce, même si ces derniers se montrent parfois méprisants envers eux, allant jusqu'à écrire quelques articles à caractère antisémite (Anctil, 1988 : 73-82, 85, 95, 98). De plus, l'absence de mention sur le contexte canadien et d'explications sur les raisons profondes de l'antisémitisme au Québec permettent de lier les nationalistes décrits dans « Antisémitisme et nationalisme d'extrême droite » à ceux d'aujourd'hui, comme le fait Ramsay Cook dans la préface de *The Traitor and the Jew* (1993).

L'analyse de contenu est une méthode venant des sciences sociales. La variante employée par Delisle dans sa thèse est l'analyse de contenu selon l'idéaltype. C'est une construction conceptuelle qui se fabrique à partir des informations recueillies lors du dépouillement des sources. Une fois constitué, l'idéaltype a pour but d'aider à la compréhension future d'une société. Ceux employés par Delisle sont l'antisémitisme et le nationalisme d'extrême droite. Voici comment elle les définit : « Les traits de l'idéaltype de l'antisémitisme sont le racisme et l'anti-modernité tandis que les traits du nationalisme d'extrême droite sont l'anti-démocratie libérale, l'antiparlementarisme, l'anti-capitalisme, l'extrémisme, qui comprend le refus et l'anathème du réel ainsi que l'utopie » (1992a : 60). Une faiblesse de la thèse consiste en la construction des deux idéauxtypes à partir d'études européennes. L'analyse tente ensuite de les repérer à travers des sources québécoises, selon une méthode exploratoire. Cette dernière est habituellement utilisée pour construire l'idéaltype. L'auteure cherche plutôt à parvenir à une meilleure compréhension d'un phénomène social. Selon Caldwell, les hypothèses qu'elle propose deviennent presque immédiatement des conclusions, puisque « la simple apparition d'un thème est en même temps sa vérification » (1994a : 21). Il est aussi important de noter qu'avec cette méthode, la connaissance du contexte de production et de diffusion des sources analysées est, encore une fois, essentielle (Legault, 1994 : 169).

D'autres problèmes de fond sont aussi dénotés. Insistons ici sur le procédé de culpabilité par association, le manque de définition des quatre objets d'étude et le renvoi à de mauvaises références. Dans le premier cas, c'est la littéraire Dominique Garand qui définit le mieux le problème, en disant qu'il s'agit de « phrases où [les] observations [de l'auteur] prétendent embrasser simultanément ces quatre instances[9] » (1997 : 142). Les paroles d'un personnage de moindre importance, comme l'antisémite reconnu Anatole Vanier, sont ainsi associées à Groulx, qui est d'une postérité plus imposante (Jones, 1992 : 34-35). Alors que chacun des objets d'étude utilise un type de discours différent qui renvoie à une lecture différente, ils sont analysés pêle-mêle dans la thèse. Un pamphlet des *Jeune-Canada* n'a pas la même dynamique qu'un texte de *L'Action nationale*, puisque le lecteur ou le but visé n'est pas le même (Caldwell, 1994a : 22). De même, comme le fait remarquer Lafleur, une grande partie de son corpus repose sur *Le carnet du grincheux*, une colonne d'« humour noir » (Dubé, 2002 : B1) du *Devoir*. Restent les renvois à de mauvaises références. Un premier aperçu en a été donné, lorsque le réputé économiste François-Albert Angers a dénoncé, dans *La Presse*, la paternité d'un écrit que lui attribue Delisle (1992 : B2)[10]. En fait, elle fait référence deux fois à ce texte, et la seconde renvoie à un tout autre article. Toutefois, sur ce point, la charge la plus sérieuse est venue du champ scientifique

---

9. Les quatre instances sont les quatre objets d'étude.
10. « Les jeux de la politique », 14 septembre 1939, p. 49-58, dont l'auteur est Roger Duhamel. Delisle nomme l'article « Quo vadis Israel ». C'est plutôt le nom d'une sous-partie du texte. L'erreur tient probablement du fait qu'Angers écrit dans la même section, « Chroniques », tout juste à la suite du texte de Duhamel, une critique du programme économique du Crédit social (p. 58-72).

en la personne de l'historien Gérard Bouchard. Il a constaté, dans une recension des 58 renvois à la revue *L'Action nationale*, que 14 seulement sont exacts et que 44 autres ont des irrégularités de gravité diverse ou sont introuvables (2003b : A7). Ces faiblesses du travail de Delisle montrent l'intérêt de se pencher sur les raisons qui ont poussé certains à les récupérer.

La thèse « Antisémitisme et nationalisme d'extrême droite » recèle donc plusieurs problèmes de fond et de méthode. Malgré tout, son auteure – et conséquemment ses constats – a obtenu une crédibilité à travers le champ médiatique et a reçu le prestigieux titre de *Philosophiæ Doctor*. Ses conclusions – et même ses lacunes – sont récupérées hors du champ scientifique pour dénigrer, en le reliant à cette image antisémite et fasciste de Lionel Groulx, le mouvement nationaliste québécois.

UNE CRÉDIBILITÉ SCIENTIFIQUE EN CAUSE

Les débuts de l'affaire Delisle se déroulent dans un contexte politique fébrile, où deux conceptions de la fédération canadienne sont en jeu, l'une reconnaissant la *société distincte québécoise*, l'autre proclamant haut et fort la primauté des droits individuels. Plusieurs opposants à la conception de la reconnaissance de la distinction québécoise s'emparent rapidement de la thèse accusant Lionel Groulx et ses comparses nationalistes des années 1930 des pires maux du siècle : l'antisémitisme et le fascisme.

LA TOILE DE FOND CONJONCTURELLE
ET LA PERCEPTION DU NATIONALISME

Sans entrer dans les détails du contexte politique, un bref survol s'impose tout de même, pour faciliter la compréhension de la récupération des constats de Delisle. De 1987 à 1992, les gouvernements fédéral et provinciaux tentent de ramener le Québec au sein de la constitution canadienne, en proposant d'y inclure la reconnaissance de la *société distincte québécoise*. Cela constitue, pour les partisans de l'ancien premier ministre Pierre Elliott Trudeau

(1968-1979 et 1980-1984), une entrave à l'esprit que ce dernier a voulu donner à la loi constitutionnelle de 1982. Celle-ci officialise le bilinguisme à travers le pays et introduit une charte des droits et libertés qui protège le citoyen face au gouvernement. Pour ses adeptes, il n'y a donc pas lieu d'accommoder le Québec (McRoberts, 1997 : 70). Ce refus s'impose d'autant plus que le gouvernement québécois de Robert Bourassa utilise, en 1988, la clause nonobstant – qui lui permet de se mettre en retrait de la Constitution – pour adopter la loi 178, qui interdit l'affichage extérieur en anglais. Trois ans auparavant, c'est-à-dire en 1985, le Parti libéral du Québec (PLQ) avait courtisé – avec succès – l'électorat anglo-québécois, avec la promesse d'un assouplissement des lois linguistiques. Une bonne partie de la communauté anglophone du Québec, à l'annonce de l'utilisation de la clause nonobstant, se sent donc trahie (McRoberts, 1997 : 202 ; Levine, 1997 : 214-220).

Cela constitue la toile de fond de l'affaire Delisle. Celle-ci devient encore plus polémique lorsque le célèbre auteur montréalais Mordecai Richler publie un article jugé diffamatoire à l'endroit du Québec, dans le numéro du 23 septembre 1991 du magazine américain *New Yorker*. Ainsi, entre le premier article de *L'Actualité* et ce moment, les conclusions d'« Antisémitisme et nationalisme d'extrême droite » ne cessent de faire parler d'elles dans les médias. Pis encore, Delisle commence à établir certains parallèles avec l'actualité. Dans une entrevue parue dans *The Gazette,* elle affirme que « [i]f you scratch the language issue too hard, underneath you'll find Groulx's framework of exclusion and racial purity » (Bagnall, 1991 : B4), tout en rajoutant que l'antisémitisme n'a plus cours dans la société québécoise des années 1990. L'article y dit clairement, en citant Claude Ryan, que Lionel Groulx est le « père spirituel du Québec ». Cette expression revient constamment, dans plusieurs autres articles, pour montrer l'actualité de la pensée groulxiste. L'argument porte, puisque la référence est solide : Claude Ryan, ancien chef du PLQ, est reconnu comme un fédéraliste de tendance nationaliste. Dans le chaos des débats linguistiques, étant ministre responsable du dossier, c'est lui qui met fin aux tergiversations du gouvernement quand, en mars 1989, il affirme la prédominance du français dans l'affichage (Levine, 1997 : 222). Cet exemple montre que, dans l'affaire Delisle, les nationalistes québécois sont perçus comme un bloc monolithique, peu importe qu'ils soient de tendance fédéraliste ou souverainiste.

MORDECAI RICHLER, *CITÉ LIBRE* ET LYSIANE GAGNON

En décembre 1991, les médias apprennent qu'Esther Delisle a permis à Mordecai Richler d'utiliser ses travaux pour la préparation du prochain livre du romancier, *Oh Canada ! Oh Quebec !* (Fontaine, 1991 : B5), qui s'avère être une version plus développée de l'article publié dans le *New Yorker*. Ce dernier avait provoqué un grand scandale au Canada, car plus d'un ont été d'avis que Richler y accusait les Québécois francophones d'antisémitisme, de prôner des lois linguistiques fascisantes et de vénérer Groulx[11]. Ajoutée à la parution de « Le chanoine au pilori » (Chartrand, 1991), la question juive devient un sérieux problème ; l'antisémitisme apparaît alors comme une spécificité québécoise (Lisée, 1991). Il faut rappeler que lorsque cette affaire éclate, Delisle n'a pas encore soutenu sa thèse, ce qui explique en grande partie les accusations liées à la question juive qui en découlent. Il y a d'abord celle qui paraît dans « Qui a peur d'Esther Delisle ? » et qui laisse croire à des pressions idéologiques contre la doctorante (*L'Actualité*, 1991 : 9). Puis, paradoxalement et plus tardivement, on voit Caldwell blâmer l'Université Laval d'avoir accordé sa sanction à la controversée thèse de crainte d'être accusée d'antisémitisme (1994a : 26).

---

11. Dans une lettre publiée dans *La Presse*, Richler se défend d'avoir voulu généraliser, dans le temps, l'antisémitisme québécois : « ni Lévesque ni Parizeau n'étaient antisémites, [...] cela implique-t-il que la plupart des autres nationalistes sont affligés de cette maladie ? Non ». Il conteste plutôt la commémoration actuelle de Lionel Groulx, qu'il considère comme « un ecclésiastique d'une intelligence très limitée » et l'oubli d'un certain passé par un peuple dont la devise est « Je me souviens », que sa continuité idéologique, lui qui a toujours « son nom [accolé] à une station de métro montréalaise, à un cégep, à plusieurs écoles et à une chaîne de montagne » (1991 : B3).

Le grand public peut connaître le contenu de la thèse de Delisle, quand celle-ci est publiée, dans une version allégée, peu de temps après sa soutenance. Avant même que le processus d'évaluation ne soit terminé, *Le Traître et le Juif* avait déjà un éditeur : Robert Davies[12]. Celui-ci est alors un des membres du comité de rédaction du très fédéraliste magazine *Cité libre* et considère sa maison d'édition comme un instrument pour secouer un Québec marqué par la « somnolence et la rigidité intellectuelle » (Abley, 1992 : J3). *Cité libre* est un des groupes qui défend avec le plus d'acharnement les conclusions de la thèse de Delisle sur la place publique. La revue invite même l'auteure à donner une conférence à ses sympathisants (Zerbisias, 1992 : D5). En rapport avec l'affaire Delisle, certains de ses membres accusent les nationalistes de fermer les yeux sur leur histoire, en refusant de tenir un débat sur les constats d'« Antisémitisme et nationalisme d'extrême droite ». Ils se moquent surtout des critiques venant du champ scientifique. Voyons ce que les membres de *Cité libre* exerçant une profession au sein du champ scientifique ont pu dire en ce sens. Nadia Khouri, professeur de philosophie au Dawson College et chercheuse au Centre interuniversitaire d'analyse du discours, considère que traiter du contexte ne sert qu'à avantager les nationalistes, à excuser l'antisémitisme et à préserver l'image sacrée de Groulx. Le « contexte » comme secours d'urgence posthume dispensé au chanoine par ses infirmiers conservateurs est révélateur. En effet, toutes les fois qu'un débat sur Groulx resurgit, un mini-débat parallèle sur son « contexte » refait surface. Curieusement, à son avis, le « contexte » semble être le cheval de bataille des admirateurs du chanoine (Khouri, 1995 : 95).

En reprenant des arguments employés par Antoine Baby, professeur au département d'administration à l'Université Laval, Khouri affirme que l'excuse de la « colonisation victimale du "contexte" », c'est-à-dire de l'affrontement entre deux petits peuples en rivalité – les Canadiens français et les Juifs –, ne tient pas la route, du moins dans le cas de

---

12. La soutenance de la thèse de Delisle a lieu cinq jours après la parution de l'article de Mark Abley.

Groulx : son antisémitisme n'est pas lié au fait qu'il appartienne à « une petite collectivité opprimée », mais bien à son appartenance à l'Église catholique, « dont on ne peut pas dire facilement qu'elle était, à l'époque, au "temps de la survivance" » (1995 : 95)[13]. Pour Marc Angenot, professeur au département de littérature à McGill, la réaction nationaliste n'est que la preuve que, pour être un bon historien, au Québec, il faut cacher des faits et ne pas toucher à certains sujets. À ce propos, lorsque le deuxième livre de Delisle est publié, en 1998, il écrit :

> *Je sais, je sais, Delisle a eu le tort de relire certains textes et d'ouvrir certains dossiers d'archives ; les autres historiens du Québec n'ont pas ces imprudences et font, de ce chef, des carrières honorables. Delisle est atteinte du syndrome de la femme de Barbe-Bleue : elle va ouvrir les placards interdits, il n'est que juste qu'elle soit punie quand Barbe-Bleue – que j'imagine très bien avec le physique de Lucien Bouchard – revient de la chasse aux Anglos et la surprend, les clefs à la main* (Angenot, 1998 : 105).

Anne-Marie Bourdouxhe, alors directrice de *Cité libre,* semble craindre, comme Delisle, la persistance du nationalisme intolérant décrit dans « Antisémitisme et nationalisme d'extrême droite » : « You just have to listen to […] Jacques Parizeau, or even […] Robert Bourassa and you keep hearing that, unless we are very protected, unless we have our own country, we will disappear » (Zerbisias, 1992 : D5). Son successeur à la tête de la revue et politologue à l'Université Laval, Max Nemni, s'oppose, quant à lui, à l'idée – comme le croit Caldwell[14] – que la thèse de Delisle n'a été acceptée que pour éviter

---

13. La référence que donne Khouri, pour le texte de Baby, est « À "contexte" contexte et demi », *Le Devoir*, 8 février 1992.

14. « Quand les membres non juifs du jury de thèse ont réclamé des corrections majeures, lesquelles étaient justifiées au plan académique, on leur a reproché de s'opposer à la thèse pour des raisons idéologiques » (Caldwell, 1994a : 26).

des accusations d'antisémitisme : « Ce ne sont pas les deux Juifs [Zylberberg et Weinberg] qui siégeaient au comité d'évaluation qui ont accepté la thèse, c'est l'Université Laval. On est en train de salir l'université ! » (Lachance, 1997 : 36).

La seule journaliste québécoise francophone à réellement appuyer les conclusions d'« Antisémitisme et nationalisme d'extrême droite » est Lysiane Gagnon. Elle écrit un éloge de l'auteure qui a réalisé un « livre courageux » et qui a dû passer par-dessus un blocus de l'Université Laval. Pour elle, il n'y a pas de critique qui tienne quant aux qualités scientifiques, puisque la thèse a été dûment acceptée. De plus, la journaliste constate que certains Québécois, particulièrement les membres de l'élite intellectuelle – vue aussi comme un bloc monolithique – refusent de regarder les pages sombres de leur histoire. Selon elle, les citations, peu importe le contexte, parlent d'elles-mêmes. Gagnon affirme en plus que les erreurs du livre ne sont que le problème de l'éditeur. Elle termine cependant l'article en rappelant, à propos de l'antisémitisme, que les intellectuels québécois des années 1930, 1940 et 1950 « n'ont pas sauté en bloc dans cet ignoble train » (Gagnon, 1993 : B3).

Tous les intervenants analysés ci-dessus profitent du fait que Delisle ne traite pas de la situation au Canada pour mieux pointer du doigt le Québec[15]. Pour les gens de *Cité libre,* c'est même l'occasion de s'en prendre aux nationalistes qui cherchent à retoucher, voire à quitter, la fédération canadienne. L'appui aux conclusions d'« Antisémitisme et nationalisme d'extrême droite » n'atteint toutefois pas son paroxysme avec eux.

RAMSAY COOK ET LA CRÉDIBILITÉ SCIENTIFIQUE

L'importance de la posture scientifique est particulièrement sensible dans le cas du très respecté historien Ramsay Cook, auteur de la préface de *The Traitor and the Jew*, la version anglaise du livre d'Esther Delisle. Il est le directeur du *Dictionnaire biographique*

---

15. On ne connaît pas les intentions de Gagnon, mais son discours s'assimile ici aux positions de certains ultras parmi les fédéralistes.

canadien, un des ouvrages encyclopédiques les plus importants au Canada, en plus d'avoir écrit d'importantes études sur le nationalisme d'ici. La préface de Cook n'a toutefois pas à être comprise selon les normes du champ scientifique. Son contenu se fonde davantage sur son option politique personnelle. En effet, cet historien est perçu comme étant un des principaux adeptes d'une vision trudeauiste du Canada, celle que nous avons signalée au début de cette partie. Il quitte même, en 1968, le Nouveau Parti démocratique pour aller encourager la course à la direction de Pierre Elliott Trudeau, car ce dernier refuse tout accommodement constitutionnel pour le Québec (McRoberts, 1997 : 72). Caldwell le regroupe avec d'autres historiens comme Michael Behiels, Michael Bliss, David Bercuson, de même que Mordecai Richler – un non-historien –, sous l'étiquette néolibérale (1994a : 20). Ainsi, ils partageraient cette vieille attitude libérale qui consiste à juger le nationalisme comme irrationnel par rapport aux droits individuels (Tamir, 1993 : 4). Pour eux, 1982 marquerait donc le moment où, au Canada, les droits de l'individu ont commencé à primer véritablement sur ceux de la collectivité (Caldwell, 1994a : 20). Conséquemment, il n'y a pas de place pour une *société distincte* dans le Canada, comme le demande certains nationalistes québécois. Devant ces explications, la préface de Cook devient plus compréhensible.

Aux yeux de ce dernier, Esther Delisle, après trois années d'études à l'International Centre for the Study of Anti-Semitism de l'université hébraïque de Jérusalem, est bien préparée « to make a detailed analysis of Quebec history during a period in which it had long been know that anti-Semitic sentiments, expressed in both French and English, had existed » (1993 : 11). Il résume le parcours inhabituel de la thèse de Delisle avant sa soutenance, en rappelant à ses lecteurs qu'une période normale d'attente pour la soutenance d'une thèse se situe entre trois et six mois et que celle-ci n'a pu être évaluée qu'après deux ans (1993 : 13). Même si l'historien canadien constate que l'analyse proposée par la thèse se fonde sur quatre objets d'étude précis, il insiste sur le fait qu'étudier « the leading nationalist historian Abbé Lionel Groulx, the leading nationalist daily newspaper, *Le Devoir,* the leading nationalist monthly, *L'Action nationale*, and the leading nationalist youth organization, *Jeune-Canada* », signifie étudier le principal courant nationaliste québécois des années 1930 (1993 : 12). Pour la méthodologie, Cook explique que le contexte « has successfully [been] placed, thus raising fundamental questions about the usable past, the essential narrative of modern Quebec nationalist discourse » (1993 : 13). Aux opposants de Delisle, il lance cette phrase assassine : « For nationalists everywhere, forgetting the past is at least as important as remembering it. The scandal of Esther Delisle's book is its insistence on the remembrance of *all* things past » (1993 : 14). Pour lui, la politologue est donc digne du champ scientifique. De plus, sa façon de traiter le contexte est correcte, car elle montre enfin les nationalistes d'aujourd'hui sous leur vrai jour, eux qui tentent de dénigrer ses constats en insistant justement sur la négligence du contexte. Pour Cook, qui admet sans insister que l'antisémitisme a aussi atteint les Anglo-Québécois, le problème est donc cette supposée persistance idéologique de Lionel Groulx dans le nationalisme québécois. Esther Delisle est alors bien plus qu'une victime : c'est une héroïne.

C'est au moment de la publication de *The Traitor and the Jew*[16], donc, qu'est lancée une réelle discussion des conclusions de Delisle. Plusieurs personnes des champs scientifique et médiatique émettent des commentaires dans le sens de Cook. Ils reprochent aux nationalistes de refuser de voir la vérité, ce qui les pousseraient à regarder subjectivement leur passé, ne traitent pas des problèmes de méthode et de fond d'« Antisémitisme et nationalisme d'extrême droite » et, pendant qu'ils pointent du doigt le Québec, ils omettent carrément de mentionner les traces d'antisémitisme présentes dans l'histoire canadienne (Decarie, 1993 ; Drolet, 1993 ; Gee, 1993 ; McGoogan, 1993 ; Wright, 1994 ; Aubin, 1996 ; E. Scott, 1998 ; S. Scott, 1998 ; Gagnon, 1998). Par exemple, un éditorial non signé insiste sur le refus des nationalistes québécois de se pencher sur leur passé. Cet éditorialiste du *Ottawa Citizen* les invite, comme le fera plus tard Gérard Bouchard, à changer d'attitude face à Groulx, « the man they revered », pour

---

16. La version anglaise s'est vendue à 4000 exemplaires et celle française, à 1000 (Roy, 1998 : B1).

FAUTE ET RÉPARATION AU CANADA ET AU QUÉBEC CONTEMPORAINS

faire taire les suspicions à leur égard[17]. À cet égard, il est possible de reprendre l'analyse de l'historien et politologue français Jean-Noël Jeanneney, énoncée il est vrai dans un autre contexte :

> *Pour valoriser une trouvaille, réelle ou illusoire, on exagère la représentativité du fait exhumé. Pour en augmenter la portée, on affirme qu'il témoigne pour des turpitudes que leurs auteurs ont eu le pouvoir pervers de dissimuler, l'absence de preuve étant finalement considérée plus démonstrative que la preuve elle-même. Pour dénoncer plus sûrement les coupables, on pratique l'amalgame. Pour mettre en exergue son propre courage, on multiplie les insinuations. […] Cette dérive se manifeste surtout lorsque le journaliste soi-disant historien se fait redresseur de torts et, par là, sort de son domaine. Il se donne la belle figure du justicier à retardement, mais sans aucune des garanties que peut offrir une procédure contradictoire* (Jeanneney, 1998 : 102).

Le littéraire Dominique Garand rappelle, quant à lui, les méfaits de juger le passé sur la place publique :

> *Les jugements catégoriques sont des obstacles à la pensée. Notre culture médiatique est tout engluée dans les jugements sommaires, les scandales construits de toutes pièces par des arrivistes, les mots d'ordre et les excommunications. […] On y discute jusqu'à la nausée de ce qui est « correct » et de ce qui ne l'est pas […]. On voudrait être certain de faire le bon choix, d'être du « bon côté » […]* (Garand, 1997 : 131).

L'intervention de deux historiens spécialistes de l'antisémitisme au Canada est des plus intéressantes. Irving Abella et Lita-Rose Betcherman appuient eux aussi les conclusions d'« Antisémitisme et nationalisme d'extrême droite ». Après tout, elles ressemblent à celles de leurs propres recherches, qui les avaient déjà amenés à souligner,

---

17. « Quebec nationalism » (1993), *The Ottawa Citizen*, 22 avril, p. A10.

à l'instar de la thèse de Delisle, l'antisémitisme présent au cours des années 1930 au Canada français (Abella, 1990 ; Betcherman, 1975). S'ils regrettent de ne pas voir ce fait accepté par les Québécois, et par les nationalistes en particulier, ils restent tout de même dans le champ scientifique, puisque les deux auteurs considèrent gravement le fait de ne pas traiter du contexte canadien (Abella, 1994 : 643 ; Betcherman, 1993 : C5). Un des commentaires d'Abella définit particulièrement leur intervention et leur appui aux constats de Delisle :

> *While some historians may object to Delisle's approach – she used a salvo when a stiletto might be more effective, and she scarcely pays any attention to the permeating anti-Semitism in much of English Canada – there is no doubt that is it an important book. Yes, it is partisan and passionate, but it is also thoroughly documented and detailed. Above all, despite the shrieks of present-day nationalists, it is convincing. There can no longer be any doubt that the intellectual, political, and clerical elite of Quebec during the 1920s and 1930s – with some notable exceptions such as Henri Bourassa and Olivar Asselin – was consumed by the « Jewish problem »* (Abella, 1994 : 643-644).

Le controversé nationalisme du chanoine, à la lumière des conclusions de la thèse de Delisle, est condamné, mais les deux historiens ne les récupèrent pas politiquement et ne tentent pas de les transposer dans le temps présent. Leur soutien est scientifique et cherche plutôt à propager une connaissance historique à partir d'une étude qu'ils jugent valable.

L'affaire Delisle débute dans un climat politique bouillant, lié à la question du nationalisme québécois. Ceux qui veulent préserver l'esprit de la Constitution de 1982 récupèrent la thèse d'Esther Delisle, car cette dernière y accuse Lionel Groulx, ancien leader nationaliste important dont la mémoire est commémorée au Québec, d'antisémitisme et de fascisme. Des agents du champ scientifique viennent appuyer cette thèse, mais en se cantonnant dans les champs politique et médiatique. Ils le font, bien souvent, en s'appuyant sur leur posture de scientifiques.

Il y a toutefois des exceptions, comme Irving Abella et Lita-Rose Betcherman qui, quant à eux, acceptent les conclusions de Delisle, mais en restant dans le champ scientifique. Donc, devant l'appui d'agents venant de ce champ, certains journalistes récupèrent aussi la thèse de Delisle pour faire un bon *scoop historique,* où ils jugent le passé oublié qui refait surface, plutôt que de le comprendre. Cette récupération ne reste toutefois pas sans réponse.

LES ARGUMENTS SCIENTIFIQUES AVANCÉS CONTRE LA THÈSE

Plusieurs personnes contestent la récupération que certains fédéralistes font des conclusions de Delisle. Ce groupe est principalement constitué de nationalistes rejetant le nationalisme ethnique et de membres du champ scientifique, principalement des historiens, qui refusent que l'histoire serve à une cause controuvée. Par contre, il y a aussi ceux qui profitent du dénigrement de Lionel Groulx pour lancer une contre-offensive apologétique.

LE SCOOP HISTORIQUE ET LES CRITIQUES DE LA THÈSE DANS L'ESPACE PUBLIQUE

Un des premiers commentaires négatifs concernant les conclusions de Delisle est celui de l'historienne Hélène Pelletier-Baillargeon et du directeur de la Fondation Lionel-Groulx, Jean-Marc Léger. Dans une lettre à *La Presse,* ils défendent Groulx, qu'ils considèrent comme « le principal artisan du redressement national et le précurseur de notre émancipation » (1991 : B2). Leur texte, toutefois, est avant tout une réplique à Agnès Gruda, qui leur reproche d'avoir tenu un colloque sur le chanoine sans avoir invité celle qu'elle désigne comme « historienne » à défendre sa position. L'éditorialiste de *La Presse* les accuse donc de vouloir cacher un pan de l'histoire québécoise, puisque Jack Jedwab, du Congrès juif canadien, est le seul invité à dénoncer avec vigueur l'antisémitisme de Groulx. Tous les autres participants préfèrent l'atténuer en le liant au contexte de l'époque (Gruda, 1991 : B2). En réponse, Pelletier-Baillargeon et Léger lui brandissent les cartes des normes universitaires et de l'attitude journalistique. En effet, ils réfutent les dires de l'éditorialiste, en s'appuyant sur l'argument – cela se déroule en décembre 1991 – que ladite thèse n'a pas encore reçu le verdict final de son jury d'évaluation. De plus, ils reprochent à la doctorante de s'accrocher au « wagon de la locomotive » de Mordecai Richler (1991 : B2), ce qui, à leurs yeux, montre que les attaques contre Lionel Groulx servent de prétexte pour discréditer le nationalisme québécois. En se voulant objectifs, Pelletier-Baillargeon et Léger cherchent à offrir une leçon de science historique à Gruda et à tous les journalistes qui, jusque-là, ont sauté sur la controverse. On peut douter du bien-fondé de leur utilisation du manque de qualification scientifique de Delisle comme excuse pour ne pas l'inviter à leur colloque, mais leur avis sur l'attitude journalistique est des plus intéressants, d'autant plus qu'ils sont presque les seuls à parler, un tant soit peu, de cette question. Leurs objections concernent la façon qu'ont eue les journalistes de déconsidérer Groulx sans vérification et de faire de Delisle une victime des nationalistes. Cela n'est pas sans rappeler le commentaire émis par Jeanneney, pour qui seul l'historien « fournira le recul qui remet à leur place des indignations trop expéditives et resitue des jugements rendus, d'une époque à l'autre, avec une ardeur fort inégale » (1998 : 91). En fait, l'historien français croit que les journalistes peuvent parfois faire de bons « scoops rétrospectifs », mais que trop souvent « la hâte journalistique à conclure entraîne vers les graves défauts de méthode qui nuisent à resituer les faits » (1998 : 101). Ces critiques à l'endroit des faiblesses des conclusions d'« Antisémitisme et nationalisme d'extrême droite » vont s'intensifier avec leur publication sous forme de livre.

Journaux, magazines et revues savantes, plus particulièrement après la publication de *The Traitor and the Jew*, publient comptes rendus et articles sur l'ouvrage de Delisle, où souvent les mêmes arguments que Anctil et de Lafleur sont émis. Tel est le cas avec Robert Saletti. Le chroniqueur du *Devoir* est le premier à faire paraître un compte rendu de *Le Traître et le Juif,* où il dénonce particulièrement l'absence de contexte. Ce vide, selon lui, empêche « de comprendre que l'antisémitisme est un trait dominant du discours social de l'époque – ce qui n'excuse rien bien sûr mais a l'avantage de montrer que l'idéologie n'est pas un système d'idées à caractère transhistorique » (1992 : D6). Ce compte rendu – « méprisant » selon Lysiane Gagnon (1993 : B3) – lui vaudra d'être pointé du doigt en tant que nationaliste groulxien, car, dans sa remise en contexte des nationalismes québécois, il omet la « tradition libérale » des Jean-Charles Harvey et cie, qui aurait « d'irritant qu'elle donne un démenti à l'idée que le nationalisme c'est la nation » (Khouri, 1995 : 97). Ce à quoi l'auteur répond : « Je suis content. Quand j'ai été attaqué dans le passé, ce fut le fait de nationalistes qui me trouvaient insensible à la cause québécoise. On m'a pris pour un fédéraliste […]. Mais jamais jusqu'ici on ne m'avait traité de nationaliste, encore moins de nationaliste "groulxiste" » (1995 : D4).

Un autre à s'attarder aux lacunes de la thèse de Delisle est Jean-François Nadeau, à l'époque étudiant à la maîtrise en science politique. Il écrit deux comptes rendus critiques dans les pages de *La Presse* (1993a ; 1993b) – auxquels répond Esther Delisle (1993b ; 1993c) –, qui sont plus tard résumés en un seul dans la revue *Recherches sociographiques* (Nadeau, 1994). L'étudiant est le premier à contester ouvertement l'utilisation que la politologue fait du catéchisme *La réponse de la race* (1936), dont l'auteur serait un certain Lambert Closse. Cet ouvrage contient cinq textes repris de Groulx et une dédicace en son honneur. Selon Gérard Bouchard, les écrits de l'abbé, au sein de ce recueil, n'y contiennent rien d'antisémite (2003a : 157). Par contre, Closse lui-même y tient des propos haineux envers les Juifs, récupérant même *Les protocoles des Sages de Sion*[18]. Delisle,

---

18. Au tournant du XXᵉ siècle, des membres de la police secrète russe concoctent, en France, ce qui deviendra une des plus célèbres falsifications de l'histoire. En modifiant un vieux document antibonapartiste datant de 1864, ils créent *Les protocoles des Sages de Sion*. Sous un couvert faussement officiel, ils cherchent à montrer la véracité de ce vieux mythe du complot juif international. Son contenu décrit comment les leaders du peuple juif seraient en train d'intriguer pour une future domination du monde. À l'origine, destinés à la seule personne du tsar pour discréditer les modernisateurs au sein du gouvernement russe, *Les protocoles* atteignent, à travers les pages du *Times* de Londres, une portée internationale en 1920. Même si le quotidien annonce,

sachant que le nom Lambert Closse est un pseudonyme, considère Lionel Groulx comme l'auteur vraisemblable de *La réponse*. Elle n'a aucune preuve concrète, mais indique aux lecteurs que « cet ouvrage est collectif et [que] tous ceux qui ont participé à sa rédaction en portent la responsabilité » (1992b : 43). Elle se montre encore plus certaine, plus loin dans son livre, lorsqu'elle désigne l'auteur du catéchisme sous le nom de « Lionel Lambert Closse » (1992b : 184). Nadeau, après recherche, rappelle que l'auteur réel est en fait l'abbé J.-Henri Guay. Ce dernier a voulu recevoir la bénédiction de Groulx pour la dédicace, mais le leader nationaliste n'a jamais répondu à ses demandes, ce qui n'était pas, semble-t-il, dans ses coutumes (1993a : B3).

Dans son article sur les affaires Delisle et Richler, Caldwell parle d'entrevues « très flatteuses » avec la docteure en science politique, parmi lesquelles il inclut celle de Charles Foran, parue dans *Saturday Night* (1994a : 17). À notre avis, cette interview ne devrait pas être qualifiée ainsi. Si l'on y retrouve bel et bien une entrevue avec Delisle, Foran n'hésite toutefois pas à faire dérouler les faiblesses des conclusions d'« Antisémitisme et nationalisme d'extrême droite », les unes après les autres, et se désole, conséquemment, de leur récupération politique. Il rappelle même que son magazine, au XIXe siècle, a aussi eu des tendances antisémites (1993 : 34). Le ton et l'ardeur utilisés pour dénoncer l'antisémitisme des groulxistes est aussi reproché à Delisle par le journaliste. Selon Foran, cela n'a fait qu'ouvrir la porte aux attaques inopportunes envers le nationalisme québécois actuel (1993 : 76).

Les critiques augmentent avec la diffusion de l'article de Gary Caldwell. Sans revenir sur les arguments de l'ancien sociologue de l'Université Bishop's, nous voulons montrer ici l'impact moyen – et avec au moins deux ans de retard – qu'ils y ont eu. Son article « Le discours sur l'antisémitisme au Québec et l'orthodoxie néo-libérale au Canada » paraît en anglais, quelques mois à peine après sa publication

---

dès 1921, que ce pamphlet est le produit d'une vaste supercherie, antisémites et, depuis 1948, adversaires de l'État d'Israël y trouvent leur compte, même s'il est prouvé hors de tout doute que *Les protocoles* ne constituent qu'une pantalonnade.

en français, dans la revue *Literary Review of Canada*. Il fait alors peu de vagues. Toutefois, à cause de la mise en demeure pour diffamation que Delisle (Lachance, 1997 : 36)[19] fait parvenir à Caldwell, certains médias anglophones finissent par s'y intéresser (Bagnall, 1996 ; Unland, 1996 ; Lamey, 1999)[20]. L'ancien professeur – à qui un article du *National Post* présume une affiliation avec le Parti québécois, ce qu'il nie (Lamey, 1999 : D5)[21] – est bien perçu, car il avance des arguments rationnels et non passionnels. Par la suite, il est possible de remarquer que les médias anglophones deviennent plus suspicieux à propos de la thèse d'Esther Delisle, et ce, même s'ils veulent entendre son avis durant l'affaire Jean-Louis Roux. Il est aussi à noter que *L'Actualité*, à la suite de cet événement, dilue considérablement, voire retire, son appui aux conclusions d'« Antisémitisme et nationalisme d'extrême droite » (Lachance, 1997). Les opposants de la thèse peuvent donc profiter, à satiété, des problèmes de fond et de méthode pour reléguer son auteure aux seuls champs politique et médiatique. Toutefois, cela ne doit pas cacher une autre récupération de certains opposants, récupération fondée sur des motifs différents.

L'AUTRE RÉCUPÉRATION

Certaines personnes profitent de l'affaire Delisle pour faire l'apologie de Lionel Groulx. Mentionnons le nom de Jean Éthier-Blais, nationaliste canadien-français bien connu, ancien professeur de littérature à McGill et auteur d'une réplique à l'ouvrage de Delisle. Pour lui, la pensée du petit abbé est un des principaux piliers du nationalisme

---

19. Esther Delisle, elle-même, dans l'article de Lachapelle, ajoute au sujet de sa mise en demeure : « ça ne m'a pas coûté un sou. Les avocats de Heenan Blaikie [cabinet d'avocats où œuvrait Pierre Elliott Trudeau et œuvre toujours Pierre-Marc Johnson] s'en sont chargés ! » (1997 : 36).

20. Cette mise en demeure pousse Caldwell à publier quelques rectifications concernant le contenu de son article (Caldwell, 1994b). Elles sont aussi disponibles dans la version papier du magazine *L'Agora*, de septembre 1994 (vol. 2, n° 1).

21. En fait, cette présomption d'être péquiste vient de Khouri, qui affirme même qu'il est « proche de l'aile ultra » du Parti québécois (1995 : 109).

québécois. En fait, il constitue même le pilier central, celui que l'on doit faire tomber pour que tout l'édifice s'effondre :

> *Nos ennemis l'attaquent, comme autrefois les soldats de quelque César cherchaient d'abord à faire sauter le battant principal de la ville assiégée, car si le bélier brisait cette porte, la ville tombait assurément. [...] Ses élèves l'admiraient, car il nous racontait sans ambages l'histoire de notre pays. L'histoire a cette vertu de faire naître le patriotisme en ceux qui l'aiment. Je comprends parfaitement, dans cette optique, que des régimes à la solde d'une idéologie dont le but est de nous ramener à l'état folklorique aient réduit à la portion congrue l'enseignement de l'histoire dans les écoles* (Éthier-Blais, 1993 : 7-8).

Toutes les attaques contre Groulx sont, à ses yeux, la meilleure façon pour les ennemis du Québec de « nous [les Québécois] empêcher d'aller de l'avant » (1993 : 9). Bien sûr, cette situation a pris racine grâce à ces « bavards marxisants » qui ont « désagrégé l'intellect d'une partie de notre jeunesse » (1993 : 10) après le départ de son coryphée... Esther Delisle utilisera même, dans l'introduction de son livre, une citation d'Éthier-Blais, parue dans *Le Devoir*, pour confirmer ce qu'elle considère être l'intransigeance des nationalistes à son égard : « Si on réussit à battre l'abbé Groulx, à détruire le mythe, le Québec est fini. On veut le raser, comme le collège de Sudbury... en oubliant de le situer dans une autre époque, un autre langage » (Delisle, 1993 : 23).

Le professeur de McGill n'est pas le seul laudateur de Groulx. Notons deux autres cas, dont, pourtant, la façon de réagir est fort différente l'une de l'autre. En premier lieu, Léandre Fradet, militant nationaliste, partage sensiblement la même opinion que le littéraire à propos de la récupération des conclusions de Delisle. Toutefois, pour lui, le symbolisme de Lionel Groulx ne s'arrête pas au nationalisme québécois. Dans l'opposition du chanoine au libéralisme, Fradet voit quelque chose de quasi prophétique :

> *Cette dame* [Esther Delisle] *reproche à cet humaniste lucide, perspicace, de s'être élevé contre la permissivité du libéralisme. Le prophète avait-il tout à fait tort ; ne*

pressentait-il pas ce qui s'en venait ? Les événements actuels ne donnent-ils pas raison à son inquiétude d'alors, à sa clairvoyance : tentatives de suicide, suicide alarmant, tuerie, meurtres, séparation, divorce, dénatalité, avortement, violence conjugale, relâchement moral, drogue, mode désinvolte, agressions sexuelles, manque de respect envers autrui et les maltraités, familles monoparentales, concubinage, désœuvrement, et quoi encore ! (Fradet, 1992 : 95)

Il est possible de voir ici l'absence d'argument scientifique et le seul élan passionnel. Cependant, Fradet ne se réclame pas du champ scientifique. Ce qui n'est pas le cas chez Pierre Trépanier, historien de l'Université de Montréal, collaborateur à la publication de la correspondance de Lionel Groulx et homme de droite avoué. Il intervient à quelques reprises dans le chaud dossier de l'affaire Delisle, mais toujours selon sa posture de professeur d'histoire et en respect des normes du champ scientifique (1993 ; 2002). Il cherche à défendre le chanoine, mais toujours en démontant, sur de solides preuves, les arguments de ses adversaires. Par contre, lorsqu'il se retrouve au centre d'un débat le concernant personnellement, Trépanier sort du champ scientifique. Renvoyé de la direction de la *Revue d'histoire de l'Amérique française* pour avoir écrit dans un magazine de droite, le réputé historien ne peut alors s'empêcher de s'écrier : « Honneur à Lionel Groulx ». De plus, il rajoute qu'il a un « devoir de reconnaissance » envers ce dernier. Cet élan lui vient pourtant quand il s'explique sur ses liens avec la droite et non avec le défunt abbé (Trépanier, 1992 : B10). La contestation par les gens de la droite nationaliste encourage donc la croyance en cette continuité idéologique de Groulx parmi les nationalistes québécois d'aujourd'hui.

Cependant, la réaction de la droite nationaliste n'est pas nécessairement ce qu'il y a de plus notable, même si certains fédéralistes tentent de la mettre de l'avant. La question de ceux qui, nationalistes ou non, refusent simplement de donner crédit à la récupération politique ou médiatique des conclusions de Delisle n'a jamais été traitée. Ces gens ne veulent pas accepter qu'une vision polémique du Canada, où les nationalistes québécois se verraient accabler de tous les torts à cause de possibles mauvais aspects d'un ancien penseur nationaliste depuis longtemps décédé et dépassé idéologiquement. Les arguments du champ scientifique leur importent moins. Deux des plus importants éditorialistes des médias anglo-canadiens, Dan MacPherson (1992), de la *Gazette*, et Graham Fraser, (1992) du *Globe and Mail*, interviennent en ce sens. Leurs articles respectifs ne concernent pas directement l'affaire Delisle, mais bien le sombre portrait du Québec qui en découle. Ils dénoncent surtout cette image d'une province noyée dans l'antisémitisme et abrutie à l'idéologie groulxiste. Fraser affirme même que cela ne fait qu'encourager les Québécois à se sentir « en état de siège » et à être sur la défensive. Il rappelle aussi que les Canadiens eux-mêmes oublient, dans tout ce débat, de se pencher sur les pages sombres de leur propre histoire (Fraser, 1992 : D3). Caldwell, quant à lui et en dépit de la posture scientifique de son article, se laisse aller à une échappée dans le champ politique :

> *En acquiesçant à un travail académique qui, sans fondement suffisant, qualifie les principaux courants du nationalisme canadien-français d'antisémitisme virulent et quasi-fasciste au point de ressembler à du Nazisme* [sic], *l'université* [sic] *Laval est coupable de déloyauté envers la communauté qui l'a fait naître, le Canada français. Coupable de déloyauté également envers le Canada dont la culture politique est en pleine érosion sous la pression d'une orthodoxie néo-libérale qui saborde la légitimité de notre histoire commune, la seule que nous ayons et sans laquelle il n'y aurait pas de Canada ou de Québec francophone aujourd'hui* (Caldwell, 1994a : 26).

Dans toute l'affaire Delisle, un historien québécois de renom intervient aussi scientifiquement que Caldwell : Gérard Bouchard. Tout d'abord, dans une conférence résumée dans *Le Devoir*, il expose son avis à propos de la toponymie liée à Groulx. Pour lui, il n'y a pas d'inconvénient à cela, étant donné que le chanoine « a eu le grand mérite de réactiver la conscience historique québécoise » (Bouchard, 1997 : A7). Cependant, d'autres aspects de son œuvre suscitent un profond malaise, « le disqualifiant », selon les mots de Bouchard, « comme figure emblématique du nationalisme actuel » (1997 : A7). Il admet que le travail de Delisle constitue « une mauvaise thèse, dépourvue de nuances, qui visait plus à régler des comptes qu'à faire comprendre un personnage complexe dont la pensée révèle des ambiguïtés » (1997 : A7). Mais voilà, il y a tout de même eu l'affaire Delisle, la controverse sur l'antisémitisme québécois et cet attachement des nationalistes de droite à la pensée de Groulx. Le chanoine pourrait donc être considéré comme un des principaux fondements du nationalisme moderne québécois, mais il prête trop facilement aux critiques. Pour l'auteur de *Quelques arpents d'Amérique*, il faut plutôt mettre de l'avant « des figures exemptes d'ambiguïtés, représentatives des nouvelles valeurs que le nationalisme actuel s'emploie à promouvoir ». Ici, le champ scientifique devrait donc se mettre au service du champ politique, en lui offrant les *bons héros*. On peut se poser la question, car la journée même de la parution de l'article, le député Richard Le Hir en use pour appuyer sa motion visant à condamner le nationalisme ethnique au Québec[22].

Bouchard en remet, en 2003, alors qu'il publie *Les deux chanoines*. Suivant les règles du champ scientifique, il indique les erreurs d'« Antisémitisme et nationalisme d'extrême droite », pour montrer qu'il s'agit bien d'une « mauvaise thèse ». Par contre, pour soutenir ses propres arguments sur l'ambiguïté de l'ancien historien, il agit tout comme Delisle en sortant les citations de leur contexte pour nous présenter le portrait d'un homme en proie à plusieurs contradictions[23]. À

---

22. « Journal des débats » [en ligne] [http://www.assnat.qc.ca/archives-35leg2se/fra/Publications/debats/JOURNAL/CH/970326.htm#970326004] (20 février 2005).

23. À notre avis, avec la méthode employée par Bouchard, on se retrouve devant les mêmes problèmes de fond et de méthode que dans « Antisémitisme et nationalisme d'extrême droite ». Les citations sont prises hors contexte, les différents types de sources – discours, roman, études, correspondance, etc. – sont mis sur le même pied et il n'y a pas de présentation systématique des œuvres groulxiennes. Le débat reste ouvert et nous vous proposons, à ce

la fin, le lecteur se retrouve donc avec une image – peut-être biaisée – de Groulx qui, bien sûr, ne concorde pas avec l'esprit du « siècle dans lequel nous entrons [qui] est celui de la diversité culturelle et de la conciliation » (2003a : 251). À la suite du constat de Bouchard, on peut s'interroger quant au rôle du disciple de Clio : chercheur de vérité ou styliste pour une société aux prises avec un malaise avec son passé ?

Les opposants aux conclusions d'Esther Delisle ont eu l'avantage, dans les champs politique et médiatique, de pouvoir se présenter non seulement avec la posture que leur confère leur appartenance, pour la plupart, au champ scientifique, mais aussi d'assumer ce rôle. Cela n'a toutefois pas empêché une récupération par les thuriféraires de Groulx, pour tenter de remettre leur mentor à l'avant-plan du courant nationaliste. La réponse de Bouchard à ces deux récupérations est des plus fascinantes : il condamne la thèse, mais donne raison à sa récupération dans le champ politique et médiatique, en voulant dissimuler la figure controversée de Lionel Groulx derrière des symboles plus *intégrateurs*.

*
*   *

L'affaire Delisle commence avec un article dans *L'Actualité*, où Esther Delisle, doctorante en science politique, dévoile les conclusions de sa thèse sur l'antisémitisme et le nationalisme d'extrême droite au Québec dans les années 1930. Elle y parle de l'antisémitisme et du fascisme de Lionel Groulx, qu'elle présente comme le premier penseur du nationalisme moderne, et du *Devoir*. Étant donné le contexte politique, les opposants aux nationalistes québécois reprennent ces constats pour les dénigrer à travers les médias. Toutefois, ils se préoccupent peu de la qualité de la thèse universitaire qu'ils brandissent : elle confirme

---

propos, la lecture de deux comptes rendus, celui de Joseph-Yvon THÉRIAULT – voir *L'Action nationale*, 93/8 (octobre 2003) : 46-51 – et celui de Susan MANN – voir *Revue d'histoire de l'Amérique française*, 57/2 (automne 2003) : 265-268. Bouchard répond aussi à ses détracteurs, dans *La pensée impuissante* (Montréal, Boréal, 2004).

leurs croyances et cela suffit. En fait, ils utilisent même les critiques qui lui sont faites au Québec pour lier l'idéologie nationaliste moderne à celle que Delisle présente de Groulx. Certains, comme Ramsay Cook, cherchent ainsi à favoriser leur conception politique du pays, c'est-à-dire celle qui est proclamée dans la Constitution de 1982. En agissant de la sorte, ils créent une représentation polémique du pays, où seul le Québec, à cause du nationalisme dont Groulx serait le « père », semble avoir été frappé par le problème antisémite. Plusieurs personnes s'y opposent, en se fondant sur des arguments provenant du champ scientifique et en expliquant la réalité historique. En agissant de la sorte, ils veulent surtout dévoiler les problèmes de crédibilité de la thèse. Gérard Bouchard, quant à lui, préfère demander que le nationalisme québécois s'associe à d'autres symboles plus « intégrateurs », pour éviter que ce mouvement se retrouve encore aux prises avec ce genre de polémique.

On peut donc affirmer que les problèmes de fond et de méthode de la thèse, selon la conception des règles du jeu en vigueur dans le champ scientifique, invalident la thèse et la publicité faite par les médias à « Antisémitisme et nationalisme d'extrême droite dans la province de Québec 1929-1939 », tout en entraînant une dérogation à ces règles. Les conclusions de la thèse sont rapidement reprises par des acteurs des champs politique et médiatique. Certains professionnels de la parole les utilisent pour discréditer les nationalismes québécois – considérés comme un bloc monolithique –, y voyant la confirmation d'un Lionel Groulx, « père du nationalisme moderne », foncièrement antisémite et fasciste. Des journalistes saisissent également au vol un bien intéressant *scoop historique*. Les opposants de la thèse, venant du champ scientifique comme politique, tentent de réduire sa portée. D'une part, en contestant sa crédibilité dans le champ scientifique, parce qu'elle ne répond pas à ses normes. D'autre part, en critiquant la vision polémique et doctrinaire des partisans de la thèse d'Esther Delisle. Il est important de noter que les camps ne sont pas scindés selon la langue ou le groupe culturel d'appartenance, mais bien selon une opinion politique. Il y a ceux qui aspirent à un pays acquis aux principes trudeauistes et d'autres, qui sans être nécessairement nationalistes, sont prêts à des accommodements. Rappelons aussi les positions de Betcherman et Abella qui appuient les conclusions de la thèse de Delisle. Ceux-ci regrettent que ce qu'ils jugent être la vérité ne soit pas accepté par les nationalistes, mais ils ne cherchent pas non plus à le lier à l'antisémitisme de Lionel Groulx, au *Devoir*, à *L'Action nationale* et aux *Jeune-Canada*. De même, il n'y a pas que récupération chez ceux qui soutiennent lesdites conclusions. Certains parmi les opposants profitent de l'impact médiatique pour faire une apologie de Lionel Groulx. De chaque côté, des professionnels de la parole tentent donc de faire avancer leur cause.

La question des usages du passé est fort intéressante dans l'affaire Delisle. Deux des plus importants et compétents historiens du Canada et du Québec profitent de l'affaire Delisle pour faire avancer leur propre projet politique. Gérard Bouchard semble tirer profit de l'affaire Delisle pour montrer l'importance de la redéfinition des mythes québécois et trouver des *visages présentables* au mouvement nationaliste québécois. Ramsay Cook, quant à lui, cherche à préserver les valeurs canadiennes associées à la Constitution de 1982 en dénigrant les nationalistes du Québec. Ces sorties du champ scientifique au profit du champ politique par des professionnels de la parole qui conservent et profitent de leur stature scientifique laissent perplexes. Le rôle de l'historien est de tenter le plus objectivement possible de rechercher la vérité des événements passés et non de les mettre au goût du jour. En agissant ainsi, Bouchard et Cook agissent de la même façon que certains journalistes avec le *scoop historique*. C'est de cette façon que Groulx vient à prendre ses airs de « battant principal de la ville assiégée », puisqu'il semble dès lors devenir l'élément central à la compréhension d'un certain passé. Pourtant, ce dernier, qu'il soit antisémite ou non, fasciste ou non, conservateur ou libéral, n'a pas été mieux compris, tout comme l'histoire du nationalisme québécois, qui n'a rien d'un bloc monolithique, et des préjugés raciaux dans l'ensemble du Canada. En fait, la méconnaissance de certains faits demeure, étant dissimulés derrière tout ce tapage. Devant cette situation, il est primordial que les historiens d'ici se penchent sur leur rôle et leur place au sein de la société québécoise. Cette réflexion s'impose pour bloquer ces *scoops historiques* qui prennent trop d'ampleur dans l'espace public et qui retardent trop souvent la diffusion de connaissances historiques mieux fondées.

BIBLIOGRAPHIE

ABELLA, Irving (1990), *A Coat of Many Colors : Two Centuries of Jewish Life in Canada,* Toronto, Lester & Orpen Dennys.

ABELLA, Irving (1994), « Book review », *Canadian Historical Review,* vol. LXXV, n° 4, p. 642-645.

ABLEY, Mark (1992), « French-language publisher is an anglo », *The Gazette,* 5 septembre, p. J3.

ANCTIL, Pierre (1988), Le Devoir, *les Juifs et l'immigration,* Québec, Institut québécois de recherche sur la culture.

ANCTIL, Pierre (1995), « Réponse à Esther Delisle sur l'antisémitisme. Entretien avec Pierre Anctil », dans André CHAMPAGNE, *Le Québec contemporain,* Saint-Laurent/Sillery, Société Radio-Canada/Septentrion, p. 55-68.

ANCTIL, Pierre (2001), « Introduction du traducteur », dans Israël MEDRESH, *Le Montréal juif entre les deux guerres,* Sillery, Septentrion, p. 9-28.

ANGENOT, Marc (1998), « Mythes, mémoire et mensonges », *Cité libre,* vol. XXVI, n° 5, p. 104-107.

ANGERS, François-Albert (1992), « Erreurs sur la personne », *La Presse,* 18 octobre, p. B2.

AUBIN, Benoît (1996), « A dismaying past of fascism », *The Globe and Mail,* 9 novembre, p. A10.

BAGNALL, Janet (1991), « Lionel Groulx's legacy of racial purity : Ideas of "Father" of modern Quebec tainted by fascism, racism », *The Gazette,* 13 juillet, p. B4.

BAGNALL, Janet (1996), « Author takes on Nazi hunt », *The Gazette,* 13 juillet, p. B1.

BETCHERMAN, Lita-Rose (1975), *The Swastika and the Maple Leaf : fascist movements in Canada in thithirties,* Toronto, Fitzhenry & Whiteside.

BETCHERMAN, Lita-Rose (1993), « Dark past comes to light », *The Globe and Mail,* 3 juillet, p. C5.

BOUCHARD, Gérard (1997), « Le Québec et la diversité », *Le Devoir,* 26 mars, p. A7.

BOUCHARD, Gérard (2003a), *Les deux chanoines : contradiction et ambivalence dans la pensée de Lionel Groulx,* Montréal, Boréal.

BOUCHARD, Gérard (2003b), « À propos des deux chanoines », *Le Devoir*, 1er mai, p. A7.

CALDWELL, Gary (1994a), « La controverse Delisle-Richler : Le discours sur l'antisémitisme au Québec et l'orthodoxie néo-libérale au Canada », *L'Agora*, vol. I, n° 9, p. 17-26.

CALDWELL, Gary (1994b). « Le discours sur l'antisémitisme au Québec, rectifications », *L'Agora : le magazine,* vol. II, n° 1 [en ligne]. [http://agora.qc.ca/liens/gacaldwell.html] (20 février 2005).

CHARTRAND, Luc (1991), « Le chanoine au pilori », *L'Actualité*, vol. XVI, n° 10 (15 juin), p. 114-115.

COOK, Ramsay (1993), « The remembrance of all things past », dans Esther DELISLE, *The Traitor and the Jew. Antisemitism & the Delirium of Extremist Right-Wing Nationalism in French-Canada from 1929-1939,* Montreal, Robert Davies Publications, p. 11-14.

DECARIE, Graeme (1993), « Hammer blows to a disquieting chapter in history », *The Gazette*, 10 avril, p. E13.

DELISLE, Esther (1992a), « Antisémitisme et nationalisme d'extrême droite dans la province de Québec 1929-1939 ». Thèse de doctorat, Québec, Université Laval.

DELISLE, Esther (1992b), *Le traître et le Juif. Lionel Groulx,* Le Devoir *et le délire du nationalisme d'extrême droite dans la province de Québec 1929-1939,* Outremont, L'Étincelle. (Coll. « Pluralisme ».)

DELISLE, Esther (1993a), *The Traitor and the Jew : Anti-Semitism and Extreme Right-Wing Nationalism in Quebec from 1929 to 1939*, Montréal, Robert Davies. (Coll. « Food for thought », 2.)

DELISLE, Esther (1993b), « Groulx ou l'antisémitisme "serein"... », *La Presse*, 12 juin, p. B3.

DELISLE, Esther (1993c), « Lire le délire de haine que Groulx crache à la figure du Juif symbolique fait mal », *La Presse*, 12 juillet, p. B2.

DROLET, Daniel (1993), « A tarnished icon : Quebec author ruffles feathers with portrait of Lionel Groulx as anti-Semite dreams of racial purity », *The Ottawa Citizen*, 25 avril, p. D4.

DUBÉ, Francine (2002), « Exposing Quebec's shameful secret », *National Post*, 27 avril, p. B1.

ÉTHIER-BLAIS, Jean (1993), *Le siècle de l'abbé Groulx*, Montréal, Leméac.

FEUERWERKER, Elie (1983), « Tourner la tête, ne rien voir », *Le Devoir*, 27 octobre, p. 14.

FONTAINE, Mario (1991), « Lionel Groulx : "de petites phrases gênantes" », *La Presse,* 10 décembre, p. B5.

FORAN, Charles (1993), « That book of Esther's », *Saturday Night*, 30 octobre, p. 30-34-76.

FRADET, Léandre (1992), « Lionel Groulx », *L'Action nationale*, vol. LXXXII, n° 1, p. 92-96.

FRASER, Graham (1992), « O Richler ! The debate is all about pain », *The Globe and Mail,* 4 avril, p. D3.

GAGNON, Lysiane (1993), « Sujet tabou », *La Presse*, 18 février, p. B3.

GAGNON, Lysiane (1998), « D'Esther Delisle à Pierre Asselin », *La Presse*, 13 octobre, p. B3.

GARAND, Dominique (1997), « Éléments de réflexion en vue d'une approche non hystérique de Lionel Groulx », *Les Cahiers d'histoire du Québec au XXe siècle,* n° 8 (automne), p. 130-150.

GEE, Marcus (1993), « Daring to use the A-word », *The Globe and Mail,* 25 novembre, p. E1-E2.

GENEST, Jacques (1983a), « Trop méconnu », *Le Devoir*, 22 octobre, p. VI (cahier 4).

GENEST, Jacques (1983b), « Lionel Groulx n'était pas le raciste qu'on dit », *Le Devoir*, 4 novembre, p. 7.

GRUDA, Agnès (1991), « Le chanoine consigné », *La Presse,* 12 décembre, p. B2.

JEANNENEY, Jean-Noël (1998), *Le passé dans le prétoire. L'histoire, le juge et le journaliste,* Paris, Seuil.

JONES, Richard (1994), « Soulever la polémique, ou faire avancer la connaissance ? Critique d'Esther Delisle, *Le traître et le juif. Lionel Groulx,* Le Devoir *et le délire du nationalisme d'extrême droite dans la province de Québec 1929-1939,* Montréal, L'Étincelle éditeur, 1992, 284 p. », *Bulletin. Association d'histoire politique*, vol. II, n° 3, p. 33-35.

« Journal des débats » (1997) [en ligne]. [http://www.assnat.qc.ca/archives-35leg2se/fra/Publications/debats/JOURNAL/CH/970326. htm#970326004] (20 février 2005).

KHOURI, Nadia (1995), *Qui a peur de Mordecai Richler ?*, Montréal, Éditions Balzac.

L'Actualité (1991), « Qui a peur d'Esther Delisle ? », *L'Actualité*, vol. XVI, n° 19 (1er décembre), p. 9.

LACHANCE, André (1997), « Celle par qui le scandale arrive », *L'Actualité*, vol. XXII, n° 4 (15 mars), p. 34-36.

LAMEY, Andy (1999), « Retraction or correction ? A war of words between two Quebec intellectuals over the methodology used in an academic thesis about anti-Semitism has escalated into a heat-seeking missile aimed at proving dishonesty », *National Post*, 29 mars, p. D5.

LEGAULT, Josée, « Compte rendu : *Le traître et le juif. Lionel Groulx,* Le Devoir, *et le délire nationaliste d'extrême droite dans la province de Québec 1929-1939* », *Canadian Journal of Political Science/Revue canadienne de science politique*, vol. XXVII, n° 1, p. 168-170.

LÉVESQUE, Andrée (1995), « Book Review : *The Traitor & the Jew. Antisemitism & the Delirium of Extremist Right-Wing Nationalism in French-Canada from 1929-1939* », *Canadian Ethnic Studies*, vol. XXVII, n° 1, p. 157-158.

LISÉE, Jean-François (1991), « Québec antisémite ? Non coupable ! », *L'Actualité*, vol. XVI, n° XIX (1er décembre), p. 17-22.

MACPHERSON, Don (1992), « Lionel Groulx's influence died with the failure of far-right nationalism », *The Gazette,* 18 février, p. B3.

MCGOOGAN, Ken (1993), « Anti-semitic revelation sparks tempest in Quebec », *The Calgary Herald*, 3 décembre, p. F4.

MCROBERTS, Kenneth (1997), *Misconceiving Canada : The Struggle for National Unity,* Don Mills, Oxford University Press.

Mémoire de maîtrise. Du début de la rédaction à la diplomation, (1995), Faculté des études supérieures, Québec, Université Laval.

NADEAU, Jean-François (1993a), « Esther Delisle et l'abbé Lionel Groulx : une recherche incomplète et partiale », *La Presse,* 3 juin, p. B3.

NADEAU, Jean-François (1993b), « Esther Delisle : la controverse se poursuit... », *La Presse*, 19 juin, p. B3.

NADEAU, Jean-François (1994), « Compte rendu : Esther DELISLE, *Le traître et le Juif. Lionel Groulx,* Le Devoir, *et le nationalisme d'extrême droite dans la province de Québec 1929-1939,* Montréal, Étincelle éditeur, 1992, 284 p. », *Recherches sociographiques*, vol. XXXV, n° 1, p. 121-124.

PELLETIER-BAILLARGEON, Hélène, et Jean-Marc LÉGER (1991), « Le chanoine sur la place publique », *La Presse*, 27 décembre, p. B2.

« Quebec nationalism » (1993), *The Ottawa Citizen*, 22 avril, p. A10.

RICHLER, Mordecai (1991), « J'aime le Québec et j'y vis par choix », *La Presse*, 7 octobre, p. B3.

ROY, Mario (1998), « Esther Delisle : continuons le combat ! », *La Presse*, 17 mai, p. B1.

SALETTI, Robert (1992), « Dois ce que fais », *Le Devoir*, 26 septembre, p. D6.

SALETTI, Robert (1995), « P'tit Québec et vaste monde », *Le Devoir*, 1er avril, p. D4.

SCOTT, Eric (1998), « Quebec's repressed memory », *The Jerusalem Report*, 6 juillet, p. 55.

SCOTT, Sarah (1998), « The lonely passion of Esther Delisle », *Christian Action for Israel ; Anti-Semitism and Holocaust* (avril) [en ligne]. [http:// christianactionforisrael.org/antiholo/delisle.html] (20 février 2005)

TAMIR, Yael (1993), *Liberal Nationalism,* Princeton, Princeton University Press.

Thèse de doctorat. Du début de la rédaction à la diplomation, (1995), Faculté des études supérieures, Québec, Université Laval.

TRÉPANIER, Pierre (1992), « Plaidoyer d'un homme de droite », *Le Devoir*, 16 décembre, p. B10.

TRÉPANIER, Pierre (1993), « Un monde entre Lionel Groulx, Adrien Arcand et Hitler », *Le Devoir*, 31 mars, p. A7.

TRÉPANIER, Pierre (2002), « Un film qui joue avec la vérité », *Le Devoir*, 7 mai, p. A9.

UNLAND, Karen (1996), « Wearing swastika in 1942 reflected the time », *The Globe and Mail*, 6 novembre, p. A10.

WRIGHT, Donald A. (1994), « The traitor and the Jew », *Canadian Woman Studies/Les cahiers de la femme*, vol. XIV, n° 4, p. 121-122.

ZERBISIAS, Antonia (1992), « Student's thesis raises ruckus in Quebec », *Toronto Star*, 22 février, p. D5.

« Zvi Weinberg »[s.d.] [en ligne]. [http://www.knesset.gov.il/mk/eng/mk_eng. asp ?mk_individual_id_t=48 Knesset] (20 février 2005).

L'AFFAIRE JEAN-LOUIS ROUX OU L'EXPRESSION D'UNE CRISE PROFONDE DU PLURALISME CULTUREL CANADIEN, 1996

Amélie Bolduc
Université Laval

Montréal, mai 1942. La « Belle Province » est en proie à un déchirement sociopolitique hors du commun ; prononcées fièrement au début du deuxième conflit mondial en un peu plus d'une génération, les promesses de William Lyon Mackenzie King faites au Québec relativement à la conscription outremer auront duré moins d'un an et demi. Dans les rues de la métropole, les manifestations s'organisent. Poussé par un anti-impérialisme britannique virulent, exacerbé ultimement par un sentiment de trahison aigu, c'est une forme agressive et revendicatrice de nationalisme canadien-français qui s'exprime durant l'année 1942 au Québec. Parmi les auteurs spécialistes de la question, il fut souvent question de nationalisme dit « traditionnel », ou de « clérico-nationalisme » (Linteau, Durocher, Robert et Ricard, 1998 : 114).

Près de 55 ans plus tard, le visage du Québec s'est radicalement transformé ; sous l'impulsion de la Révolution tranquille, la dimension religieuse autrefois omniprésente du nationalisme *canadien-français* a définitivement perdu son sens. C'est une société modernisée, laïque et surtout en proie à des tensions sociales fort vives qui accueillera, pour ainsi dire, l'affaire Jean-Louis Roux. Pas même un an après l'échec du oui au référendum, la révélation des « erreurs de jeunesse » d'un fédéraliste de la conviction de Roux ne pouvaient, à tout le moins, que semer la controverse. Artiste respecté, mais aussi détesté par certains pour ses convictions fédéralistes dont il aimait faire part dans l'espace public, Roux représentait de loin, pour certains membres du gouvernement québécois d'alors, l'un des candidats les moins souhaitables au poste symbolique de lieutenant-gouverneur. Lorsque, avant même son assermentation, il déclara vouloir user de son pouvoir de sanction dans l'éventualité d'un projet de sécession du Québec, la tension entre lui et le gouvernement de Lucien Bouchard en était à un point tel que toute possibilité de dialogue était vouée à l'échec.

Néanmoins, ce qui se passa dans les journaux et l'arène politique dès l'éclatement de l'affaire dans *L'Actualité* de novembre 1996 prit des proportions à ce point démesurées qu'elles soumettent à l'observateur des questionnements concernant l'essence même de la culture politique canadienne. Notamment, il semble possible de découvrir, au-delà des affres habituelles du scandale politique, une dérive d'analyse de la vérité de dévoilement normalement obtenue par une investigation rigoureuse des faits (Todorov, 2000 : 135). En effet, cette flambée d'intolérance émanant de l'échauffement des esprits propre au contexte postréférendaire renvoie à de nombreuses questions relevant non seulement du capital symbolique du poste de lieutenant-gouverneur, mais aussi et surtout de l'ordre de la culture politique canadienne.

À une époque où le seuil d'indignation envers les crimes nazis avait atteint sa pleine envergure et où la tension politique entre souverainistes et fédéralistes en était à un point culminant, le chercheur est en droit de se demander jusqu'à quel point l'affaire Jean-Louis Roux représente l'expression d'un phénomène de polarisation du champ médiatique et politique conférant à toute question de politique nationale une saveur de polémique de plus en plus assujettie au lobbying du « 4e pouvoir » et du monde politique. En effet, il semble qu'à travers la dimension foncièrement polémique du débat sur *l'utilisation de la faute* de « l'affaire Roux », se profile une transformation marquée de la culture politique canadienne, au sens où l'affrontement entre fédéralistes et souverainistes semble avoir dépassé, depuis la défaite du référendum de 1995 et tout particulièrement à travers le déroulement de l'affaire Jean-Louis Roux, les limites d'une vie politique régie par des règles de vérité, d'égalité et de démocratie.

Par conséquent, ce qui peut être considéré comme une crise du pluralisme culturel fait en sorte de cristalliser le dialogue national dans une position presque entièrement fermée à toute générosité d'esprit nécessaire à une vie politique saine. Les prochaines pages se voudront donc une tentative de réponse à ces questions, qui demande l'analyse en profondeur du déroulement de l'affaire Jean-Louis Roux dans les champs médiatique, politique et scientifique. À ce propos, le corpus de sources choisi à des fins d'analyse comprend majoritairement quelque quatre-vingts articles de journaux traitant de l'affaire au cours des mois d'octobre et de novembre 1996, articles provenant de plusieurs journaux francophones et anglophones du pays. Nous voudrions d'ailleurs remercier chaleureusement à cet effet le service des archives du Congrès juif canadien, qui a eu l'amabilité de nous offrir un dossier de presse aussi diversifié.

LA SORTIE MÉDIATIQUE OU UNE BOÎTE DE PANDORE OUVERTE PAR LUC CHARTRAND

Le tollé médiatique que suscita la révélation de la faute de J.-L. Roux renvoie aux principes mêmes de l'intégrité journalistique. Comme nous serons à même de le constater, ces principes furent parfois bafoués par la subjectivité inhérente à la volonté de défense des principes idéologiques et politiques chers aux détracteurs de chaque camp.

ENTRE RHÉTORIQUE DU PARDON ET RELATIVISATION DES FAITS : LES OPINIONS DANS LE CHAMP MÉDIATIQUE ANGLOPHONE

Le numéro du mois de novembre 1996 de *L'Actualité* eut l'effet d'une véritable bombe à sa sortie, tant dans le champ médiatique que politique. Du côté de la presse anglophone, l'homme de théâtre, éminemment respecté au Canada anglais particulièrement pour la fermeté de ses convictions fédéralistes, reçut l'appui unanime de tous les médias anglophones du Québec et du Canada. La révélation de faits pour le moins troublants antérieurs à la carrière politique de Roux mobilisa certains chroniqueurs et journalistiques soucieux de promouvoir et de défendre l'intégrité du fédéralisme canadien.

Tout d'abord, il est capital de souligner que l'interprétation de Roux de son propre geste a servi de base à l'orientation du débat médiatique, tant pour les anglophones que pour les francophones. En effet, c'est particulièrement cette notion *d'ignorance coupable* qui conféra au traitement médiatique de l'affaire un élan d'interprétation historique fort singulier se détachant des habituels scandales politiques. S'immisçant dès le départ, devant la férocité de certains discours journalistiques, dans le champ scientifique historien, l'affaire Jean-Louis Roux relança la controverse concernant le nationalisme québécois de l'entre-deux guerres, ranimant de plus belle au Canada anglais le stéréotype du *Québec fasciste*.

En fait, l'affaire Jean-Louis Roux est bénéfique dans la mesure où elle révèle, selon nombre de journalistes anglophones, la période noire de l'histoire d'un Québec qui fut longtemps, pour eux, c'est-à-dire avant, pendant et quelque peu après la Deuxième Guerre mondiale (1939-1945), une société foncièrement antisémite et à tendance fasciste. Plus encore, elle permet également de lier, par extension, pour ceux s'insurgeant contre la *chasse aux sorcières fédéralistes* dont Roux fit selon eux l'objet, cette perception d'un Québec fasciste et antisémite à l'intolérance liée au contexte sociopolitique hautement tendu de l'après-référendum d'octobre 1995. Nombre d'arguments sont bons afin de dénoncer ce qu'ils considéraient comme le zèle antisémite et clérico-nationaliste d'une grande partie de la population francophone du Québec, alors que le deuxième conflit mondial du siècle faisait rage. Éditorialiste en chef du *Globe and Mail,* William Thorsell titre le 6 novembre : « Honesty and hypocrisy and Jean-Louis Roux ». Il y expose une opinion fondée d'une part sur l'apologie de Roux, et d'autre part sur la condamnation de la classe souverainiste québécoise :

Before leaving the short, unhappy tenure of M. Roux, we should understand the circumstances of his departure, freighted as they are with partisanship, opportunism and hypcrisy. [...] Mr. Roux repudiated his blindness and spent a lifetime regretting it. [...] The truth is, for all their sanctimonious declamations, the secessionists have trafficked their veiled language of prejudice and ethnicity for years. In resigning his office, Mr. Roux showed an honour – and honesty – beyond the capacity of his self-righteous detractors to understand (1996 : A26-27).

Néanmoins, un des articles marquants concernant l'ancrage historique de la faute commise par Roux demeure celui de Janice Kennedy dans l'*Ottawa Citizen* du 7 novembre : « But thanks to l'affaire Roux, what is old is new again, including the political double standard that, these days, is alive and well and certainly kicking » (1996 : A2). Plus intéressant encore, l'article de Kennedy souligne l'importance *contextuelle* de la vérité de dévoilement propre à la faute commise par Roux[1] :

When I wrote about this in June 94, I was amazed by the absence of outrage in the Canadian media – french and english – and almost as amazed as hearing it resurrected suddenly in Parliament on Tuesday, when the PM echoed my two year old opinion (1996).

---

1. Ici, Janice Kennedy fait allusion aux deux anciens ministres de cabinet du Parti québécois Denis Lazure et Camille Laurin, qui fut notamment un des pères de la loi 101. Au début des années 1950, alors âgés de 28 et 25 ans, Laurin et Lazure avaient accordé leur appui à Jacques de Bernonville, un homme politique français ayant fait partie du gouvernement collaborationniste de Philippe Pétain et recherché partout en Europe pour crimes de guerre et crimes contre l'Humanité, notamment contre les Juifs. Kennedy se déclara outrée d'apprendre ce fait en 1994, alors que les deux hommes jouissaient d'une notoriété politique et publique importante au Québec.

De plus, ce qui rend les attaques encore plus agressives tient au fait que ces mêmes journalistes se fondent fréquemment sur la très controversée thèse d'Esther Delisle sur l'antisémitisme du chanoine Lionel Groulx[2]. Dans le tourbillon médiatique entourant le *mythe du Québec fasciste*, Delisle fit figure d'intellectuelle engagée, en investissant le champ à la fois politique et médiatique concerné par l'affaire[3]. Quoi qu'il en soit, dans le cas qui nous occupe, sa thèse a certes conféré un vernis de crédibilité à la hargne de certains journalistes anglophones à l'égard du Québec qui se sont servis de la thèse de Delisle afin de mieux associer, à l'aide d'une rhétorique de l'amalgame, toute forme de nationalisme québécois, sans distinction d'espace et de temps, à un antisémitisme virulent.

Paradoxalement, c'est donc la démission de Roux, représentant à première vue la fermeture du débat, qui au contraire raviva la fièvre polémique parmi les journalistes anglophones. Assez pour qu'un homme scientifiquement, culturellement et politiquement très influent décide de s'en mêler. À cheval entre les champs scientifique

---

2. Esther Delisle présenta sa thèse de doctorat à l'Université Laval en octobre 1991. Portant prioritairement sur la pensée politique du chanoine Lionel Groulx, l'hypothèse de Delisle se veut néanmoins une dénonciation en règle du fascisme et de l'antisémitisme régnant selon elle au Québec durant les années 1930 et 1940. Tout d'abord refusée (notamment par Pierre Anctil, dont il sera question plus tard) en 1991 pour des raisons de graves déficiences de méthode en plus de lacunes contextuelles importantes, la thèse fut néanmoins acceptée avec quelques modifications le 10 septembre 1992. Toujours privée d'emploi dans son champ de compétence malgré le succès du livre tiré de sa thèse intitulé *The Traitor and the Jew*, elle monta aux barricades lors de l'affaire Jean-Louis Roux, en s'attaquant aux journalistes alléguant le contraire de ses conclusions. Sur l'affaire Delisle, voir l'article de Mathieu Pontbriand dans ce recueil.

3. Comme le souligna Luc Chartrand dans *L'Actualité* de février-mars 1997, « [d]epuis la parution du livre résumant sa thèse, *Le traître et le Juif (The traitor and the Jew)*, elle a multiplié les entrevues et prononcé des conférences dans des synagogues de Montréal (à l'invitation de l'aile politique de l'association B'nai Brith du Canada), à l'Université McGill et aux soupers de *Cité libre*.

et politique, Irving Abella, ex-président du Congrès juif canadien, était à l'époque professeur d'histoire canadienne et d'études juives à l'Université York de Toronto. Une telle sortie médiatique conféra au débat une tournure se détachant nettement des batailles rangées jusque-là presque essentiellement d'après le clivage linguistique. Dans son article intitulé « A few last reflections on the Roux affair », publié près de trois semaines après la démission de Roux, Abella tient à mettre en garde le Canada anglophone :

> There was a sad irony to the spectacle of English Canadians sitting back after the resignation of Jean-Louis Roux as lieutenant-governor of Quebec, and smugly enjoying the sight of French Canadians trying to come to terms with some genuine ugliness in their past. Without question, Quebecois have to confront a sordid record of anti-Semitism and racism in the years before and during the Second World War. It was real, it was palpable, and for its victims it was cruel and painful. But frankly, English Canada's record was not much better. And we ought to be reminded of the same shameful period in our history. Though English Canadians did not participate in anti-conscription demonstrations, they were almost as avid in their anti-Semitism and racism as their Quebec neighbours (1996).

Article-clé dans l'affaire Jean-Louis Roux, le texte d'Abella, par son ton et son absence de rhétorique péremptoire, fit figure d'exception dans le tollé faisant rage depuis maintenant près de quatre semaines. Évidemment, cette défense en règle de Roux se voulait aussi et surtout une réplique aux articles des journaux francophones demandant la démission de Roux. Néanmoins, elle fut bénéfique en ce qui concerne le travail de rectification des faits qui se devait d'être effectué.

ENTRE OPPORTUNISME ET VÉRITÉ HISTORIQUE : LES OPINIONS DANS LE CHAMP MÉDIATIQUE FRANCOPHONE

En révélant au grand jour une partie de la jeunesse de Roux, Luc Chartrand ne pouvait se douter qu'il ouvrait une boîte de Pandore qui allait éclabousser non seulement les fédéralistes, mais aussi et surtout un grand pan de l'histoire du Québec. Pour une grande partie de l'opinion journalistique francophone, la *faute* de Roux fait ressortir l'ironie de la chose politique. Ayant comparé les intellectuels québécois « silencieux » durant la campagne préréférendaire à l'élite intellectuelle s'étant tue dans l'Allemagne nazie des années 1930 et 1940, il semble ironique que Roux soit si soudainement et brutalement critiqué en raison d'une faute commise, qu'il semblait lui-même considérer comme une offense grave, lui remit fort amèrement la monnaie de sa pièce.

Il s'agissait en effet d'une occasion en or, spécialement pour plusieurs souverainistes de tirer à boulets rouges sur les apparentes tendances fascistes et antisémites d'un des fédéralistes des plus convaincus et surtout, des plus respectés. Ironiquement, la notion de mauvaise foi revient fréquemment dans les articles de presse francophones traitant de l'affaire. Évidemment, cette fois-ci, c'est J.-L. Roux lui-même, et non les membres de la classe politique québécoise, qu'on accuse :

> [...] *Le principal intéressé, lui, opte pour l'interprétation anecdotique. Avec une mauvaise foi qui exige quelques clarifications. Le passé de Jean-Louis Roux est imparfait et son examen de conscience assez tiède. Cela ne mène pas nécessairement à sa destitution* [...] *mais les filiations passées de M. Roux laissent transparaître d'abord et avant tout un manque de jugement et une forte propension à l'exaltation. La tache qui assombrit son passé ne fait que confirmer ce que l'on savait déjà : Jean-Louis Roux n'est absolument pas à sa place* (Gruda, 1996).

Toutefois, il ne faudrait pas sous-estimer un courant se rapprochant davantage de la rhétorique du pardon d'une grande partie des journalistes anglophones, comme nous l'avons expliqué plus haut. Dans un éditorial au titre évocateur, « Et si, comme Jean-Louis Roux, vous aviez eu 19 ans en 1942 ? », André Pratte effectue une courte mise en contexte du Québec au temps de la conscription, tentant de cette façon de rallier le lecteur à sa volonté de pardonner le geste de Roux :

> *Vous êtes un jeune homme de 19 ans, en 1942. Vous n'aimez pas les Juifs. Comme* Le Devoir *qui, par exemple, réserve une colonne à un communiqué du commissaire aux affaires juives du gouvernement de Vichy sous le titre : « Le problème juif ». De façon plus générale, vous n'aimez ni les Anglais ni les étrangers, comme plusieurs des leaders de la lutte contre la conscription* (1996).

Plaidoyer de *l'ignorance coupable* de Roux, l'article de Pratte va certes à contre-courant de l'avis général, qui, sans condamner unanimement et sans appel le geste de Roux, n'en demande pas moins des explications et des excuses convaincantes et sincères, devant être à la hauteur des déclarations antisouverainistes de Roux lors du dernier référendum, considérées comme impardonnables.

Lise Bissonnette fit partie des journalistes ayant fermement adopté la position de condamnation vis-à-vis de Roux. Ayant clamé haut et fort son indignation lors de la nomination de Roux à son poste, considérée selon elle comme un geste de provocation pure et simple de la part du gouvernement fédéral, Bissonnette signe un éditorial agressif, rappelant aux lecteurs la force de la conviction fédéraliste de Roux, qui avait déclaré être prêt à ne pas donner son assentiment à un projet de loi proclamant la souveraineté du Québec, et ce, selon l'expression de Bissonnette, « quoi qu'en dise la démocratie » (1996).

> *Le problème de M. Roux aujourd'hui, ce qui devrait le mettre à la honte, c'est sa duplicité, à triple dose. Il a attribué ses vieux démons à ses adversaires politiques pour les salir. Et il ne voit toujours, dans ses dérapages passés, que faute vénielle, fanfaronnade et esprit carabin. […] Qu'on ne se surprenne pas ensuite, si les Québécois le méprisent* (1996).

Au sommet de la tourmente médiatique, certains historiens crurent bon de rectifier le tir concernant le *mythe du Québec fasciste*. Un des premiers à prendre parole fut Jacques Rouillard, spécialiste du

Québec des années 1930 et 1940 et professeur titulaire d'histoire à l'Université de Montréal. Dans l'édition du *Devoir* du 13 novembre, Jacques Rouillard signe un article intitulé « Le Québec était-il fasciste en 1942 ? ». Dénonçant le « réflexe malheureux d'identifier le Canada français d'alors à ses tendances les plus conservatrices », Rouillard donne une vision teintée de nuances mettant l'accent sur la dimension anti-impérialiste du Québec de l'époque :

> *Il est à noter que les groupes nationalistes francophones ne s'objectaient pas à la conscription pour la défense du Canada ou à l'envoi de volontaires, mais ils s'opposaient à l'obligation faite aux conscrits de servir outremer. Ils percevaient le conflit comme une autre guerre impériale où la Grande-Bretagne voulait entraîner le Canada sans que ce dernier n'ait d'intérêts si fondamentaux qu'ils doivent obliger ses jeunes à payer l'impôt du sang* (1996).

Rouillard critique donc les détracteurs qui entretinrent, durant l'affaire Jean-Louis Roux, le mythe fasciste, et met en lumière la dimension anti-impérialiste et antiétatique du Canada français d'alors. C'est précisément cet aspect plus spectaculaire des manifestations montréalaises durant la guerre qui frappa l'imagination de nombre de journalistes anglophones qui y virent l'expression d'un zèle nationaliste anglophobe et antisémite forcené. Plus globalement, on observe un consensus certain parmi les historiens francophones, et même parmi quelques spécialistes anglophones sur la question.

Évidemment, il serait malhonnête de cantonner l'opinion journalistique dite « francophone » aux seuls Québécois. En effet, quelques acteurs journalistiques d'origine anglophone prirent part au débat auprès de leurs collègues. Dans « Battling separatism with old wounds », Ray Conlogue, correspondant culturel du *Globe and Mail* au Québec met lui aussi en garde, un peu comme le fit Irving Abella, la presse anglophone devant les réelles intentions de leur traitement médiatique de l'affaire Roux :

> *In fact, a regrettable amount of of anti-separatist rhetoric consists of dredging up old material of this sort precisely*

to see wether it will stick. [...] *It's time that the media in English Canada started playing fair on this issue. It would show generosity of spirit to exonerate Quebec nationalists as readily as we seem to exonerate Quebec federalists. Surely there are better grounds on which to battle separatism than with the mislaenous of kids half a century ago (1996).*

De plus, Conlogue appuie son propos en faisant appel aux travaux d'un historien spécialiste réputé sur la question. Directeur du département d'études françaises à l'université McGill et auteur de plusieurs ouvrages sur l'époque qui nous occupe, Pierre Anctil abonde dans le sens d'Abella et de Conlogue en réaffirmant l'antisémitisme généralisé sévissant au Canada à l'époque. Selon Anctil, « anti-jewish sentiment was as rampant among anglophones in Quebec and the rest of Canada as it was among francophones » (1996). Cependant, exception faite de l'opinion journalistique essentiellement dictée par des intérêts politiques, celle de la communauté juive jette un éclairage nouveau sur les contours de l'utilisation de la faute de Roux dans la sphère publique.

LA RÉACTION DE LA COMMUNAUTÉ JUIVE OU LE DÉPLOIEMENT D'UNE RHÉTORIQUE DE DÉFENSE

Alors représenté par le directeur exécutif du chapitre québécois Jack Jedwab, le Congrès juif canadien (CJC) obtint des excuses officielles en plus d'une entrevue privée avec le principal intéressé[4]. En parallèle à ces demandes, la presse communautaire fit état de

---

4. Dès que l'affaire sortit dans *L'Actualité*, la communauté juive voulut faire la lumière sur les intentions de Roux à l'époque. Max Bernard, président du comité des relations communautaires du Québec au sein du CJC, déclara qu'il était « important de comprendre s'il regrettait sérieusement ses actions ». C'est donc à partir de ses aveux que le comité allait se pencher sur la décision d'ordonner ou non la démission de Roux. Pour sa part, Jack Jedwab déclara que le fédéralisme de Roux n'avait rien à voir avec le fait qu'il ne désiraient pas immédiatement demander sa démission. Finalement, le B'nai Brith, organisme juif des droits de la personne, présidé à l'époque par Stephen Scheinberg, accorda un délai de 48 heures à Roux afin de recevoir des excuses en raison

l'opportunisme de certains politiciens québécois[5]. Sans exiger expressément la démission de Roux, les journalistes se consacrèrent plutôt à dénoncer l'antisémitisme du Québec d'avant-guerre. En général plus tolérants envers Roux que la plupart des journaux francophones, le *Canadian Jewish News* et le *Jewish Chronicle* furent assez critiques envers les membres souverainistes de la classe politique. Ainsi, afin de contrer cette dérive du discours ne pouvant que conforter l'opinion journalistique anglophone dans le mythe du Québec fasciste, on observa un effort colossal, de la part de la grande majorité des journalistes, politiciens et intellectuels francophones, de relativiser cette période plus sombre de l'histoire du Québec sur un plan idéologique. Plus particulièrement, le débat médiatique autour de l'affaire Jean-Louis Roux soulève clairement toute la question de l'utilisation de la faute historique à des fins politiques. Récupérée d'une façon fulgurante par plusieurs ténors journalistiques québécois, toutes allégeances politiques confondues, l'affaire Jean-Louis Roux met en lumière la place dominante que prend, dans nos sociétés contemporaines où règne l'information de masse, la force de la rhétorique dans le discours (Jeanneney, 1998 : 101).

---

de la longévité de la faute reprochée (« Roux asked to apologize ; separatists urge resignation », *Globe and Mail,* 5 novembre 1996).

5. Dans un article se voulant un bilan de l'affaire Jean-Louis Roux, le *Jewish Chronicle* réitéra sa conviction de ne pas avoir souhaité la démission de Roux, tout en affirmant que toute l'affaire demeurait au moins en quelque sorte positive, dans la mesure où elle permettait de débattre une fois pour toutes du climat politique et social du Québec avant et pendant la guerre : He also then resigned – an action neither of the Jewish groups had sought, no doubt because they and the present-day Roux have been on the same side of Quebec's separatist divide, but which was vocally demanded by pro-separatist figures. [...] At the weekend, Jewish officials were expressing hope that the Roux affair would help bring the dark skeletons of history into the open » (« Nazi scandal forces out political ally of Quebec jewish community », *Jewish Chronicle,* 15 novembre 1996). Voir aussi « Roux expresses regret for *error in youth* », *The Gazette,* 5 novembre 1996.

Ainsi, ce n'est pas tant la faute commise par Roux qui fut l'objet des débats, mais bien la signification de cette faute à l'intérieur du contexte d'où elle a émergé. Le clivage linguistique, apparaissant littéralement comme une plaie ouverte dans la dynamique déjà tendue des relations provinciales-fédérales entre Québec et Ottawa, s'exprima avec fracas dès que l'affaire Jean-Louis Roux fit la une des médias[6].

Dès lors, l'art du discours, devenu omniprésent dans un monde où le dévoilement de la vérité prend des formes toujours plus diversifiées, conféra à l'affaire Jean-Louis Roux une tournure polémique frisant souvent même la démagogie. Ainsi, à travers les affres apparemment banales du scandale politique, il est possible de discerner, comme l'explique Jeanneney, un seuil d'indignation de la faute et une ampleur

---

6. Au lendemain de la démission de Roux, plusieurs articles émanant de la presse anglophone et juive firent état du climat social extrêmement tendu régnant au Québec à la suite de la défaite référendaire du oui en octobre 1995. Un des articles-clés à ce propos est celui du journal hebdomadaire *Hour*, où Peter Scowen fit une sortie pour le moins agressive concernant le Québec de l'après-référendum : « You can't talk about anything in this province anymore. You can't talk about history because there is too many versions. You can't talk about the future for the same reason. [...] Compromise is a word now uttered with the same contempt as "traitor". The only way to escape the gallows is to make sure your ideas suit the ideology of the movement most representative of your linguistic group. Don't talk – recite! That's the Quebec way » (« Rampant unilingualism », *Hour,* 15 novembre 1996). Dans le même ordre d'idées, un article du *Jewish chronicle* rédigé par Charles Small (spécialiste du nationalisme et du racisme au Canada, diplômé d'Oxford et directeur, en 1996, d'une initiative communautaire montréalaise visant à lutter contre le chômage affligeant la jeunesse minoritaire anglophone dans le contexte d'émergence du nationalisme québécois), dans lequel il exprime sa crainte devant ce qu'il considère comme une dangereuse montée du nationalisme québécois : « Quebec is still in the grip of the referendum fever, influenced by the lingering effects of the last one, and compounded by premature symptoms of a promise to come. [...] There are signs of economic and political decline. [...] According to an opinion poll conducted by English-language rights group Alliance Quebec, some 30 % of the English-speaking population intends to leave » (« Separatism sparks exodus », *Jewish Chronicle,* 15 novembre 1996).

des tentations à la révéler telle que la controverse prend des proportions démesurées (1998a : 102).

En effet, le contexte à l'intérieur duquel Roux avoua sa faute conféra au débat l'essentiel de sa conjoncture polémique. Ayant fait les mêmes affirmations au début des années 1970 sans rencontrer grande opposition, Roux n'avait manifestement pas mesuré toute l'envergure de ses révélations à Luc Chartrand (Block, 1996 : 6).

Conjugué à l'apogée de ce seuil d'indignation se trouve une ampleur des tentations de la part du champ médiatique de révéler tout fait croustillant par rapport au passé d'un personnage à l'appréciation aussi mitigée que celui de Jean-Louis Roux. Sans en arriver à un déni de la faute, loin de là, il demeure tout de même possible, à la lumière des faits analysés jusqu'ici, qu'il y ait eu une *exagération certaine de la représentativité du fait* (1998b : 104), non seulement en raison du contexte, mais aussi, comme nous le verrons, grâce au capital symbolique de la fonction occupée par Roux.

Ce contexte postréférendaire extrêmement tendu laissa donc toute la place à un débat qui prit une ampleur hors du commun dès lors que l'usage médiatique de la faute devint inhérent à la construction du discours dans les deux camps. D'une part, faire resurgir le *mythe du Québec fasciste* représentait certes, pour un nombre important de journaux de la presse anglophone, une arme de choix pour délégitimer le gouvernement alors en place dans la province. D'autre part, l'affaire Jean-Louis Roux en elle-même s'avérait être l'occasion par excellence pour le gouvernement péquiste d'attaquer une institution symbolique très chère au gouvernement fédéral canadien, comme nous serons à même de le constater en analysant le débat sur le plan politique.

LES FONDEMENTS SYMBOLIQUES ET POLITIQUES D'UNE LUTTE ENTRE FÉDÉRALISTES ET SOUVERAINISTES

Dans la deuxième partie, l'analyse se déplacera vers le champ politique où le débat a pris une toute autre dimension. Nous nous concentrerons donc davantage sur l'utilisation politique à proprement parler de la faute, et, d'une façon plus centrale, sur l'affrontement concernant les perceptions symboliques opposées de la fonction occupée par Roux. Nous serons donc à même de constater la vérité de dévoilement propre aux deux camps en présence, à l'aide, notamment, d'autres articles traitant de l'affaire, mais aussi de discours d'hommes politiques influents.

ENTRE LE DISCOURS DOMINANT ET L'OPPOSITION LIBÉRALE : LES OPINIONS DANS LE CHAMP POLITIQUE FRANCOPHONE

Le retentissement politique de l'affaire Jean-Louis Roux occasionna des conséquences irréversibles sur les relations entre Québec et Ottawa. Pris en grippe par le gouvernement québécois dès son assermentation, Roux subit brutalement les foudres de ses adversaires politiques lorsque l'affaire fut révélée. Louis Massicotte, professeur de science politique à l'Université de Montréal et spécialiste du système parlementaire et électoral canadien, explique fort bien un des paradoxes de l'importance symbolique dont est imprégnée la fonction de lieutenant-gouverneur. En commentant à posteriori les convictions antinationalistes de Roux, Massicotte fait ressortir les éléments symboliques propres au poste de lieutenant-gouverneur[7].

La façon dont se déroula le débat au sein du champ politique traduit d'ailleurs fort bien le poids symbolique, et par conséquent les principes diamétralement opposés auquel ils renvoient selon l'allégeance politique, du poste de lieutenant-gouverneur. Le geste le plus marginal demeure sans aucun doute celui de Gilles Rhéaume, alors président du Mouvement pour la souveraineté du Québec, qui s'empressa d'envoyer

---

7. « L'intéressé alimente imprudemment ce type de spéculations en déclarant, à propos de l'hypothèse qu'il refuse de sanctionner un projet de loi déclarant la souveraineté du Québec : "Rien n'est exclus". Ses adversaires font de même. Le pouvoir péquiste manifeste son déplaisir en tenant la cérémonie d'assermentation du nouveau lieutenant-gouverneur, le 12 septembre, non dans la salle du Conseil législatif comme le veut la tradition, mais dans le petit salon du président. Le tout se déroule dans une atmosphère glaciale » (« Lieutenant-gouverneur : l'éphémère mandat de Jean-Louis Roux », *L'année politique au Québec, 1996-1997* [en ligne]. [http://pum.montreal.ca/apcq/96_97/massicot. htm] (26 novembre 2003)).

un télégramme à la reine Elizabeth II, lui enjoignant de forcer Roux à démissionner, lui qui

> *porta fièrement et publiquement la croix gammée au moment*
> *même où les Juifs étaient massacrés et que des dizaines*
> *de milliers de sujets britanniques, incluant parmi ceux-ci*
> *plusieurs Canadiens français, étaient tués sur le champ de*
> *bataille et que Londres était bombardé* (Unland, 1996b).

Sans grande surprise, la lettre de Rhéaume ne reçut pas de réponse de la part de la reine Elizabeth II. Elle n'en représente pas moins un exemple éloquent de la volonté de Rhéaume de crier au grand jour ce qui représentait alors pour lui une injustice flagrante.

En ce qui concerne plus spécifiquement le microcosme politique au pouvoir, les opinions sont plus nuancées mais traduisent néanmoins elles aussi ce qui est perçu comme un flagrant manque de crédibilité, et, par le fait même, de légitimité de Roux en tant que lieutenant-gouverneur. Puisque dans l'arène politique, parallèlement au débat historique, c'est la légitimité de Roux en tant que lieutenant-gouverneur du Québec qui constitue le cœur du débat. Alors premier ministre du Québec, Lucien Bouchard prit aussitôt position dans le débat en mettant l'accent sur l'aspect négatif pour la représentation du Québec du geste de Roux. En fait, la trame argumentive qu'il utilise est claire ; elle vise nettement la détérioration du capital symbolique de la fonction occupée par Roux. Cinq jours après la démission de Roux, Bouchard déclare à l'Assemblée Nationale que la fonction de lieutenant-gouverneur en est une « essentiellement symbolique et héritée du passé colonial du Québec et du Canada » et somme le gouvernement fédéral d'obtenir dorénavant un droit de parole sur la nomination du prochain lieutenant gouverneur au niveau provincial »[8]. L'opposition officielle à Ottawa

---

8. « Lieutenant-gouverneur : l'éphémère mandat de Jean-Louis Roux », *op. cit.* La Constitution interdisant que le poste de lieutenant-gouverneur soit nommé par le gouvernement provincial, le gouvernement Bouchard réclama plutôt que la personne soit « désignée démocratiquement par l'Assemblée », ce que refusera le parti libéral provincial et demeurera par conséquent lettre morte.

abonde dans le sens de Bouchard ; se disant outré, Gilles Duceppe alla plus loin que Bouchard en affirmant le 5 novembre à la Chambre des communes que Roux aurait été forcé de démissionner s'il avait été souverainiste. Il insista de plus sur l'importance de l'intégrité du poste remis en question, en expliquant que Roux aurait dû faire le point sur ses « frasques » de jeunesse avant sa nomination[9]. Situé à l'extrême opposé, l'opinion fédéraliste exploita assidûment l'autre côté de la médaille, faisant en sorte d'accentuer davantage le gouffre séparant les deux camps.

LES OPINIONS FÉDÉRALISTES OU LA DÉFENSE DE L'INTÉGRITÉ D'UNE INSTITUTION CANADIENNE

Le point de vue du chef de l'opposition libérale au Québec, Daniel Johnson fils, diffère radicalement de son collègue souverainiste. Ne partageant nullement la vision de l'histoire de Bouchard, Johnson dénonça la « chasse aux sorcières » dont Roux fut victime, affirmant d'emblée que « la réputation de l'institution en elle-même se trouvait en jeu, aussi bien que l'image du Québec en tant que société démocratique » (Thorsell, 1996b). Pour Jean Chrétien, qui l'avait lui-même nommé au poste de lieutenant-gouverneur au mois d'août, le comportement passé de Roux n'entache en rien la crédibilité du poste de lieutenant-gouverneur. Il signifia en effet à maintes reprises son soutien à Roux, insistant sur l'accomplissement civique de Roux depuis une cinquantaine d'années.

En fait, les ténors politiques fédéralistes, représentés notamment par Sheila Copps, reprirent la rhétorique du pardon dans un sens

---

9. « Roux asked to apologize ; separatists urge resignation », *Globe and Mail,* 5 novembre 1996. Soulignons également la réaction du leader parlementaire du Bloc québécois, Michel Gauthier, qui se défendit d'obéir à des motivations opportunistes en réclamant la démission de Roux. À un journaliste de la Gazette l'interrogeant sur le passé politique de Camille Laurin et Denis Lazure, il répondit : « Mr. Laurin and Mr. Lazure have been elected by the people of Quebec. It is right for them. But Mr. Roux has not been elected by anybody. It's very different » (Lieutenant-governor victim of present as much as past », *The Gazette,* 6 novembre 1996).

davantage pragmatique ; sans être abandonné, le recours à l'histoire laisse la place à une volonté de légitimation de la *personne* de Roux et non de la symbolique de sa fonction. On insista en effet essentiellement sur le parcours professionnel de Roux et plus précisément sur son profil *d'artiste engagé*. Fondateur du Théâtre du Nouveau Monde, qu'il dirigea d'ailleurs de 1966 à 1981, il tint également les rênes de l'École nationale de théâtre du Canada. Plus intéressant encore en ce qui nous concerne, il fut un des membres fondateurs du Cercle juif de la langue française, président honoraire de l'Union des artistes pour la paix, en plus d'être Chevalier de l'Ordre du Canada et de l'Ordre national du Québec, le tout avant d'être finalement nommé sénateur par Jean Chrétien en 1994 à l'âge de 71 ans (Unland, 1996).

En fait, pour certains, Roux fait partie de la génération d'hommes de l'élite intellectuelle et politique qui interpréta la Deuxième Guerre mondiale comme une lutte acharnée contre les nationalismes de tout acabit. Selon ces hommes formés à l'école de l'amère victoire alliée sur les forces de l'Axe, le nationalisme représente une idéologie émanant exclusivement d'une force destructrice littéralement inhérente à son contenu. Ainsi, ce que plusieurs de ces jeunes adultes considéraient comme l'unique chance d'avancement pour le Québec était devenu, devant le traumatisme des horreurs nazies, une tare non seulement pour l'avenir du Québec, mais pour celui de la planète entière. Pour Roux, mais aussi notamment pour des hommes comme Pierre-Elliott Trudeau, Gérard Pelletier et Jacques Hébert, cette conviction ne s'est jamais démentie tout au long de leurs carrières politiques respectives. D'ailleurs, un de ses plus ardents défenseurs donna un exemple éloquent de cette opinion politique. Grand ami de Roux, Jacques Hébert est sénateur en 1996 et fit une sortie remarquée dans les journaux pour se porter à la défense de son ami[10]. Par conséquent, une partie de l'élite

---

10. Jacques Hébert rédigea en effet un commentaire au Sénat qui fut traduit et publié notamment dans *La Presse*, le *Globe and Mail* et *The Gazette*. Dans le *Globe and Mail* du 6 novembre, Hébert exprime sa colère face à ce qu'il considère comme l'acharnement du gouvernement péquiste : « Just before the last war, as students at the college Ste-Marie, we were under pressure from

canadienne-française des années 1950 se détacha radicalement de celle, nationaliste, des Laurendeau, Lévesque et Laurin, qui ne pouvait qu'être porteuse de conflits déchirants remettant constamment en cause la légitimité de l'état fédéral canadien. Toutefois, une fois la démission de Roux officielle, les deux niveaux de gouvernement tirèrent des conclusions concernant le futur du poste de lieutenant-gouverneur. Tout d'abord, une résolution de la Chambre des communes émana de la part non seulement des députés du Bloc québécois, mais aussi des députés libéraux fédéraux qui reconnurent le tort causé par la tempête médiatique à la réputation du Québec :

> *federalists and soveregnists demanded that Ottawa act with greater caution in the appointment of Roux's successor, especially in light of the fact that the controversy has reinforced*

---

some of our Jesuit teachers, to whom the war that was yet to come was just another example of British imperialism, hence justifying demonstrations against conscription. [...] In the past 50 years, Jean-Louis Roux has always been first to defend democracy, freedoms and universal peace. [...] Truly, Jean-Louis Roux is a man whose chivalry and absolute fearlessness have vastly irritated the separatists and other crypto-separatists. [...] The resignation of this profoundly honourable man is the triumph of stupidity, malevolence and intolerance. » (« The triumph of stupidity », *Globe and Mail,* 6 novembre). Soulignons aussi la sortie d'un autre ami de Roux, Gérard Pelletier, celui-là même qui avait indiqué à Luc Chartrand l'existence d'une croix gammée qu'arborait à la manche de sa veste Jean-Louis Roux en 1942, dont le commentaire fut publié dans la *Gazette* du 7 novembre. Tout en insistant sur les *circonstances atténuantes* (contexte de haute tension nationale, idéologie des collèges classiques, choix restreint des lectures disponibles) devant être prises en compte dans l'interprétation de la faute de Roux, Pelletier condamne tout aussi vertement les souverainistes au pouvoir : « This episode will undoubtedly be remembered as a grotesque incident in our history. Our descendants won't be proud to hear how a free francophone press and a democratically elected government united to bring down a man of great culture, a promoter of freedom in all its forms, on the pretext of a teenager's bad joke commited half a century earlier » (« An odious hunt : Jean-Louis Roux didn't deserve his treatment », *The Gazette,* 7 novembre 1996).

> *the perception in the rest of Canada that nationalism among*
> *francophones quebecers is linked to antisemitism* (1996c).

Évidemment, cette recommandation fut relayée dans un sens beaucoup plus catégorique par le gouvernement provincial. Aussitôt Roux écarté de son poste, le gouvernement québécois enclenche un processus d'enquête concernant les dépenses de l'État québécois par rapport à cette fonction pour le moins contestée. Encore une fois, ce qu'on y découvre conforte les positions du gouvernement québécois dans sa conception du poste en question : entraînant des dépenses de près de 740 000 $ (des sommes encore plus élevées que le voisin ontarien) le compte de dépenses annuel du lieutenant-gouverneur est révisé à la baisse (Massicotte, 1997). Dans un souci d'économie mais aussi et surtout de déconsidération, Lucien Bouchard prend la décision de vendre la résidence du chemin Saint-Louis à Québec, réservée pour le lieutenant-gouverneur depuis l'incendie du Bois-de-Coulonge en 1966 (1997b). Toutefois, le geste le plus marquant demeure sans aucun doute la déclaration du gouvernement prononcée à l'Assemblée nationale le 20 novembre déclarant que le poste de lieutenant-gouverneur est, selon l'avis du premier ministre Bouchard, « essentiellement symbolique et héritée du passé colonial du Québec et du Canada. [Le gouvernement] souhaite son abolition » (1997c).

Reconnaissant que l'abolition pure et simple du poste en tant que tel est interdite par la Constitution, Bouchard réclama plutôt que le gouvernement fédéral nomme dorénavant la personnalité désignée démocratiquement par l'Assemblée (1997d). Toutefois, tant la résolution commune que les souhaits du gouvernement Bouchard demeurèrent lettre morte. Répondant à ses détracteurs, Chrétien ne fit aucune concession en ce sens :

> *I will follow the rule that has been established in 1867. It is*
> *the prerogative of the prime minister to inform the premier*
> *of the province, but* [the prime minister] *has to take full*
> *responsability for all lieutenant-governor appointments. I*
> *have taken full responsability for all lieutenant-governor*
> *appointments I have made so far* (Séguin et Winsor, 1996).

À l'heure de l'assermentation de la nouvelle lieutenante-gouverneure, l'honorable Lise Thibault, la tension reliée à son droit de veto est encore palpable. Consciente de l'extrême importance de la question, elle répond : « À moins d'une orientation très droite provenant du gouvernement canadien, je sanctionnerais un projet de loi déclarant la souveraineté du Québec » (1997d).

Bref, les opinions des membres des élites politiques dominantes dépassèrent amplement la simple reconnaissance factuelle de la *faute*. S'accusant mutuellement d'opportunisme, d'intolérance, voire même de racisme, chaque camp semble avoir voulu s'identifier comme l'unique détenteur de la vérité historique, vérité de dévoilement qui fut lourdement compromise à la faveur de la couverture médiatique concernant l'affaire dans les mois qui suivirent la démission de Roux.

L'AFFAIRE JEAN-LOUIS ROUX OU LA CRISE DE COMPRÉHENSION DES DEUX SOLITUDES

À la suite de la tempête médiatique et politique, l'observateur pourrait être en mesure de croire que l'affaire Jean-Louis Roux pouvait désormais faire partie d'un passé dont on entendrait que peu parler dans les années subséquentes à son apparition. Or, nombre d'articles firent état de l'affaire plusieurs mois plus tard, et le débat historique se poursuivit tant bien que mal. En effet, l'« esprit de procès » dont était imprégné jusque-là l'ensemble du débat entourant l'affaire Jean-Louis Roux prit avec le temps une forme peu objective d'interprétations historiques camouflant souvent fort mal des préjugés indignes de prétentions scientifiques. À un moment où le premier ministre du pays ne juge pas répréhensible une étude psychiatrique concernant le premier ministre québécois commandée par le député fédéral John Godfrey[11], l'observateur averti se doit de discerner dans quelle mesure le clivage idéologique et politique entre deux visions de l'État fédéral

---

11. Voir plus loin à ce propos l'article de Giuseppe Sciortino.

canadien s'est transformé en une série de stratégies de provocation envers l'Autre.

Trait dominant de la sclérose du débat qui caractérisa les champs médiatique et politique, l'intolérance mutuelle des discours fédéralistes et souverainistes au cours de l'affaire Jean-Louis Roux traduit un changement de cap majeur dans le dialogue historique et intellectuel entre les acteurs politiques et médiatiques des *deux solitudes*. Dans la foulée des suites de l'affaire Jean-Louis Roux et du contexte postréférendaire, nombre de textes d'opinion et de textes à caractère scientifique furent publiés concernant à la fois le passé et l'avenir politique du Québec.

Une partie des articles les plus acerbes se retrouvent dans une revue d'opinion de renom, dont les origines remontent à l'émergence du Québec contemporain. Fondé par les *trois colombes*, *Cité libre* publia nombre d'articles, dans les mois qui suivirent l'affaire Jean-Louis Roux. Férocement antisouverainiste, *Cité libre* fustigea les membres souverainistes de la classe politique, mais aussi une bonne partie de l'élite intellectuelle et journalistique québécoise. Sous la plume de Marc Angenot notamment, l'ensemble des souverainistes sont dépeints comme de vils politiciens dénués de tout sens du devoir.

Dans un article intitulé « L'affaire Roux : mise au point », Angenot use très clairement d'un mode de discours propre à son antinationalisme convaincu (1997 : 45). En effet, il *prétend* (c'est le terme qu'il utilise) que ce qu'il appelle, toujours selon ses termes, le *nationalisme doctrinaire canadien-français* constitue un mouvement, « sous une forme spécifique, bien sûr, tel qu'il s'exprime dans les années trente, quarante et cinquante, [qui] est bien inscrit dans le "fascisme" générique » (1997b). Par ailleurs, ce professeur de littérature française de l'université McGill se fonde sur la thèse d'Esther Delisle afin de convaincre le lecteur de la dimension antisémite de ce fascisme qui était selon lui généralisé dans le Québec d'alors (1997c).

À l'intérieur du même numéro de *Cité libre,* William Johnson, dans un article intitulé « Et si c'était de l'antisémitisme ? », y va d'une charge à fond de train contre ce qu'il perçoit comme l'antisémitisme forcené de l'ensemble de l'élite politique et intellectuelle du Québec. Après avoir relevé certains propos de personnalités journalistiques comme Michel Vastel, Pierre Foglia et Jean-Marc Léger, Johnson établit une filiation directe entre ces chroniqueurs journalistiques et les membres de la classe politique au pouvoir :

> *Ce sont les Lucien Bouchard, Bernard Landry, les ténors du Bloc Québécois et les Gilles Rhéaume qui, à cor et à cri, ont fait le procès de Roux, l'ont trouvé indigne et ont obtenu sa tête. Par un oubli inexplicable, les Gagnon, Foglia et autres ne nomment jamais les vrais bourreaux de Roux. [...] Depuis quelque temps, un antisémitisme primaire balaie le Québec, et se propage par l'intermédiaire d'un nombre inquiétant de journalistes, d'animateurs d'émissions radiophoniques et de soi-disant intellectuels* (1997 : 48).

En fait, ce ne sont pas tant les faits qui sont matière à un examen plus en profondeur, mais bien leur assemblage dans une forme qui semble répondre à un besoin de légitimer une opinion déjà formée qui appelle à la critique. De plus, Johnson, chroniqueur politique pour plusieurs journaux à l'époque, ne s'appuie nullement sur un spécialiste de la question pour appuyer ses dires.

Par ailleurs, le mensuel québécois ayant sorti la désormais célèbre affaire ne s'en tint pas aux confessions de l'ex-lieutenant gouverneur. Toujours sous la plume de Luc Chartrand, *L'Actualité* publia en mars 1997 « Le mythe du Québec fasciste », article faisant appel à plusieurs spécialistes de la question, tant anglophones que francophones, provenant de divers champs de compétence. Par exemple, Chartrand s'appuie sur les arguments de Jacques Rouillard qui condamne la vision doctrinaire, empreinte de préjugés de certains journalistes anglophones en révélant entre autres la diversité du monde de la presse au Québec durant les années 1930 :

> *De 1930 à 1940, le tirage quotidien du Devoir était de 17 000 exemplaires ; Le Canada, un journal libéral mais*

> *aussi d'opinion qui dénonçait constamment l'antisémitisme,*
> *avait un tirage comparable : 15 000 exemplaires. C'est sans*
> *compter la presse à grand tirage :* La Presse *vendait 177 000*
> *exemplaires par jour et* Le Soleil, *75 000 (1997).*

Sans nier les opinions de Groulx frisant souvent l'antisémitisme, Rouillard apporte néanmoins des nuances importantes quant à l'influence du personnage et, plus globalement, des journaux comme *Le Devoir* et *L'Action catholique.* Dans le même ordre d'idées, Ray Conlogue poussa plus avant son raisonnement dans un autre article de Chartrand, en partie consacré à l'affaire Jean-Louis Roux, qui parut au mois de février 1997. Dans *Le mythe du Québec fasciste,* l'avis de Conlogue est beaucoup mieux explicité :

> *L'idée de base est de convaincre la minorité qu'elle est*
> *inapte à s'autogouverner. On commence par insinuer qu'elle*
> *n'en a pas la compétence économique. Si cela ne fonctionne*
> *pas, on l'accuse de quelque chose de beaucoup plus grave :*
> *l'incompétence morale* (1997b).

En affirmant cela, Conlogue se fonde également en partie sur le point de vue de l'historien américain Mason Wade : « le Canada anglais avait le réflexe de soulever le spectre d'un Canada français fondamentalement fasciste, totalitaire, sans véritable instinct pour la démocratie nord-américaine » (1997c). Chartrand fait également intervenir Jacques Langlais. Fondateur de l'Institut interculturel de Montréal et artisan du dialogue entre juifs et chrétiens au Québec, Langlais abonde dans la même lignée que Rouillard et Anctil : « L'extrême-droite de l'époque n'était qu'un mouvement de l'intelligentsia, concentré à Montréal ; courant nationaliste de droite du Collège Sainte-Marie » (1997d). Enfin, reprenant les arguments d'Irving Abella, l'historien des idéologies René Durocher fait le point sur le climat social du Québec d'avant-guerre :

> *[...] même si les idées fascistes étaient largement diffusées,*
> *jamais elles n'ont menacé les institutions démocratiques au*
> *Québec. Le courant libéral a été plus fort, c'est indubitable.*

> *Mais le fascisme et l'antisémitisme ont fini par exercer une*
> *influence sur l'opinion publique et sur les décisions politiques*
> *du temps, notamment en ce qui a trait au refus de laisser les*
> *réfugiés Juifs d'Europe entrer au Canada* (1997e).

Dans la même lignée, Gary Caldwell, sociologue et ex-directeur de chantier à l'IQRC, affirma à l'époque « ne pas avoir vu à ce jour aucune démonstration de l'existence d'un courant xénophobe plus fort au Canada français qu'au Canada anglais » (1997f).

AU-DELÀ DE LA FAUTE ET DU DISCOURS :
UNE CRISE PROFONDE DU PLURALISME CULTUREL

Ainsi, au sortir du débat qui s'étendit bien au-delà de la démission de Roux, il nous est possible de discerner le climat de tension toujours présent au sein même des élites politiques francophones et anglophones. Toutefois, certains journalistes s'élevèrent quelque peu au-dessus de la mêlée en délimitant les contours de cette intolérance inhérente à l'affrontement entre les deux camps semblant commander des flambées de mauvaise foi et de malhonnêteté intellectuelle. Près d'un an après l'éclatement de l'affaire Jean-Louis Roux, un homme politique et avocat montréalais qui était, en 1996, candidat à l'investiture du Parti québécois dans la circonscription de Mercier, Giuseppe Sciortino, exposa un point de vue fort éclairant concernant le climat sociopolitique du Québec de l'après-référendum :

> […] *The hostility between federalists and sovereignists,*
> *which is completely natural, seems to be taking a turn toward*
> *intolerance these days* […]. *After all, persuasion is a long*
> *and tedious process, one that requires a fair amount of open-*
> *mindness and pluralism, and a sharing of sectors considered*
> *to be the private preserve of a single ethnic group.* […] *But*
> *there also have been facile and opportunistic accusations of*
> *racism against the former Quebec premier. The intolerance*
> *hardly is just on one side.* […] *The use of intolerance as a*
> *weapon to promote or defend federalism or sovereignty cannot*

but bring us to an impasse where both sides risk being equally unsuccessful. There is no point in trying to determine who is using the weapon the most, or who used it first (Sciortino, 1997).

Étrangement, cet article de Sciortino fait quelque peu écho à un éditorial de William Thorsell, publié un an auparavant dans le *Globe and Mail* :

> [...] *In Quebec City, a lieutenant-governor is pilloried and driven from office for an indiscretion half a century ago. In Ottawa, a minister is attacked fiercely over an unproven allegation of impropriety. Two events in two juridictions, they represent an erosion of the country's political discourse.* [...] *Collectively, this trend means a reluctance to adress issues of substance and to value civility in our national conversation* (1997).

Ces deux exemples font ressortir à juste titre une tendance nette de ce qui semble être une transformation radicale de la culture politique canadienne, transformation pouvant s'expliquer d'après le concept d'utilisation politique et intellectuelle de la faute. D'une façon plus centrale, ce concept est fondé sur l'effet pervers du débat provoqué à la fois par le capital symbolique de la fonction et par le contexte postréférendaire qui mit beaucoup plus en lumière les antagonismes entre souverainistes et fédéralistes que la vérité sur la faute de Roux, et encore moins sur l'histoire du Québec durant les années précédant et suivant la guerre. Omniprésent, le mode de discours à forte tendance opportuniste a littéralement figé le débat médiatique et politique dans ce qui est apparu comme une véritable lutte à finir entre fédéralistes et souverainistes. Plus globalement, cette méthode de persuasion consistant à opposer la mémoire à l'oubli ajouta à l'effet stérilisant du débat qui sévit dans les journaux. Comme l'exprime l'historien Giovanni Levi, il existe un dangereux piège à orienter la « guerre des représentations du passé entre ce dont on choisit de se souvenir et ce que l'on voudrait effacer » (Levi, 2001 : 33).

Dans le cas de l'affaire Jean-Louis Roux, la dénonciation de ce qui fut présenté comme un *oubli volontaire* d'une partie de la mémoire d'un peuple fut la principale arme des détracteurs de la presse francophone plus ou moins hostiles à Roux. En effet, tant pour les fédéralistes que pour des membres de la communauté juive, l'affaire Jean-Louis Roux révélait au grand jour la résistance du peuple québécois à parler ouvertement d'une partie moins reluisante de son histoire. Par ailleurs, une grande partie de la presse anglophone, loin de vouloir relativiser les faits en les comparant à leur propre histoire, se contentèrent de diaboliser la société québécoise tout en mettant l'accent sur la loyauté et la droiture morale du Canada anglais durant la Deuxième Guerre mondiale. Au Québec, plusieurs articles de la presse francophone, dans les mois qui suivirent l'affaire, firent amplement état de l'antisémitisme sévissant au Québec, témoignant ainsi de la volonté d'une partie de l'élite scientifique d'assainir le débat historique autour de la question. D'un autre côté, ce soudain regain d'intérêt pour la question s'inscrit dans des intentions claires partagées par ses auteurs. En ce sens, il porte également en lui le danger d'en arriver, selon la mise en garde de Tzvetan Todorov, à un « excès de mémoire, et par conséquent de conformisme, résultant en une saturation susceptible d'enfreindre le jugement et la critique » (2001a).

Face à ce constat pessimiste, force est de constater que la seule véritable façon de faciliter le développement et l'épanouissement d'un débat sur une question précise réside dans un dosage équilibré entre, d'une part, la vérité de dévoilement fondée sur une investigation rigoureuse des faits, et, d'autre part, la mise en récit de l'auteur, subjective mais inévitable, puisque, comme l'explique Todorov, « les hommes ont beau être semblables, les événements sont uniques ; or l'Histoire est faite d'événements, et ce sont eux que nous devons méditer et juger » (2001b).

*
*   *

Dans un débat où un mode de discours, tant politique que médiatique, obéit davantage au principe politique d'efficacité au détriment de la vérité, les questions demeurent nombreuses et complexes. Formé entre autres dans la crainte constante d'un manque de *recul scientifique,* l'historien doit faire preuve d'une générosité d'esprit exemplaire lui permettant, dans la mesure du possible, de départager le vrai du faux tout en résistant à la tentation d'orienter son travail *exclusivement* selon ses valeurs et ses convictions. Contraint d'évoluer sur ce fil ténu, nous sommes confrontés à de multiples dangers mais aussi à des défis intellectuels fort stimulants.

Ainsi, malgré cette posture pour le moins délicate, certaines conclusions peuvent être tirées d'un débat tel que celui relatif à l'affaire Jean-Louis Roux. Notamment, elle permet de saisir les contours d'une crise aiguë du pluralisme culturel canadien caractérisée par la négation des principes élémentaires d'un dialogue ouvert sur la compréhension de l'Autre. Le cœur du problème est par ailleurs perceptible dans le fait que l'unicité symbolique du port de la croix gammée ne fit pas l'unanimité, que ce soit sur les plans médiatique, politique ou scientifique. Les convictions idéologiques et politiques prirent le pas sur la faute en elle-même, qui demeure pourtant imprégnée d'un capital symbolique dont l'intensité le place sans aucun doute au premier rang des représentations de la tyrannie au XXe siècle. Orienté stratégiquement dès le départ, le discours médiatique et politique entourant l'affaire constitue une preuve criante d'une dangereuse incompatibilité entre fédéralistes et souverainistes, qui semble s'avérer impossible à juguler.

Ultimement, l'affaire Jean-Louis Roux nous rappelle la fragilité de la frontière entre, d'une part, le devoir de tout professionnel formé en sciences sociales, qu'il soit journaliste, politicien, historien, sociologue ou politologue, confronté à un scandale politique, de se concentrer sur l'élaboration d'une vérité de dévoilement qui soit proportionnelle à la preuve de la faute, et, d'autre part, le développement d'une logique du discours conditionnée par l'intensité d'un contexte sociopolitique exacerbé par une affaire à haut potentiel symbolique. Pour le Canada, ce dilemme ne semble pas être en voie d'être résolu dans un proche avenir ; comme quoi c'est précisément à travers des crises nationales telles que l'affaire Jean-Louis Roux que le Canada se donne les moyens d'éviter le vrai débat sur son identité.

BIBLIOGRAPHIE

ABELLA, Irving (1996), « A few last reflections on the Roux affair », *The Globe and Mail*, 22 novembre.

ABELLA, Irving, et Harold TROPER (1983), *None is too many*, Toronto, Lester and Orpen Dennys.

ANGENOT, Marc (1997), « L'affaire Roux : mise au point », *Cité Libre*, vol. 25, n° 1 (hiver).

ARNOLD, Janice (1996), « Group brought French-Canadians, Jews together », *Canadian Jewish News*, p. 8.

AUBIN, Benoît (1996), « A dismaying past of fascism », *Globe and Mail*, p. D3-D4.

BAUCH, Hubert (1996), « Fascism appealed to many : Roux wasn't radical in the 40's », *The Gazette*, 6 novembre.

BLOCK, Irwin (1996a), « Roux expresses regret for error in youth », *The Gazette*, 6 novembre, p. A1.

BLOCK, Irwin (1996b), « Roux emotionnal in apology », *The Gazette*, 7 novembre.

BRYDEN, Joan (1996), « Lieutenant-governor victim of present as much as past », *Southam Newpapers*, 7 novembre.

CHARTRAND, Luc (1997), « Le mythe du Québec fasciste », *L'Actualité*, vol. 22, n° 3 (printemps).

CHOUINARD, Marie-Andrée (1996), « La nomination de Jean-Louis Roux divise le Bloc », *Le Devoir*, p. A1, A8.

CONLOGUE, Ray (1996), « Battling separatism with old wounds », *Globe and Mail*, 8 novembre.

COULON, Jocelyn (1996), « Les médias québécois étaient pro-Alliés », *Le Devoir*, 7 novembre.

DITCHBURN, Jennifer (1996), « This time, Roux's critics applaud », *The Gazette*, 28 mai.

DUROCHER, René (1978), *Idéologies au Canada français, 1930-1939*, Québec, Presses de l'Université Laval.

GAGNON, Nicole (1996), « Qui a peur de l'antisémitisme ? », *Le Devoir*, 22 novembre.

GLADSTONE, Bill (1996), « Nazi scandal forces out political ally of Quebec Jewish community », *News Focus,* p. 3.

GRAVEL, Jean-Yves (dir.) (1974), *Le Québec et la guerre,* Montréal, Boréal Express.

GRUDA, Agnès (1996), « Jean-Louis Roux : le passé imparfait », *La Presse,* 5 novembre.

HÉBERT, Jacques (1996a), « Jean-Louis Roux, chevalier sans peur et sans reproche », *La Presse,* 6 novembre.

HÉBERT, Jacques (1996b), « Jean-Louis Roux was a champion of human rights », *The Gazette,* 7 novembre.

H-Net Discussion logs-Question : Fate of Quebec L-G/Fascism in Quebec, nov. 1996.

JEANNENEY, Jean-Noël (1998), « Du scandale et du dévoilement », dans *Le passé dans le prétoire. L'historien, le juge et le journaliste,* Paris, Seuil, p. 89-103.

JOHNSON, William (1996), « Et si c'était de l'antisémitisme ? », *Cité libre,* vol. 25, n° 1, février 1997.

KENNEDY, Janice (1996), « Roux affair shows political double standard still thriving », *Ottawa Citizen,* 7 novembre.

LINTEAU, Paul-André, René DUROCHER, Jean-Claude ROBERT et François RICARD (dir.) (1998), *Histoire du Québec contemporain : le Québec depuis 1930,* Québec, Boréal, 834 p.

LEVI, Giovanni (2001), « Le passé lointain. Sur l'usage politique de l'histoire », dans François HARTOG et Jacques REVEL (dir.), *Les usages politiques du passé,* Paris, É.H.É.S.S., p. 25-37.

MC CORMICK, Christy (1996), « Sinking lieutenant governorship, not Roux, was real objective », *The Suburban,* 13 novembre.

MOORE, Lynn (1996) « Jewish merchants sorry Roux resigned », *The Gazette,* 7 novembre.

MORISSET, Stéphane (1995), *Adrien Arcand : sa vision, son modèle et la perception inspirée par son programme,* Presses de l'Université Laval.

PELLETIER, Gérard (1996), « An odious hunt : Jean-Louis Roux didn't deserve his treatment », *The Gazette,* 7 novembre.

PRATTE, André (1996), « Victime d'une ignorance coupable... Et si, comme Jean-Louis Roux, vous aviez eu 19 ans en 1942 ? », *La Presse,* p. B1 et B2.

ROUILLARD, Jacques (1996), « Le Québec était-il fasciste en 1942 ? », *Le Devoir,* 13 novembre.

SCHLUMBE, Bruno (1996), « Roux asked to apologize ; separatists urge resignation », *The Globe and Mail,* 5 novembre, p. A1.

SCHLUMBERGER, Bruno (1996), « Roux wore swastika to show off », *The Ottawa Citizen,* 6 novembre.

SCIORTINO, Giuseppe (1997), « Growing intolerance : both sides in unity resorting new lows », *The Gazette,* 22 septembre.

SCOWEN, Peter (1996), « The National beverage : rampant unilingualism », *Hour,* 15 novembre.

SEGUIN, Rhéal, et Hugh WINSOR (1996), « Roux quits over swastika admission », *The Globe and Mail,* 6 novembre.

SEGUIN, Rhéal (1996b), « Roux attends tribute to war dead », *The Globe and Mail,* 12 novembre.

SHEPPARD, Robert (1996), « The Roux affair », *Globe and Mail,* p. A27-A28.

THORSELL, William (1996a) « Roux resigns in wake of outcry », *The Globe and Mail,* 6 novembre.

THORSELL, William (1996b), « Honesty and hypocrisy and Jean-Louis Roux », *The Globe and Mail,* 6 novembre, p. A26 et A27.

THORSELL, William (1996c), « The erosion of civility in politics », *Globe and Mail,* 8 novembre, p. A22.

THORSELL, William (1996d), « Why judge Therrien should resign », *The Globe and Mail,* 12 novembre, p. A1.

TODOROV, Tzvetan (2000), « La conservation du passé », *Mémoire du mal, tentation du bien. Enquête sur le siècle,* Paris, Robert Laffont, p. 125-159.

UNLAND, Karen (1996a), « Roux admits wearing swastika », *The Globe and Mail,* 5 novembre.

UNLAND, Karen (1996b), « Roux apologizes to Jews, veterans », *Globe and Mail,* 6 novembre, p. A1.

JUDICIARISATION DU PASSÉ

LE LIEU DE LA RÉSURGENCE DU PASSÉ : PARCOURS D'UNE SENSIBILITÉ ÉTHIQUE ET USAGES DU PASSÉ

Patricia-Anne De Vriendt
Université Laval

Depuis un demi-siècle, une tendance lourde se dessine : notre rapport au passé est l'objet d'une éthique nouvelle. L'historien Elazar Barkan réfère à ce nouveau rapport au passé comme à une moralité collective que caractérise l'émergence de nombreuses demandes de réparations pour injustices passées (Barkan, 2000). La juriste Janna Thompson, quant à elle, postule l'existence d'une communauté intergénérationnelle pour défendre le respect des obligations historiques (Thompson, 2002). Comment une telle sensibilité éthique à l'égard du passé a-t-elle vu le jour au Canada et en France ? Quels usages du passé ces deux parcours de la sensibilité éthique à l'égard du passé impliquent-ils ? Plus précisément, comment les lieux de résurgence du passé colonial canadien et du passé vichyste français modulent-ils les usages de ces passés ? Quels écueils ces lieux de résurgence posent-ils à l'historien ?

Il nous semble qu'une réflexion mettant en comparaison le Canada et la France peut être éclairante précisément parce qu'elle confronte deux lieux de résurgence du passé. Comme on le verra, l'État canadien semble « prendre sur lui » la responsabilité du passé. Plus encore depuis la nouvelle Loi constitutionnelle de 1982 dans laquelle est enchâssée la Charte canadienne des droits et libertés, l'histoire des relations entre Euro-Canadiens et Autochtones est directement jugée à l'aune du pacte fondateur de la société – la Constitution. C'est donc dans le giron constitutionnel que semble se « résoudre » le passé colonial canadien. La Constitution judiciarisée agit comme une force centripète et ramène à elle la résurgence – et la résorption sous forme d'arrêts – du passé conflictuel canadien. Cette « gestion éthique » des conflits à caractère historique procède à une réduction du passé parce qu'elle passe celui-ci au tamis de concepts juridiques.

Le pacte fondateur français, la République, semble quant à lui agir comme une force centrifuge, éloignant, en les étouffant, les conflits que peut receler le passé vichyste. Celui-ci a resurgi en marge de ce pacte, par le biais de témoignages, d'œuvres filmiques, livresques ou scientifiques. En marge du pacte parce que dans un premier temps nié par celui-ci, le passé resurgi compromet dans un premier temps la nature même de la République. Il faut un coupable pour endosser la faute passée, un bouc émissaire qui fasse les frais de l'indignation morale collective. Cette autre sorte de « gestion éthique » du passé, plus populaire parce qu'en marge du pacte fondateur, procède elle aussi à une réduction manichéenne du passé.

La description des parcours canadien et français de la nouvelle sensibilité éthique à l'égard du passé permet de mieux saisir ce qu'ont d'exemplaire des procès comme celui de Donald Marshall Jr., au Canada, et celui de Maurice Papon, en France. Tous deux ont eu lieu à la fin des années 1990 et apparaissent comme deux symptômes d'un passé resurgi, géré et outillé au sein et en marge du pacte fondateur de ces deux collectivités.

Comparer la résurgence d'un passé colonial s'étendant sur plusieurs siècles et celle d'un passé vichyste tout de même assez proche (un peu plus d'un demi-siècle) – une telle comparaison tient-elle la barre des critères scientifiques ? Notre comparaison comporte certes d'importantes limites que la nature d'un article ne permet pas vraiment de pallier. Tenons-nous en, aux fins de cet article, au point d'ancrage de notre comparaison : ce qui apparente les passés colonial canadien et vichyste français, c'est le mode selon lequel ils ont resurgi dans le présent : le mode d'un rapport éthique.

LES LIEUX DE LA RÉSURGENCE

AU CANADA

Au Canada, on entend souvent parler du « problème autochtone » lors de crises majeures ou lorsqu'un jugement judiciaire est rendu. Mais les Autochtones n'ont pas toujours eu recours aux tribunaux ou à la violence, et la voie judiciaire n'a pas toujours été le lieu où s'exerçait la lutte pour les droits autochtones. Jusqu'à la Deuxième Guerre mondiale, l'activisme politique autochtone s'est non seulement buté à l'indifférence publique et gouvernementale, mais à une conception raciale du « problème autochtone » largement répandue en Occident. Avec le dévoilement des horreurs de la Deuxième Guerre mondiale et de l'usage mortifère des théories racistes, la cause autochtone bénéficie certes de la faveur populaire, mais le Livre blanc (1969) du gouvernement de Trudeau vient vite rappeler aux Autochtones la tradition assimilatrice dont ils sont l'objet[1].

Le rejet de la politique du Livre blanc par les communautés autochtones donne l'aval à l'activisme de la *National Indian Brotherhood*. Celle-ci initie plusieurs changements politiques dans les années 1970, auquel le gouvernement fédéral, dans une attitude que ne semble pas annoncer la politique envisagée dans le Livre blanc, agrée. Des fonds publics sont mis à la disposition de l'organisme afin qu'il poursuive la défense des droits des communautés autochtones, notamment dans le secteur de l'éducation (Miller, 2000 : 341).

C'est dans les années 1970 que la sphère judiciaire, par le biais de la Cour suprême du Canada, se révèle être un allié puissant dans la lutte pour les droits des Autochtones. L'arrêt Calder (1973) constitue la première reconnaissance d'un titre aborigène impliquant davantage

---

1. S'inscrivant dans le sillage d'une longue tradition d'assimilation, le Livre blanc repose sur le postulat que le statut particulier des Autochtones est la source de leur misère.

qu'un droit d'usufruit. Il semble qu'il soit aussi le premier élan judiciaire qui inspire un changement d'ordre politique dans les relations entre l'État et les communautés autochtones. Cet arrêt inspire en effet à l'État fédéral la fondation du *Office of Native Claims* en 1974 (Miller, 2000 : 344)[2].

L'arrêt Calder serait en fait la première forme d'activisme des juges de la Cour suprême, activisme qui joue un rôle important dans la désignation du tribunal comme lieu de règlement des conflits à caractère historique. Inspirés par le système américain dont le ciment est une constitution qu'il revient aux tribunaux d'interpréter, conférant à ces derniers un immense pouvoir discrétionnaire et politique, les membres de la Cour suprême canadienne verraient d'un autre œil la montée des valeurs universalistes et démocratiques d'après-guerre. La rhétorique des droits de l'homme amènerait en quelque sorte de l'eau au moulin de l'activisme judiciaire. En fournissant les alibis, contradictoires, de la représentativité populaire et de l'impartialité du judiciaire, le vent de démocratie aurait justifié l'intrusion du judiciaire dans la sphère constitutionnelle. La Cour suprême aurait saisi l'occasion pour ramener dans le giron d'une constitution renouvelée en 1982 la protection de droits dont elle est maintenant l'interprète (Mandel, 1996).

La Charte canadienne des droits et libertés vient consacrer la protection judiciaire dont bénéficient maintenant les droits autochtones. La Loi constitutionnelle de 1982 incorpore trois nouveaux articles concernant les Autochtones dont le plus important, c'est-à-dire celui qui allait faire l'objet d'arrêts judiciaires ultérieurs, est l'article 35(1), stipulant la reconnaissance et la confirmation des droits existants – ancestraux ou issus de traités – des peuples autochtones du Canada (Dupuis, 1999 : 103). La nouvelle Charte change le rapport linéaire au temps auquel est habituée la majeure partie des Occidentaux. En reconnaissant les droits ancestraux, la Charte introduit, en quelque

---

2. Ken Coates, pour sa part, remarque la spécificité canadienne : alors que partout sur la planète les communautés autochtones se butent à des instances gouvernementales réfractaires, le gouvernement canadien, lui, offre un soutien technique à ceux dont il est l'objet du mécontentement (Coates, 2000 : 74).

sorte, les promesses passées dans la sphère du temps présent. Elle s'approche ainsi d'une vision cyclique du temps. Dans la perspective temporelle linéaire du politicien occidental, les promesses, dans la pratique, peuvent être tenues ou non : elles sont le fait de l'exercice d'un rapport de pouvoir. Dans la conception du temps cyclique, les traités conclus avec les puissances coloniales de même que les promesses qui accompagnaient ces traités n'ont jamais cessé d'être en vigueur. Les lois canadiennes qui n'allaient pas dans le sens de ces traités n'ont jamais été autre chose que des bris de promesses. La Charte de 1982 « rapatrie » l'exercice des promesses passées dans le présent et contribue ainsi à maintenir « vivant » le passé.

Peu de temps après la nouvelle Loi constitutionnelle, la Cour suprême du Canada émet l'important arrêt Guérin (1984), annonçant par le fait même l'ère d'un nouveau rapport éthique au temps, qui lie les acteurs du présent aux promesses du passé. L'arrêt Guérin reconnaît en effet à la Couronne une obligation de fiduciaire envers les communautés autochtones qui sont sous sa protection. La juriste Renée Dupuis commente :

> *Ce jugement représente un virement majeur de la jurisprudence canadienne relativement à la nature de la responsabilité de la Couronne dans l'exercice de sa compétence constitutionnelle à l'égard des Indiens et des terres qui leur sont réservées. L'opinion prévalente voulait que la Couronne n'était pas imputable, sinon en termes politiques, de sa responsabilité et de son pouvoir discrétionnaire tant à l'égard des Indiens qu'à l'égard de leurs terres. Selon cette opinion, les Indiens n'avaient donc aucuns recours judiciaires s'ils s'estimaient lésés par la Couronne. Le jugement a mis un terme à cette situation en rendant la Couronne redevable devant les tribunaux de ses actions (législatives et administratives) relatives aux Indiens et à leurs terres (1999 : 152).*

L'instance politique fédérale, du moins lorsqu'il s'agit de la gestion des rapports entre Euro-Canadiens et Autochtones, est maintenant explicitement redevable devant l'instance judiciaire la plus haute du pays. Les « affaires indiennes » relèvent maintenant du fédéral. L'arrêt Guérin révèle à quel point la nouvelle constitution fait de la Cour suprême canadienne un allié de taille dans la lutte des Autochtones pour le respect de leurs droits ancestraux. Bien que l'arrêt Guérin ait été fortement influencé, selon Dupuis, par un jugement américain similaire rendu un an plus tôt, il ne fait pas de doute dans l'esprit de l'avocate que les changements constitutionnels de 1982 aient été pour quelque chose dans ce revirement jurisprudentiel (1999 : 151).

L'enchâssement de la Charte dans la Constitution semble sceller toute avenue qui aurait permis au gouvernement de fuir ou de faire taire le passé colonial. C'est autour de cette Charte constitutionalisée que les débats et les litiges concernant la violation des droits qu'elle protège s'articuleront, et ce, dans l'enceinte judiciaire de la Cour suprême. C'est la Constitution – et avec elle la Charte des droits et libertés – telle qu'interprétée par la Cour suprême[3] qui constitue le référent ultime de l'organisation sociale, le « pacte fondateur ». L'État canadien est subordonné à ce pacte et les actes qu'il pose – ou a posé dans le passé – sont jugés à la lumière de ce pacte.

Jusqu'à tout récemment, la Cour suprême se cantonnait dans son rôle strictement juridique (Rémillard, 2004 : 3). Avec l'avènement de la Charte, la Cour suprême s'est en quelque sorte vue assigner l'interprétation de la Charte, nouvelle tâche qui lui confère un rôle plus social et politique. « La Cour, nous dit Rémillard, doit tenter d'être le reflet des caractéristiques dominantes de la société canadienne, telles que le régionalisme, le dualisme et le multiculturalisme » (2004 : 4). Ce nouveau rôle politique que semble avoir adopté la Cour suprême, et à fortiori les valeurs que prône la Charte, peuvent sembler aux Autochtones être la meilleure voie vers une réparation des injustices du passé. C'est peut-être pour cela, et c'est d'ailleurs ce que suggère Dupuis, que la voie judiciaire leur a semblé plus prometteuse que la voie politique (2001 : 98). Ainsi, il semble bien que la Cour suprême soit devenue le garant le plus sûr des Premières Nations dans leur

---

3. Gil Rémillard souligne d'ailleurs que « la Charte sera ce que la Cour suprême choisira d'en faire » (Rémillard, 2004 : 3).

lutte pour le respect de leurs droits ancestraux. Pour comprendre ce phénomène, les Euro-Canadiens

> *must realize that this reliance on the legal system – though costly, slow, and all-consuming for the participating groups – illustrates the degree of frustration and distrust that First Nations feel towards the political process. Aboriginal people generally have little faith in the politicians' ability and willingness to adress their needs and have come to believe that recourse to the courts is the only way to force official action* (Coates, 2000 : 198).

Ce que nous souhaitons mettre ici en lumière, c'est que la nouvelle loi constitutionnelle de 1982, de même que l'enchâssement de la Charte canadienne des droits et libertés, ont pavé la voie à une inscription de la résurgence du passé colonial canadien et de sa « gestion » dans le giron constitutionnel, sur le ciment même du pacte social. Conséquemment, c'est à l'intérieur de ce giron que le passé est jugé.

EN FRANCE

Ce que l'on nomme dans cet article « résurgence du passé » comporterait en France, selon l'historien Henry Rousso, quatre phases (1990). Ces quatre phases ponctuent l'histoire de la mémoire de Vichy. La première phase est celle du deuil plutôt vécu comme une affliction que comme un travail de deuil collectif. La période qui va de 1944 à 1954 est en effet marquée par ce que l'on pourrait appeler la cautérisation du passé. Il s'agit non pas de se retourner vers le passé proche pour prendre connaissance des blessures qu'il comporte, mais de refermer au plus vite les cicatrices récentes et de maintenir le cap sur l'avenir. Pour ce faire, le général de Gaulle rassemble l'opinion publique autour d'une vision de la Résistance homogène et unifiée, vision dans laquelle les victimes du génocide n'ont guère de place. Signe que, pour les autorités françaises, la mémoire juive est amalgamée à celle de la Résistance, le monument de la synagogue de la Victoire, inauguré en 1949, est dédié « à la mémoire de nos frères combattants de la guerre et de la libération, martyrs de la Résistance et de la

Déportation ainsi qu'à toutes les victimes de la barbarie allemande » (Weill et Wieviorka, 1994 : 6). Lorsque Joseph Billig, un des animateurs du Centre de documentation juive contemporaine (CDJC)[4], publie en 1955 le premier volume d'une étude sur la participation française à la Solution finale, celui-ci passe assez inaperçu (Rousso, 1990 : 278). Les déportés survivants qui commencent tranquillement à revenir au bercail se butent aux premiers réflexes de la période de refoulement (1954-1971) et ont peine à trouver des oreilles attentives à leur souffrance. « Refoulement » est d'ailleurs le nom qu'attribue Rousso à la seconde phase du parcours mémoriel français.

Antoine Garapon et Ioannis Papadopoulos soulignent que « le pacte fondateur en France n'est pas juridique mais politique : c'est la République » (2003 : 27). Le réflexe de protéger ce pacte, par le biais de la loi d'amnistie, serait ancré dans l'histoire de France (Gacon, 2002 : 87-97). L'amnistie

> décrète que l'événement n'a pas eu lieu, les poursuites en cours cessent, les prisonniers retrouvent leur liberté, les exilés leur maison et les condamnés leur virginité. Mais l'amnistie ne représente ni un pardon des fautes ni la réhabilitation des condamnés. Ils retrouvent simplement leurs droits pour pouvoir reprendre une vie ordinaire, sous la protection de la loi qui garantit le silence. L'amnistie a donc une utilité immédiate, celle de la pacification définitive après la lutte, celle de la volonté affirmée d'un retour à la normale. Elle est une réconciliation offerte au corps social, un artifice pour pouvoir continuer à vivre ensemble après la lutte (Gacon, 2002 : 88).

L'amnistie pallie tant les fautes des vaincus que les excès des victorieux : elle annule les fautes de part et d'autre, en sachant que ces fautes sont justement réparties des deux côtés du conflit. Mais, selon Stéphane Gacon, il y a plus : l'amnistie est « plus certainement

---

4. Le CDJC est fondé en 1943 dans la clandestinité [www.memorial-cdjc.org].

une façon de refaire l'unité nationale, une façon symbolique de la proclamer à nouveau après le conflit » (2002 : 91). Dimitri Nicolaïdis met en lumière la nature « schizophrénique » de cette République qui joue constamment entre « le côté pile de la raison d'État et le côté face des principes universels » (2002 : 11-12). C'est cette double facette de l'État républicain français qui permettrait au pacte fondateur, c'est-à-dire à la République, d'être par le truchement de l'amnistie à l'abri de l'imputabilité des crimes passés. Le crime est, en quelque sorte, une déviance par rapport aux principes universels qu'incarne la République. Cela expliquerait les mots du général de Gaulle pour qui Vichy n'était qu'une « parenthèse » (Nicolaïdis, 2002 : 9). La République ne peut pas être coupable, puisque la République incarne par définition les valeurs d'égalité, de liberté et de fraternité.

Dans cet argument tautologique, les fautes du passé n'ont pas leur place puisqu'elles mettent directement en cause le ciment républicain de la société. En recouvrant le giron politique sous le voile imperméable de la non-imputabilité des fautes passées, l'amnistie agit comme une force centrifuge qui relègue en marge du pacte toute contestation de ce pacte. Mais, comme ne manque pas de le souligner Gacon, elle n'empêche pas les mémoires de se souvenir, de se remémorer, voire de s'affronter :

> *l'amnistie est incapable de remplir de façon durable sa vocation affichée qui est de pacifier les cœurs après les déchirements. Elle n'agit pas en profondeur sur les mémoires. L'oubli proposé est un oubli juridique ; or, on ne décrète pas l'oubli, et les mémoires concurrentes de l'événement subsistent de façon souterraine, prête à resurgir* (2002 : 97).

C'est d'ailleurs ce qui allait se produire dans les années 1970 : les mémoires du passé allaient sourdre avec éclat en marge du pacte et de ses administrateurs, dans les ramifications de la vie sociale où s'entrecroisent et s'entrechoquent témoignages, documentaires, films, livres, tables rondes...

Le début des années 1970, la mort du général de Gaulle et la révolte contre l'autorité d'une génération qui n'a pas vécu la guerre amorcent l'ère du « miroir brisé » (1971-1974). Le mythe d'une France unie contre l'occupant et blanche de tout crime vole en éclats. Témoignages de fils et de filles d'anciens collaborateurs, témoignages de survivants et d'enfants de survivants de l'Holocauste, traduction française, en 1973, du livre *Vichy France. Old Guard and New Order, 1940-1944*, de l'américain Robert Paxton[5], propos négationnistes d'un Robert Faurisson : le miroir national se fissure et, à sa place, apparaissent les divisions internes à la Résistance et l'existence d'une France volontairement antisémite.

À partir de 1974 s'amorce la quatrième phase du parcours mémoriel français à l'égard du régime de Vichy, celle de l'obsession, dont il semble que la France ne soit pas encore sortie. Le procès Eichmann a inscrit dans la conscience universelle l'atrocité des crimes perpétrés à l'endroit des Juifs lors de la Deuxième Guerre mondiale (Weill et Wieviorka, 1994). Les sensibilités concernant l'Holocauste sont maintenant à vif, les yeux sont dessillés, les accusations prêtes à fuser de toutes parts. Dès 1981 sont intentées en France des poursuites contre l'ancien préfet Maurice Papon[6], dont le procès à la fin des années 1990 aura un retentissement spectaculaire.

En effet, c'est en 1981 que Michel Bergès découvre par hasard les documents de la préfecture de la Gironde rendant compte de la déportation de Français sous le régime de Vichy. Un de ces documents concerne son propre ami, Michel Slitinsky. Avec ce dernier et l'avocat Gérard Boulanger, il constitue le dossier de l'accusation envers Maurice Papon (alors ministre du Budget) et témoigne à titre d'expert des parties civiles en 1990, lors d'un procès en diffamation intenté par Maurice Papon (Conan, 1998 : 131-132). La conscience de l'Holocauste inspire donc ces poursuites judiciaires[7]. Lorsque la mémoire nationale française

---

5. Voir à ce sujet l'hommage que Rousso rend à Paxton (Rousso, 2001 : 453-480).

6. Cette poursuite judiciaire s'inscrit dans la continuité d'une série de procès engagés contre l'Allemand Klaus Barbie et le Français Paul Touvier.

7. *Le Canard enchaîné*, à l'origine de l'affaire Papon, l'accuse en effet d'avoir contribué à la déportation de Juifs pendant l'Occupation française.

éclate (c'est-à-dire que s'amorce, selon la chronologie établie par Rousso, la période du miroir brisé, suivie de très près par la période de réminiscences obsessionnelles), c'est l'Holocauste, de même que la mémoire juive qui l'a porté en silence, qui refont surface. « Rien d'étonnant [à cette situation], remarque Paul Thibaud, la France [étant l'] un des rares pays anciennement occupés où la communauté juive [la plus importante d'Europe occidentale] est bien plus nombreuse qu'avant la guerre. En dépit d'une normalisation apparente, cette communauté reste traumatisée » (1997 : 175). C'est pourquoi le génocide juif y est pour beaucoup dans la réminiscence obsessionnelle du passé vichyste de la France.

C'est en quelque sorte en marge du pacte fondateur républicain que le passé de Vichy a resurgi, et cela avec peut-être d'autant plus de force que la République avait tenté de nier l'importance de ce passé. C'est du moins ce que suggère Nicolaïdis qui remarque que, contrairement au discours public français, le discours public allemand n'a jamais permis une déresponsabilisation du peuple allemand. En France,

> *l'épisode incongru que représentait le régime de Vichy, incarnation de l'Anti-France, ne fut pas exemplifié, ne servit pas de référence centrale dans le débat politique, fut bien plutôt minimisé, et rapidement refoulé jusque dans les années 1970* (Nicolaïdis, 2002 : 9).

Cela expliquerait selon lui que la République soit actuellement en période de crise. Le passé resurgi en marges du pacte a pris la forme d'injonctions mémorielles et le doute est jeté sur le pacte fondateur français.

LES USAGES DU PASSÉ DANS LES LIEUX DE RÉSURGENCE

AU CANADA

La résurgence du passé dans la sphère du pacte politico-juridique canadien n'est pas sans attendus réels sur l'histoire. Avant de se pencher sur l'interprétation de traités historiques, la Cour suprême doit d'abord être saisie d'un litige. Aussi les procès à caractère historique procèdent à un usage du passé qui leur permet de régler des questions tirant leur origine de conflits spécifiques, comme par exemple l'exploitation des ressources naturelles et les droits de chasse et pêche. C'est ce qui est arrivé dans le cas du procès Marshall.

Durant le mois d'août 1993, Donald Marshall Jr., un Mi'kmaq de l'île du Cap-Breton en Nouvelle-Écosse, est intercepté par deux officiers du ministère des Pêches et Océans Canada alors qu'il pêche l'anguille. On saisit les 210 kilogrammes d'anguille pêchés – une prise équivalent à environ 790 $ –, et on l'accuse de pêcher sans permis et hors saison, et de vendre de l'anguille sans permis. Marshall a déjà eu des démêlés avec la justice et s'est fait injustement incarcéré pour meurtre durant les années 1980. L'injustice dont il a été victime avait révélé la discrimination que faisait subir le système judiciaire canadien aux Autochtones et aux Afro-Canadiens (Coates, 2000 : 3). Au surplus, Marshall est le fils d'un chef Mi'kmaq reconnu. Lorsqu'il décide de porter sa cause devant les tribunaux, il est appuyé par plus d'une douzaine de chefs Mi'kmaq, par l'*Union of Nova Scotia Indians* et par la *Confederacy of Mainland Mi'kmaq* et devient rapidement le symbole de la lutte des Autochtones pour la défense de leurs droits (Coates, 2000 : 4).

Les deux premières instances judiciaires, la Cour de la Nouvelle-Écosse, puis la Cour d'appel de la Nouvelle-Écosse jugent que le traité historique en cause conclu en 1760 entre un groupe de Mi'kmaqs et le gouverneur de la Nouvelle-Écosse, bien que valide, ne permet pas la pêche commerciale telle que les Mi'kmaqs la pratiquent aujourd'hui. L'interprétation de ce traité historique se trouve ainsi au cœur d'enjeux économiques qui divisent les pêcheurs euro-canadiens et les populations autochtones. Lorsque Marshall décide de porter sa cause devant la Cour suprême, ces enjeux économiques font craindre à plusieurs une interprétation large et généreuse du traité de 1760 (Coates, 2000 : 6). Le jugement de la Cour suprême, rendu le 17 septembre 1999, est accueilli avec joie par la communauté autochtone. La décision de la Cour renverse en effet celles des deux instances inférieures et est interprétée comme une carte blanche donnée aux Autochtones, maintenant libres de s'adonner sans limite et hors saison à la pêche commerciale non seulement de l'anguille mais également du homard. De violentes confrontations entre pêcheurs autochtones et pêcheurs non autochtones ont lieu[8].

Du point de vue historiographique, l'arrêt Marshall stipule un fait historique discutable, c'est-à-dire le contenu et la signification du traité de 1760. L'interprétation que privilégie la Cour n'est pas sans susciter la désapprobation de Stephen Patterson, historien sur le témoignage duquel le juge Binnie appuie une partie du verdict. Patterson est, selon lui, mal cité par la Cour, et son témoignage est même déformé en vue de refléter l'opinion de la Cour (Isaac, 2001 : 114)[9]. En plus de « tamiser » le passé, comme nous le verrons plus loin, la Cour suprême façonnerait, du fait de ses motifs politiques, le tamis utilisé. Il y aurait ainsi une double instrumentalisation juridique et politique du passé. « What is surprising about the Marshall decision, nous dit Isaac, avocat et spécialiste des questions relatives aux Autochtones, is the extent to which the court was prepared to find a treaty right » (2001 : 113). Il y aurait une véritable volonté politique de la Cour suprême à l'œuvre dans l'affaire Marshall. Cette volonté politique se laisserait entrevoir dans la façon dont la Cour décide d'asseoir la preuve allant dans le sens de son interprétation historique du traité. La Cour stipule en effet que le traité écrit de 1760 ne contient pas tous les termes du traité, dont certains réfèrent à des droits implicites. « These rights, nous dit Isaac, support the meaningful exercise of express rights based on the *sui generis* nature of the Crown's relationship to Aboriginal people » (2001 : 116). Faire la preuve de l'existence de droits implicites requiert un examen du contexte entourant la création du traité. Or, l'examen

---

8. Chose rare, la Cour suprême émit un nouvel arrêt le 17 novembre 1999, dans lequel elle clarifiait sa position : « Les juges rappellent que le gouvernement fédéral conserve le pouvoir de réglementer la pêche autochtone, que ce soit pour assurer la conservation de la ressource ou pour assurer l'équité entre pêcheurs autochtones et non autochtones » (Grammond, 1999 : 108).

9. Pour un bref résumé de la déposition de Patterson, voir Coates (2000 : 43).

de ce contexte n'aurait fourni, dans l'affaire Marshall, aucune preuve évidente de termes non écrits auxquels aurait référé ledit traité :

> *Although a number of decisions [...] have held that ancillary or implied rights exist, they have, with the exception of Marshall, always been based in some manner on the evidentiary record. The majority in Marshall seem to have taken a very broad approach to utilizing the interpretative principles of past decisions in attempting to understand the « intentions » of the parties, even though no evidence was produced to support the affirmation of specific rights* (Isaac, 2001 : 112).

Sébastien Grammond, avocat, reconnaît que bien que l'approche préconisée par le juge Binnie dans l'affaire Marshall, une approche souple visant à pallier le biais colonial des textes écrits, est nécessaire si on veut retrouver l'esprit du traité, « le juge Binnie a dû se livrer à un véritable exercice de *reconstruction* de cette intention originale » (1999 : 109). Reconstruction avec laquelle les juges minoritaires sont en désaccord. Le contexte historique, selon la juge dissidente McLachlin, « ne permet pas de conclure que le traité comportait un droit général de commercer ni un droit de pêche » (Grammond, 1999 : 107).

Notre intention n'est pas ici d'exposer les faits historiques entourant l'écriture du traité de 1760, non plus de trancher dans le sens de l'une ou l'autre interprétation. Nous souhaitons simplement relever l'existence d'un problème réel : la résolution de conflits historiques par la voie judiciaire procède à un tamisage politique du passé[10]. L'usage du passé

---

10. Dupuis nous rappelle que cette volonté politique à l'œuvre dans les décisions de la Cour suprême se laisse percevoir bien avant l'arrêt Marshall. En effet, Dupuis met en lumière le biais politique de la Cour suprême dans l'arrêt Delgamuukw (1997) : « L'arrêt Delgamuukw conforte l'impression que la Cour est déterminée à "renforcer" le processus de négociations qui doit conduire à préciser concrètement la nature et la portée des droits [...] reconnus par la constitution de 1982 » (1999 : 230). Dans un contexte de droit où chaque arrêt fait jurisprudence et est donc amené à être pris en considération dans les arrêts ultérieurs, l'intention politique inscrite au cœur de l'arrêt Delgamuukw

que l'on fait dans le milieu juridique est en quelque sorte un élagage des faits au profit du règlement de conflits présents. Ce qui pose problème, c'est, précisément, le lieu de résurgence où le conflit est géré : le pacte politico-juridique. Ce qui reste du passé prend la forme de décrets politiques et juridiques qu'il est par la suite hasardeux de nuancer, voire de contredire. Ce problème ne manque pas d'attirer l'attention d'un historien d'outremer, Olivier Dumoulin : « Les objets historicisés [dans le contexte judiciaire nord-américain] et mis à distance deviennent des objets marchands nantis d'une valeur probatoire sanctionnée par la victoire en cours de justice, ses conséquences en termes d'avantages matériels, pécuniaires ou symboliques, une rétribution sur le marché en termes d'image par exemple » (2003 : 342). La responsabilité morale de l'historien ne devient-elle pas alors aussi concrète et sujette à procès et à réparation qu'une expertise médicale (Dumoulin, 2003 : 343) ?

La réflexion de Dumoulin s'apparente à celle de l'historien Alain Beaulieu, qui remarque à quel point il peut être néfaste d'enserrer le passé dans le cadre étroit de droits juridiques statiques. « Pour répondre pleinement aux critères juridiques et éviter que l'histoire ne devienne un outil pour nier l'existence de droits, constate Beaulieu, il faut gommer autant que possible les phénomènes de migration et d'amalgame de populations qui auraient pu survenir à la suite de guerres et d'épidémies » (2000 : 543).

En plus du tamisage politique, un tamisage juridique est aussi à l'œuvre. En effet, les droits ancestraux doivent satisfaire aux critères définis dans l'arrêt Van der Peet (1996) : « [Cet arrêt] établit comme critère de définition d'un droit ancestral l'activité qui constitue un élément d'une coutume, d'une pratique ou d'une tradition faisant partie intégrante de la culture distinctive du peuple autochtone... » (Dupuis, 1999 : 187). Par rapport aux droits ancestraux qui sont plutôt définis en termes d'activités, « le titre aborigène est le droit au territoire lui-même » (1999 : 218). Pour prouver l'existence d'un titre aborigène, les

---

donne l'aval à une certaine attitude politique que les juges des arrêts ultérieurs seront appelés à respecter.

Autochtones doivent, selon les critères établis par l'arrêt Delgamuukw (1997), prouver :

1. *l'occupation antérieure à l'affirmation, par la Couronne, de sa souveraineté sur ces terres ;*
2. *la continuité entre l'occupation actuelle et l'occupation antérieure* [...] *;*
3. *l'occupation exclusive de ces terres au moment de l'affirmation de la souveraineté de la Couronne* (Dupuis, 1999 : 218).

Ces critères qui définissent les droits ancestraux et le titre aborigène sont autant de cristallisations de certains aspects de l'histoire des Autochtones. En plus de pouvoir être trompeuse[11], Beaulieu rappelle que cette instrumentalisation de l'histoire fausse le jugement. Selon le « camp » dans lequel on se situe, on pose un regard plus ou moins sévère sur les sources historiques en cause, et les positions défendues adoptent bientôt l'intransigeance de dogmes (2000 : 542-549).

C'est d'ailleurs comme autant de dogmes à contre-courant de l'habituelle attitude du doute méthodique que se présentent les arrêts judiciaires. Bien que Beaulieu s'attarde, pour déplorer ce constat, à l'affaire Sioui (1990)[12], l'affaire Marshall nous semble également illustrer cet état de fait : comme il fut statué que le document historique à l'étude dans l'affaire Sioui était bien un traité et non un simple sauf-conduit, l'arrêt Marshall stipule le contenu d'un traité.

EN FRANCE

François Mitterrand institue par décret, en février 1993, une loi faisant du 16 juillet une journée nationale de commémoration, communément appelée commémoration de la « rafle du Vel'd'Hiv » en souvenir de l'internement de 4 000 Juifs, adultes et enfants, dans un vélodrome d'hiver. Il s'agit de commémorer les persécutions racistes et antisémites commises sous l'autorité de fait, dite gouvernement de

11. C'est la thèse que défend, entre autres, Thomas Flanagan (2002).
12. Au sujet de l'affaire Sioui, voir Denis Vaugeois (1995).

l'État français, entre 1940 et 1944. Dans une importante déclaration, le 16 juillet 1995, Jacques Chirac reconnaît la dette imprescriptible de l'État français envers ceux qui étaient sous sa protection lors de l'Occupation (Wieviorka, 1999 : 161-165). Tout indique qu'en France, la mémoire collective ait procédé, elle aussi, à un tamisage du passé.

Bien que l'historiographie des années de l'Occupation se soit détachée d'une vision judiciaire (fondée sur les sources jurisprudentielles), une autre sorte de discours judiciaire guette la mémoire collective (Rousso, 2000 : 261-280). Celle-ci tend à faire un usage manichéen du passé. Le récit qui colle aux procès des dernières années, dont celui de Papon est peut-être le dernier, tend à stigmatiser, dans la mémoire collective, les « bons » et les « mauvais », les victimes et les bourreaux sanguinaires. D'un point de vue historiographique, on remarque que ce que la commémoration française, par le biais du devoir de mémoire, met en évidence depuis le début des années 1990, ce sont les responsabilités françaises dans la déportation des Juifs, et ce, « au risque même d'oublier, de faire disparaître totalement le fait que la France a été un pays vaincu, occupé, et que si Vichy a été complice, la Solution finale est bien quelque chose qui procède du nazisme » (Wieviorka, 1999 : 162). Éric Conan, Daniel Lindenberg et Henry Rousso s'accordent sur ce point : un discours judiciaire partiel, focalisant essentiellement sur les crimes raciaux perpétrés au nom de Vichy et occultant la complexité des années noires, s'imprègne dans la mémoire collective française (Rousso, 2001 : 472-473 ; Conan et Lindenberg, 1992 : 9). Ainsi, préviennent Conan et Lindenberg, « ce qui a été le plus occulté dans cette histoire complexe risque d'en devenir le sujet unique » (1992 : 9), et ce, au détriment d'une vision historique des choses, plus sereine quoique sans complaisance. Pour sa part, Georges Bensoussan relève un paradoxe que dissimule la fixation sur les crimes raciaux du passé : alors que, écrit-il, les Juifs français ne se sont jamais aussi bien intégrés à la nation, « on voit les éléments souvent les mieux intégrés mettre l'accent, à l'exclusion simpliste de toute autre vision du pays, sur la France antisémite "de Vichy" » (1994 : 93).

Tamisé et dichotomisé par la mémoire collective française, le « passé résiduel », celui qui stigmatise les horreurs, celui contre lequel on s'insurge, ce passé-là doit être vengé, lavé. Il doit lui aussi être *géré*, réparé. C'est à cela que le procès Papon semble avoir servi.

Le 2 avril 1998, la cour d'assises de Bordeaux rend son verdict : Maurice Papon, ancien secrétaire général de Gironde à la tête du service des Affaires juives de 1942 à 1944, est condamné à dix ans d'emprisonnement pour sa complicité dans la déportation de Juifs bordelais entre 1942 et 1944. Tout au long de ce procès de six mois, le parquet général avait réclamé vingt ans d'emprisonnement pour crime contre l'humanité. Les jurés ont-ils émis un jugement à la Salomon ? Il semble que oui, le verdict des dix ans semblant la « plus sage des issues à un procès qui [...] pouvait finir en mascarade, ou en infamie » (Demonpion, 1998a : 49). Le procès porte effectivement le sceau de l'exception : premièrement, l'accusé a « l'incontestable malheur d'avoir survécu » (Dufay, 1998 : 52), ce qui lui vaut non seulement d'être poursuivi, plus de cinquante ans après les faits, pour le seul crime que la loi ne prescrit pas, mais aussi d'être poursuivi à la place d'autres personnes défuntes et potentiellement plus coupables que lui[13]. Que Papon soit plus ou moins fautif, cela importe d'ailleurs peu aux familles des survivants car, résume François Dufay, « il [leur] suffit de tenir enfin un de ces "meurtriers de cabinet", dont la plupart ont échappé à tout châtiment et sont morts couverts d'honneurs » (1998 : 52). Peu avant l'ouverture du procès au déroulement rocambolesque, Dufay envisageait cette saga judiciaire comme le

> *dernier volet de la terrible trilogie judiciaire par laquelle la France a choisi d'exorciser son passé le plus honteux. En 1987, le procès de Klaus Barbie fut celui de l'occupant nazi. Il y a trois ans, Paul Touvier dut répondre des crimes de la Milice. À travers Maurice Papon [...], c'est au tour de l'administration française de se retrouver au banc des accusés, pour sa responsabilité dans le génocide des juifs* (1997 : 51).

---

13. Ce qui fait dire à René Rémond, président de la Fondation nationale des sciences politiques et témoin à titre d'historien au procès Papon, que ce dernier en est un « de substitution. » Le procès aurait dû être celui de René Bousquet, assassiné en 1993 (Demonpion, 1998b : 53).

Maurice Papon, demande Dufay, « ne fait-il pas un coupable parfait » (1997 : 51) ? Ne canalise-t-il pas parfaitement le désir de vengeance des familles éplorées ? Ne permet-il pas en outre à la France de faire amende honorable pour sa participation à l'inhumanité du XXe siècle ? Maurice Papon semble faire office de bouc émissaire, ce qu'illustrent d'ailleurs parfaitement les propos de Jean-Michel Dumay, journaliste au *Monde* : en effet, Papon serait un « accusé-symbole [cristallisant] sur sa personne cette tardive prise de conscience » de la participation française à la Solution finale (1998 : 8).

La voie judiciaire fut donc également empruntée par les Français lorsque vint le temps de juger l'immoralité du passé. Mais elle ne fut pas empruntée de la même façon qu'au Canada. En effet, juger Vichy au travers de Papon, cela reste encore juger un intermédiaire. La faute commise n'est pas attribuée à l'État comme tel, dont la culpabilité rejaillirait ensuite sur tous les citoyens. C'est bien un seul homme qui est jugé. La responsabilité de la faute et sa reconnaissance ne se fait pas par voie de gestion du pacte fondateur. Ici, la jurisprudence française n'imprime pas de façon indélébile une obligation étatique envers les victimes et leurs représentants.

Resurgis en marge du pacte politique parce qu'exclus *par définition* du pacte – tout ce qui est une atteinte aux valeurs de la République *n'est pas* la République –, les douleurs et les doléances issues du souvenir de Vichy chercheront à trouver une reconnaissance, voire une justice compensatoire – Papon fait office de bouc émissaire – en marge du pacte, c'est-à-dire, au sens où nous l'entendons, dans le fouillis aléatoire de la collectivité et par la voie de ses diverses tribunes – dont, on l'aura compris, le système judiciaire fait partie. La résurgence du passé vichyste français semble s'être faite malgré les instances gouvernementales, et même à contre-courant de la volonté politique qui cherchait plutôt à étouffer le souvenir de Vichy. La résurgence est le fruit d'un réveil, d'une forte agitation publique – n'est-ce pas alors à la lumière de la pression exercée par le public et par ce que Vichy en vint à représenter de honte qu'il faut comprendre les excuses de Chirac ?

Cette résurgence en marge du pacte n'en procède pas moins à un usage réducteur du passé, qui stigmatise les bons et les mauvais et qui fait porter le poids de la faute passée à un seul homme. Le passé en vient à épouser le parcours de vie d'un seul homme, aux gestes duquel on amalgame le cours de l'histoire. Mais il y a plus. Même si elle gère son passé vichyste en marge du pacte fondateur, la France n'en procède pas moins d'un exorcisme par la voie judiciaire. Comme au Canada, cette voie est pavée d'écueils à incidence historiographique, dont l'oralité des débats et le statut d'expert à la française ne sont qu'un exemple.

Au procès Papon, l'historien Philippe Burin dut faire face au parquet et aux avocats qui, « soucieux de briller, obsédés par les sous-entendus, les pièges sémantiques et les petites phrases définitives qu'ils essaient d'extorquer à "l'expert" pour pouvoir s'en resservir, [...] plongent souvent ces dépositions dans la confusion » (Conan, 1998 : 64). Selon Marc-Olivier Baruch, cité au procès Papon, même si le témoignage n'est ni un réquisitoire ni une plaidoirie, il n'en demeure pas moins vrai que le mode oral selon lequel il se déroule contribue à l'instrumentalisation de la connaissance historique (1998 : 15). Baruch ajoute que, pour l'historien se situant dans une période génératrice d'une forte demande sociale, « l'instrumentalisation est inévitable » (1998 : 15). En outre, les historiens cités lors du procès Papon l'ont été à titre de témoins et, en tant que tels, ils ont dû jurer de dire la vérité, toute la vérité, rien que la vérité, ce qui est évidemment source d'inconfort pour un professionnel du doute méthodologique (Hartog, 1998)[14].

Dans l'enceinte judiciaire française, le mode oral selon lequel on fait usage du passé accentue l'instrumentalisation du dire de l'historien. Le statut de témoin de ce dernier confond son dire avec celui du récit mémoriel d'un véritable témoin de l'époque. Mais derrière ces écueils découlant de technicalités propres au fonctionnement judiciaire se profile un usage plus sournois du passé. L'historien Yan Thomas souligne à ce titre qu'à leur insu, les historiens cités au procès Papon ont participé à une définition du crime contre l'humanité (1998). Or,

---

14. Le statut d'expert à la française poserait tout de même lui aussi quelques écueils à l'historien appelé à comparaître. À ce sujet, on peut voir Gagnon (2001 : 107-120) et Gaudard (1998 : 37-44).

le contexte entourant le crime contre l'humanité est essentiel à sa définition : « le contexte entre ici dans la définition du crime, l'historien dans la détermination du contexte, la responsabilité collective dans la responsabilité individuelle, le métier d'historien dans l'office du juge » (Thomas, 1998 : 34-35). On retrouve là l'usage collectif du passé vichyste propre à la France : celui d'un mode justicier, de même que celui d'une condensation des ramifications du passé sur un parcours individuel.

Quant à son effet sur le rapport au temps, le crime contre l'humanité, parce qu'il est imprescriptible, s'apparente à la Charte canadienne des droits et libertés en ce qu'il maintient vivant, à proximité, le passé.

QU'EST-CE QUE ÇA CHANGE ? LE RAPPORT AU PASSÉ

On a vu que la résurgence du passé colonial canadien fut reprise par le pacte politico-juridique du Canada. Or, cette reprise et cette gestion du passé par ceux-là même qui définissent, en l'interprétant, le pacte fondateur, semble avaliser le nouveau rapport éthique au passé. La Charte canadienne des droits et libertés « rapatrie » les promesses et les enjeux du passé que traduisent les traités historiques ; elle maintient l'exercice de ces promesses et de ces enjeux, les actualise. La Charte canadienne des droits et libertés pourrait être considérée, dans cette optique, comme la courroie de transmission intergénérationnelle liant les contemporains au respect des promesses de leurs prédécesseurs. Un tel mécanisme sous-jacent au nouveau rapport éthique au passé procède, nous l'avons vu, à un tamisage réducteur du passé. À l'ère du passé resurgi et géré au sein du pacte fondateur canadien, les arrêts de la Cour suprême sont autant de thèses historiques sur lesquelles est apposé le sceau de la justice. En outre, la résolution de conflits à caractère historique au sein du pacte fondateur canadien implique de nombreuses torsions des faits historiques selon les exigences conceptuelles de l'appareil judiciaire.

En 1996, la Commission royale sur les peuples autochtones publie son rapport sur les relations entre Canadiens autochtones et non autochtones et propose des pistes de réconciliation. Deux ans plus tard, le gouvernement canadien répond à l'appel en publiant le document *Rassembler nos forces – Le plan d'action du Canada pour les peuples autochtones*, dans lequel est dévoilée une stratégie visant à pallier les injustices des pensionnats canadiens[15]. Cette stratégie prévoit une Déclaration de réconciliation à l'intention de tous les peuples autochtones, dans laquelle on peut lire :

> *En tant que pays, nous sommes hantés par nos actions passées qui ont mené à l'affaiblissement de l'identité des peuples autochtones, à la disparition de leurs langues et de leurs cultures et à l'interdiction de leurs pratiques spirituelles* (Canada, 1998).

Cette Déclaration est suivie de la création d'un Fonds de guérison de 350 millions de dollars afin de venir en aide aux victimes des sévices perpétrés dans les pensionnats pour Indiens. Neuf rencontres ont lieu en 1998 et 1999 dans lesquelles le gouvernement, les victimes et les représentants des églises impliquées tentent de trouver ensemble des voies de réconciliation. Le 7 juin 2001, le premier ministre Jean Chrétien annonçait la création du Bureau du Canada sur le règlement des questions des pensionnats autochtones. Ce bureau

> *centralisera et canalisera les efforts fédéraux et coordonnera les négociations entre le gouvernement du Canada et les principales Églises au sujet de leur responsabilité partagée. De plus, il examinera la meilleure façon d'en arriver à des règlements judiciaires ou extrajudiciaires et veillera à ce que soient atteints les objectifs du gouvernement en matière de guérison et de réconciliation avec les survivants et leurs communautés* (Canada, 2001).

Bien que la Déclaration de réconciliation, la création du Fonds de guérison et celle du Bureau sur les questions des pensionnats soient autant de voies de réconciliation extrajudiciaires, nous croyons qu'elles s'inscrivent au sein d'une tendance lourde de judiciarisation du

---

15. Pour une histoire des injustices subies par les Autochtones dans les pensionnats qui leur étaient réservés, voir Miller (1996).

politique. Cette tendance fait de la Cour suprême l'*initiateur théorique* de la forme sociale concrète du pacte fondateur. Autrement dit, les arrêts de la Cour suprême, qui donnent sa forme à la Charte canadienne des droits et liberté, agissent comme la conscience de l'État canadien. Ainsi, l'élan politique vient de la Cour suprême.

La Cour suprême *dit* le pacte fondateur, le pacte social. Alors même que le dire de l'historien se révèle aussi être un articulateur du lien social, il nous apparaît pertinent de s'interroger sur les possibles recoupements des connotations morales logées à même les dires de ces deux acteurs sociaux que sont la Cour suprême et l'historien. Il faudra en outre voir si les préoccupations éthiques concernant l'inévitable usage du passé à des fins politiques se refléteront dans les milieux d'enseignement.

En France, la crise nationale est certes bien réelle et elle a des impacts sur le dire historien. Georges Bensoussan remarque :

> *Au temps du désenchantement, en redonnant sens aux identités fragmentées ou perdues, l'Histoire est comme la version ultime du Salut, elle marque le retour d'une transcendance qu'on croyait abolie. [...] Lorsque la mémoire du groupe décline, l'histoire, convoquée à la rescousse, est sommée de ressouder l'unité identitaire de la collectivité* (1994 : 90).

De son côté, Olivier Dumoulin note l'influence commémorative sur l'agenda de l'historien (2003 : 329-330). Mais on peut s'interroger avec lui sur la longévité de la crise : la frénésie commémorative passée, le souci éthique attaché au récit des événements entourant l'Occupation ne préoccupera-t-il plus qu'une poignée de spécialistes ?

En outre, le droit civil français, ponctué de ruptures, semble protéger la République du poids juridique de la responsabilité historique. C'est du moins ce que nous suggère la réponse française faite à la revendication haïtienne de 21 685 135 571 dollars US et 48 cents, remboursement des 90 millions de francs or versés par Haïti à la France entre 1825 et 1885 :

> *[...] la requête haïtienne n'a pas de fondement juridique, sauf à requalifier juridiquement des actes appartenant au passé et*

> *à admettre une inadmissible rétroactivité des lois et normes* (France, 2004 : 13).

Certes la République a une obligation morale envers Haïti (France, 2004 : 15), et ses propositions s'inscrivent dans une logique de coopération tournée vers le futur. Mais en ce qui a trait au passé lui-même, c'est sur le plan mémoriel que la France propose, *après avoir conseillé à Haïti de prendre ses responsabilités*, de panser un tant soit peu le passé ; nous soulignons :

> *Puissions-nous saisir l'occasion de nous rappeler que nous fûmes des esclavagistes, et nous débarrasser du poids que la servitude impose aux maîtres. C'est l'utilité des dates commémoratives...* (France, 2004 : 10).

La République peut donc se *débarrasser* d'une faute antérieure moyennant l'ajout d'une date commémorative à l'agenda public. C'est par la voie publique, et non par la voie d'une refonte du pacte fondateur dont les effets rejailliraient *ensuite* sur la société, qu'il y a instrumentalisation du passé. Le tamis, en France, ne semble pas juridique mais commémoratif. Le passé n'est pas tamisé dans le giron fondateur, mais dans le public. On peut se demander quelle sera la longévité des effets de cette sorte de tamisage sur la collectivité française et sur l'écriture de l'histoire.

La gestion des conflits à caractère historique en marge du pacte fondateur républicain n'empêche pas, comme on l'a vu, un exorcisme par voie judiciaire des fautes passées. Les usages qui sont alors faits du passé dans l'enceinte judiciaire sont eux aussi réducteurs et dichotomisants. Au surplus, le témoignage d'un historien en cours de justice française est semé d'embûches inhérentes au statut de témoin sous lequel l'historien est amené à témoigner. Mais ce qui distingue réellement la résurgence du passé colonial canadien et celle du passé vichyste français, c'est l'aspect collectif, intergénérationnel qu'imprègne le pacte fondateur canadien au nouveau rapport éthique au passé. La résurgence et la gestion « intraconstitutionnelle » modulent le passé selon un usage à incidence permanente : les arrêts sont autant de dogmes politico-juridiques. Les décisions prises au sein du pacte fondateur, dans la sphère constitutionnelle, concernent l'ensemble de la société canadienne.

Privées d'un aspect collectif qui aurait sa source à même le pacte fondateur français, la gestion et la résorption du passé vichyste n'ont pu avoir lieu qu'aux frais d'un bouc émissaire sur qui rejaillit l'ensemble du remords collectif. Au Canada, le remords postcolonial est d'emblée assumé par l'État et rejaillit ensuite sur l'ensemble des citoyens. Certes, la France a créé le 10 septembre 1999 une commission pour l'indemnisation des victimes de spoliations intervenues du fait des législations antisémites en vigueur pendant l'Occupation, mais cette initiative n'a pas « l'aura » moral d'une obligation étatique de respect de valeurs enchâssées dans la loi. En effet, l'aspect moral que l'on retrouve au cœur du pacte fondateur républicain – liberté, égalité, fraternité – est évacué de la raison d'être de la commission qui ne répare que les « préjudices consécutifs aux spoliations de biens matériels et financiers. Les préjudices d'ordre moral ne rentrent pas dans le champ de l'indemnisation » (France, 1999).

À l'heure où les crimes de Vichy ont été mis en lumière et en perspective – dans le monde académique –, la question n'est plus, souligne Henry Rousso, d'affronter le passé, mais bien de l'accepter et de l'assumer, « c'est-à-dire accepter de vivre avec la perte d'une certaine idée de la France et avec l'irréparable des crimes commis par la patrie des droits de l'homme » (2001 : 478). Il ne s'agit plus de « regarder le passé en face », mais de l'intégrer de façon lucide au récit collectif, et plus encore à l'image que l'on désire avoir de l'histoire de son pays (Rousso, 2001 : 478). Il semble que le devoir de mémoire tel qu'on le vit aujourd'hui en France, bien qu'animé d'intentions fort louables, ne soit pas approprié à la métabolisation du passé souhaitée par Rousso. Trop risqué au regard de ses implications pédagogiques, insatisfaisant dans sa façon de rendre hommage aux morts, inauthentique à l'égard du passé, il semble que le devoir de mémoire appelle à un dépassement. Non pas un dépassement au sens d'une *tabula rasa*, mais un dépassement qui, en préservant les acquis positifs des prédécesseurs, soit un réel enrichissement pour le futur.

Au Canada, les arrêts judiciaires peuvent aussi avoir le même effet que le devoir de mémoire français, en ce sens qu'ils cristallisent la mémoire du passé. Au surplus, la gestion judiciaire du « problème autochtone » n'est pas une panacée. Les différents arrêts de la Cour suprême reconnaissent certes en les définissant les droits ancestraux et le titre aborigène, mais elle en prévoit et en autorise aussi les limites. René Boudreault, consultant, négociateur et recherchiste pour divers organismes autochtones, nous rappelle que « l'exercice ou la réalisation d'un droit autochtone peut très bien dépendre de sa conciliation avec ceux de la société canadienne » (2000 : 86). Après avoir retracé le fil des différents arrêts de la Cour suprême qui définissent les droits ancestraux et le titre aborigène, de même que les limites et les atteintes à ces droits, Boudreault conclut qu'une négociation entre l'État et les organismes autochtones vaut mieux qu'une résolution des conflits par la voie judiciaire. En autres écueils, il souligne que les décisions juridiques sont permanentes et impossible à défaire si elles ne font plus l'affaire (2000 : 86).

BIBLIOGRAPHIE

BARKAN, Elazar (2000), *The Guilt of Nations. Restitution and Negociating Historical Injustices,* New York, W.W. Norton.

BARUCH, Marc-Olivier (1998), « Procès Papon : impressions d'audience », *Le Débat,* n° 102 (novembre-décembre), p. 11-16.

BEAULIEU, Alain (2000), « Les pièges de la judiciarisation de l'histoire autochtone », *Revue d'histoire de l'Amérique française,* vol. 53, n° 4 (printemps), p. 541-551.

BENSOUSSAN, Georges, (1994), « Histoire, mémoire et commémoration. Vers une religion civile », *Le Débat,* n° 82, (novembre-décembre), p. 90-97.

BOUDREAULT, René (2000), « Réflexion concernant les droits ancestraux, les limites à ces droits et les voies d'action possibles. Lectures de nature juridique par un négociateur », *Recherches amérindiennes au Québec,* vol. 30, n° 2, p. 83-87.

CANADA (1998), *Résolution des questions des pensionnats indiens Canada Déclaration de réconciliation* [en ligne]. [http://www.irsr-rqpi.gc.ca/francais/reconciliation.html]

CANADA (2001), *Résolution des questions des pensionnats indiens Canada-Le premier ministre annonce la création de la résolution des questions des pensionnats indiens Canada* [en ligne]. [http://www.irsr-rqpi.gc.ca/francais/PMO_annonce.html]

COATES, Ken (2000), *The Marshall Decision and Native Rights. The Marshall Decision and Mi'kmaq Rights in the Maritimes,* Montréal/Kingston, McGill/Queen's University Press.

CONAN, Éric (1998), *Le procès Papon. Un journal d'audience,* Paris, Gallimard.

CONAN, Éric, et Daniel LINDENBERG (1992), « Que faire de Vichy ? », *Esprit,* n° 181 (mai), p. 5-15.

DEMONPION, Denis (1998a), « Procès hors norme. Verdict équivoque », *Le Point,* n° 1333 (4 avril), p. 50-52.

DEMONPION, Denis (1998b), « Interview René Rémond : "Ce procès ne pouvait être que décevant" », *Le Point,* n° 1333 (4 avril), p. 53.

DUFAY, François (1997), « Papon : dix ans », *Le Point,* n° 1305 (20 septembre), p. 49.

285

DUFAY, François (1998), « Faut-il acquitter Papon ? », *Le Point,* n° 1330 (14 mars), p. 50-52.

DUMAY, Jean-Michel (1998), « Un long travail de mémoire et une leçon sur la nature humaine », *Le Monde,* 3 avril, p. 8.

DUMOULIN, Olivier (2003), *Le rôle social de l'historien. De la Chaire au prétoire,* Paris, Albin Michel.

DUPUIS, Renée (1999), *Le statut juridique des peuples autochtones en droit canadien,* Scarborough (Ontario), Carswell.

DUPUIS, Renée (2001), *Quel Canada pour les autochtones ? La fin de l'exclusion,* Montréal, Boréal.

FLANAGAN, Thomas (2002), *Premières nations ? Seconds regards,* Québec, Septentrion.

FRANCE (1999), Commission pour l'indemnisation des victimes de spoliations [en ligne]. [http://www.civs.gouv.fr/fr/commission/commission03.htm]

FRANCE (2004), *Rapport au Ministre des affaires étrangères*, Comité indépendant de réflexion et de propositions sur les relations Franco-Haïtiennes, Paris, Ministère des affaires étrangères [en ligne]. [http://www.ladocumentationfrançaise.fr/brp/notices/04400056.shtml]

GACON, Stéphane (2002), « L'oubli institutionnel », dans Dimitri NICOLAÏDIS (dir.), *Oublier nos crimes. L'amnésie nationale : une spécificité française,* Paris, Éditions Autrement, p. 87-97. (Coll. « Mémoires », 84.)

GAGNON, Rachel (2001), « Clio et Thémis, la place de l'histoire dans le processus judiciaire », *Bulletin d'histoire politique,* vol. 9, n° 2 (printemps), p. 107-120.

GARAPON, Antoine, et Ioannis PAPADOPOULOS (2003), *Juger en Amérique et en France. Culture juridique française et common law,* Paris, Odile Jacob.

GAUDARD, Pierre-Yves (1998), « L'historien et le prétoire », *Le Débat,* n° 102 (novembre-décembre), p. 37-44.

GRAMMOND, Sébastien (1999), « L'arrêt Marshall ou comment reconstruire un traité », *Recherches amérindiennes du Québec,* vol. 29, n° 3, p. 106-109.

HARTOG, François (1998), « L'historien et la conjoncture historiographique », *Le Débat,* n° 102 (novembre-décembre) p. 4-10.

ISAAC, Thomas (2001), *Aboriginal and Treaty Rights in the Maritimes : the Marshall Decision and Beyond,* Saskatoon, Purich Pub.

MILLER, J. R. (1996), *Shingwauk's Vision : a History of Native Residential School,* Toronto, University of Toronto Press.

MILLER, J. R. (2000), *Skyscrapers Hide the Heavens. A History of Indian-White Relations in Canada,* 3e édition, Toronto, University of Toronto Press.

NICOLAÏDIS, Dimitri (2002), « La nation, les crimes et la mémoire », dans Dimitri NICOLAÏDIS (dir.), *Oublier nos crimes. L'amnésie nationale : une spécificité française,* Paris, Éditions Autrement, p. 11-12. (Coll. « Mémoires », 84.)

RÉMILLARD, Gil (2004), « Cour Suprême du Canada », *Historica. L'encyclopédie canadienne,* Fondation Historica du Canada [en ligne]. [http://www. thecanadianencyclopedia.com]

ROUSSO, Henry (1990), *Le syndrome de Vichy, de 1944 à nos jours,* Paris, Éditions du Seuil.

ROUSSO, Henry (2000), « Juger le passé ? Justice et histoire en France », dans Florent BRAYARD (dir.), *Le génocide des Juifs entre procès et histoire 1943-2000,* Bruxelles, Éditions Complexes, p. 261-280. (Coll. « Histoire du Temps Présent », 867.)

ROUSSO, Henry (2001), *Vichy. L'événement, la mémoire, l'histoire,* Paris, Gallimard.

THIBAUD, Paul (1997), « Un temps de mémoire ? », *Le Débat,* n° 96 (septembre-octobre), p. 166-183.

THOMAS, Yan (1998), « La vérité, le temps, le juge et l'historien », *Le Débat,* n° 102 (novembre-décembre), p. 17-36.

THOMPSON, Janna (2002), *Taking Responsability for the Past. Reparation and Historical Justice,* Cambridge (Angleterre), Polity Press.

VAUGEOIS, Denis (1995), *La fin des alliances franco-indiennes. Enquête sur un sauf-conduit de 1760 devenu un traité en 1990,* Montréal/Sillery, Boréal/Septentrion.

WEILL, Nicolas, et Annette WIEVIORKA (1994), « La construction de la mémoire de la Shoah : les cas français et israéliens », *Les Cahiers de la Shoah,* n° 1 [en ligne]. [http://www.antirev.org/textes/cahiersdelashoah/1.html]

WIEVIORKA, Annette (1999), « Le Vel' d'Hiv' : histoire d'une commémoration », dans Christian COQ (dir.), *Travail de mémoire. 1914-1998. Une nécessité dans un siècle de violence,* Paris, Éditions Autrement, p. 161-165. (Coll. « Mémoires », 54.)

MONTFORT, DE L'AFFAIRE À LA CAUSE. UN MOMENT CHARNIÈRE DANS LES STRATÉGIES DE DÉFENSE DES DROITS DES FRANCOPHONES

Marie LeBel
Université de Hearst

Cette réflexion sur l'affaire Montfort s'inscrit dans un contexte où l'on convoque de plus en plus l'histoire dans l'espace politique, médiatique et juridique. Cette sollicitation de la mémoire n'est pas toujours sans interpeller l'analyste sur les motifs qui la sous-tendent.

Ainsi, dans le cas de Montfort, dont nous rappellerons les faits plus avant dans ce texte, nous croyons que les recours au passé faits par les acteurs en présence révèlent un moment charnière dans les stratégies de reconnaissance et de protection des droits des minorités. Deux discours se précisent durant la crise qui suit la décision de la Commission de restructuration des services de santé de l'Ontario (CRSS) de fermer le seul hôpital francophone du Canada à l'ouest du Québec. Ces discours, qui puisent tous les deux au passé du groupe ou du pays, ont des visées différentes : l'éthique de vigilance qui exalte la nécessité d'une lutte sans fin, d'une part, et, d'autre part, une judiciarisation qui ouvre la porte à des acquis permanents. Il est permis de penser que dans un cas, les souvenirs douloureux se transposent constamment dans le présent pour justifier une attitude inquiète, revendicatrice et combative. Dans l'autre cas, l'option nouvelle qui est présentée invite à une compréhension plus objectivante du système social et politique. La référence au passé n'est pas douloureuse ; au contraire, elle suggère la reconnaissance, la légitimation. Elle invite à découvrir l'esprit de conciliation sous-jacent aux textes fondateurs de la Constitution canadienne et légitime tout à la fois le groupe lésé et le système politique canadien. Ce deuxième type de recours au passé ne nie pas les injustices et les maladresses commises. Il convie, dans le présent, à rajuster le tir en fournissant une contextualisation. Ni l'un ni l'autre des recours au passé étudié n'est complètement innocent.

Cela dit, notre étude des événements de Montfort consistera à distinguer les deux discours qui puisent au passé afin de montrer que l'usage de la mémoire peut servir des visées fort différentes. Dans un premier temps, nous rappellerons les faits et les temps forts de la crise. Dans un second temps, nous nous pencherons sur le mouvement immédiat de résistance qui s'organise autour des thèmes puisés dans le passé douloureux de la communauté. Notre analyse, à ce moment, portera sur le discours des acteurs politiques et sociaux. Le traitement médiatique de l'affaire et les discours militants constitueront les principales sources de référence de cette partie. Dans un troisième temps, nous porterons notre attention sur l'argumentation produite dans le cadre juridique. Les mémoires des intervenants sollicités et les jugements de la Cour seront alors étudiés plus particulièrement. Enfin, une dernière partie tentera de montrer comment et à qui le passé servait dans le cas étudié et les perspectives qu'ouvre le cas Montfort. L'ensemble de l'étude puisera aussi aux théories politiques des droits collectifs ainsi qu'aux ouvrages qui se sont intéressés aux usages politiques du passé (Barkan, 2000 ; Benasayag, 2002 ; Minow, 2002 ; Nicolaïdis, 2002).

Nous tenterons de montrer que dans le cas de Montfort, le recours au passé a d'abord permis de susciter la cohésion et la mobilisation de la communauté à la lutte, en rappelant un événement connu qui trouve un écho dans l'inconscient collectif des francophones. Si le discours sur un passé marqué par les injustices est repris et entretenu par ailleurs – notamment dans le quotidien de la capitale canadienne –, nous pensons que c'est en parallèle à l'action judiciaire. La culture juridique et les règles du champ judiciaire remplacent, ou du moins renforcent, l'argumentation victimaire tenue par des groupes ou des individus précis qui en retirent un avantage immédiat – presse, télévision, leaders d'association et autres.

Nous croyons que Montfort constitue un cas particulièrement intéressant à étudier parce que dans cette affaire, les défenseurs de la cause s'éloignent assez rapidement d'un discours victimaire et émotif et optent plutôt pour une défense qui, même si elle puise aussi au passé, repose sur des éléments juridiques et constitutionnels plus légitimes dans l'espace public. Le recours au passé, bien qu'il ne soit pas exclu, ne constitue alors qu'un argument parmi d'autres, mais pas le point central, et son usage sert la légitimation plus que la mobilisation. Les références au passé se veulent moins affectives et davantage rationnelles. Elles ne contribuent pas à montrer le passé comme plein d'erreurs et d'horreur. Cependant, malgré les avantages de la judiciarisation pour les militants de Montfort, notre analyse ne néglige pas de présenter les dangers à moyen ou à long terme d'une stratégie qui fixe les éléments historiques en une version définitive des faits coulée dans l'esprit de la loi. Nous pensons, comme effets collatéraux de la cause, à la légitimation du système canadien et aux possibilités de récupération ultérieures. Par le fait même, l'usage qui est fait du passé n'est pas non plus totalement innocent.

UN RAPPEL DES ÉVÉNEMENTS : DE LA DÉCISION DE FERMER MONTFORT JUSQU'AU RÈGLEMENT JURIDIQUE, 1997-2001

LA DÉCISION DE LA COMMISSION DE RESTRUCTURATION DES SERVICES DE SANTÉ DE L'ONTARIO DE FERMER L'HÔPITAL MONTFORT D'OTTAWA

Ottawa, Ontario, Canada, 24 février 1997 : la Commission de restructuration des services de santé de l'Ontario (CRSS), mandatée par le gouvernement conservateur de Mike Harris, rend publiques les décisions de son groupe de travail. Un des éléments de ce rapport est que l'hôpital Montfort d'Ottawa, le seul hôpital francophone canadien où l'on forme des médecins à l'ouest du Québec, n'a pas de place dans la restructuration proposée.

À l'intérieur du mandat qui lui était dévolu[1], la Commission pouvait fusionner des institutions, en fermer, ou encore en diminuer ou en augmenter les services. Il faut comprendre que les critères d'évaluation qui dirigeaient le travail de la CRSS relevaient essentiellement de l'efficacité administrative et d'une logique de réduction des coûts. Des décisions similaires de la Commission touchent d'autres centres hospitaliers de la province. Il n'est nullement permis d'affirmer que le processus de travail visait à brimer consciemment les droits linguistiques de la minorité francophone provinciale. En réalité, la CRSS ne considérait pas que la question linguistique ait quelque chose à voir avec son mandat, comme en témoigne la suite des événements.

La CRSS avait été constituée par décision de l'Assemblée législative de l'Ontario un an auparavant, en avril 1996. Cette commission, relevant d'un domaine de compétence provinciale, se présentait comme une entité juridique autonome dotée d'un mandat de quatre ans dont elle s'acquittait « en toute indépendance du gouvernement » (Martin, 2002).

LA FORMATION D'UN COMITÉ DE RÉSISTANCE : SOS MONTFORT

Dès son annonce, la décision de fermer l'hôpital Montfort provoque une levée de boucliers chez des élites et des organismes de la communauté francophone ontarienne. L'Association canadienne-française de l'Ontario (ACFO), des regroupements régionaux et des

---

1. En 1996, la Commission de restructuration des services de santé de l'Ontario a été établie pour « restructurer la prestation des services de santé en Ontario. L'article 6 de la *Loi sur les hôpitaux publics* autorisait la Commission à donner l'ordre aux hôpitaux publics de fermer, de fusionner avec d'autres hôpitaux ou de modifier le niveau ou la nature des services de santé. En émettant ses directives, la Commission était tenue de se demander « si l'intérêt public le justifiait », « compte tenu des rapports des conseils régionaux de santé » pour la collectivité en cause » (paragraphes 8-13). Ces informations proviennent du site *Impératif français* [http://www.imperatif-francais.org/archives3/montfortresume.html] (6 avril 2004).

prestataires de soins de santé réagissent immédiatement par le biais de commentaires écrits et de pétitions. L'argumentation initiale insiste sur le statut d'institution d'enseignement de l'hôpital et sur l'importance, pour les francophones, d'obtenir des soins dans leur langue.

L'État provincial et les commissaires ne sont pas indifférents à ces réactions puisque dans le rapport final de la Commission, déposé en août 1997, on reconnaît la nécessité de conserver l'hôpital Montfort et on renonce à la fermeture suggérée en février. Cependant, le rapport implique la réduction de certains services. Pour les dirigeants de l'hôpital, les modifications proposées par la CRSS compromettent le statut d'institution d'enseignement de l'hôpital et sa capacité à maintenir des services hospitaliers complets. Le comité de résistance SOS Montfort, avec à sa tête l'ancienne mairesse de Vanier, Gisèle Lalonde, ainsi que les dirigeants de l'hôpital refusent les recommandations du rapport qui auraient pour effet de transformer le centre hospitalier francophone en centre ambulatoire. La direction de l'hôpital Montfort fait alors une contre-proposition à la CRSS. Faute de réponse, le comité de résistance décide de porter la cause devant les tribunaux. La saga judiciaire commence.

LA JUDICIARISATION DE L'AFFAIRE ET LE RÈGLEMENT FINAL

Le 29 novembre 1999, trois juges de la Cour divisionnaire de l'Ontario[2] déclarent non avenue la décision de la CRSS de modifier les services offerts à Montfort. Le jugement, que nous étudierons plus amplement, repose sur le fait que la CRSS a porté atteinte aux droits constitutionnels de la minorité officielle francophone et il annule toutes les directives de la CRSS. Dans l'arrêt qui est promulgué, on mesure bien combien le jugement est important pour les minorités de langue officielle :

> La Commission n'a pas agi conformément à la loi. Elle a
> contrevenu à l'un des principes structurels fondamentaux

---

2. Les juges de la Cour divisionnaire dans cette affaire sont James Carnwarth, Robert Blair et Michel Charbonneau.

qui sous-tendent la Constitution, notamment la protection des droits de la minorité francophone. De plus, elle a ignoré le rôle de Montfort en tant que véritable institution francophone faisant partie d'une minorité culturelle et linguistique en Ontario. Il était justifié d'écarter les directives et de renvoyer la question de la restructuration des services de santé de Montfort à la Commission pour qu'elle l'examine à nouveau et fasse des recommandations en tenant compte de la présente décision (Lalonde c. Ontario, Commission de Restructuration des Services de Santé, 1999).

Le gouvernement ontarien, placé dans une situation où il doit revoir son projet de restructuration, décide de porter la cause en appel. Il perçoit le jugement de la Cour comme une ingérence dans la gestion des affaires de l'État provincial. Dès lors, la saga se poursuit.

Deux ans plus tard, le 7 décembre 2001, la Cour d'appel de l'Ontario, par la voix des juges Karen Weiler, Robert Sharpe et Paul Rivard, donne raison à Gisèle Lalonde et au groupe SOS Montfort dans la cause qui les opposait au gouvernement de l'Ontario[3]. En se fondant sur le *Renvoi relatif à la sécession du Québec*, le tribunal confirme qu'en fonction des principes non écrits de la Constitution, les minorités linguistiques de langues officielles doivent être protégées.

À la suite de ce jugement, le ministre de la Santé provincial, Tony Clement, annonce que le gouvernement ne poussera pas la cause en Cour suprême. C'est la victoire de Montfort et de son groupe de partisans.

Dans l'étude qui suivra, c'est d'ailleurs essentiellement sur les documents du jugement de la Cour d'appel que portera l'analyse, puisque nous y retrouvons une synthèse de l'argumentation juridique adoptée dans l'affaire Montfort et les implications historiennes et historiques qui y sont liées.

---

3. Le texte intégral de ce jugement se trouve dans le site [http://www.uottawa.ca/associations/ctdj/cases/lalonde.htm] (7 octobre 2003).

Pendant toute la durée de cette saga judiciaire, il est important de mentionner que le comité de résistance SOS Montfort et la presse franco-ontarienne, notamment *Le Droit* – quotidien francophone d'Ottawa – ont adopté une rhétorique particulière, distincte de celle de la cour. Il n'est donc pas vain de brosser un aperçu des activités de la résistance hors cour et de nous pencher sur les axes rhétoriques utilisés.

ORGANISATION DE LA RÉSISTANCE ET USAGES DU PASSÉ, 1997

Le cas étudié s'amorce avec la réaction suscitée dans la communauté francophone ontarienne et canadienne au moment de la décision de la CRSS, en février 1997, de fermer la seule institution hospitalière francophone de la province : l'Hôpital Montfort (Montfort). Jugée injuste par les élites francophones, cette décision mène à la fondation d'un mouvement de résistance : le groupe SOS Montfort. Ce groupe de résistance tente d'établir un plan d'action pour annuler la décision de la CRSS.

LE RAPPEL DE LA CRISE SCOLAIRE ET DU RÈGLEMENT 17 :
LA CONSOLIDATION D'UN MYTHE DE LA RÉSISTANCE

SOS Montfort relève à la fois de la Fondation de l'hôpital Montfort et du conseil d'administration de l'établissement. Dès le départ, les dirigeants de SOS Montfort connaissent bien les « passés disponibles » pour éveiller la communauté. Le Règlement 17 est un de ceux-là. Le groupe associe les événements à des circonstances historiques précises lors desquelles les droits linguistiques de la communauté francophone ont été bafoués : la crise scolaire et le Règlement 17. La stratégie fonctionne, car le fait de lier la décision de la CRSS à un événement symbolique comme la lutte contre le Règlement 17 permet de mobiliser des milliers de Franco-Ontariens lors du ralliement du 22 mars 1997.

Le Règlement 17 promulgué en 1912 interdisait, rappelons-le, l'usage du français dans les écoles ontariennes. La langue maternelle était dévalorisée et devait se cantonner à la sphère privée. Un mouvement de résistance s'était alors mis en branle et le règlement finit par être abrogé en partie en 1927, puis aboli en 1944.

Le Règlement 17 et la constitution d'un mythe de la résistance

« Les principaux éléments de ce règlement [entré en vigueur en 1912] se présentent comme suit : a) à partir de la 3e année, l'anglais est la seule langue d'enseignement et de communication dans les écoles anglo-françaises, qu'elles soient publiques ou séparées [entendez catholiques] ; b) les enfants commencent l'apprentissage en anglais dès leur entrée à l'école ; c) l'enseignement du français est restreint à une heure par jour par salle de classe ; d) l'enseignement du français ne doit jamais remplacer ou nuire à l'enseignement de l'anglais ; e) l'enseignement du français est limité aux écoles où il était permis en 1912. » (Roger Bernard, Louis-Gabriel Bordeleau et Benoît Cazabon, « L'éducation en Ontario français », *Francophonies minoritaires au Canada. L'état des lieux,* sous la direction de Joseph Yvon Thériault, Moncton, Éditions d'Acadie, 1999, p. 443).

C'est le début d'une longue lutte pour la reconnaissance de l'enseignement du français ; une lutte qui, selon l'historien Pierre Savard, « constitue l'événement fondateur de l'identité franco-ontarienne » (« Relations avec le Québec », *Les Franco-Ontariens*, sous la direction de Cornelius J. Jaenen, Ottawa, PUO, 1993, p. 234).

« Après quinze ans de mobilisation et de résistance, [l]e règlement 17 n'est pas officiellement aboli, mais à compter de 1927, le ministère de l'éducation devient plus tolérant et ouvert à l'égard des francophones. [...] Le français reprend lentement sa place dans les écoles bilingues, sans pour autant que soit négligé un apprentissage adéquat de l'anglais ; nous sommes très loin des principes assimilateurs du règlement 17. » (Bernard, Bordeleau et Cazabon, *op. cit.,* p. 444)

(Cité par Robert Yergeau dans Bernard, 2000 : 27).

Le rappel de la lutte franco-ontarienne autour du Règlement 17 au moment de l'annonce de la décision de la CRSS n'est pas innocent. Les élites du mouvement d'opposition à la fermeture du centre hospitalier – SOS Montfort – sentent bien qu'en récupérant ce qui est perçu comme un symbole de la capacité de résistance des francophones en Ontario, ils arriveront à convoquer la communauté. L'argumentation puise alors à la symbolique victimaire d'un peuple qu'on a déjà bafoué dans le passé et qui doit sa survie à lui-même et à son inlassable esprit de résistance.

Ainsi, quand on prend le temps de s'attarder à la rhétorique du groupe de résistance, on se rend compte que les discours comportent une part de préconstruit qui préexiste à la mise en place d'une argumentation à fonction spécifique (Ruel, 1996 : 74). En effet, le discours construit par SOS Montfort ne se résume pas à la somme des mémoires individuelles – la mémoire individuelle aurait tout probablement porté son attention sur la décision administrative prise dans le contexte politique de la « révolution du bon sens » des conservateurs de Mike Harris. On note plutôt que l'argumentation sur le Règlement 17 oriente le regard et qu'elle persuade en puisant à des représentations publiques et hégémoniques communément partagées et produites par les institutions et les acteurs de la communauté.

Le rappel des événements du début du siècle contribue non seulement à mobiliser les masses franco-ontariennes, mais il renforce la légitimité des élites franco-ontariennes en augmentant leur capital symbolique. S'expliquerait ainsi l'attitude que prend le quotidien *Le Droit* aux lendemains de Montfort. La référence au Règlement 17 permet au quotidien de rappeler sa raison d'être puisque sa fondation remonte aux mêmes événements. Plus que cela, le traitement de l'information autour de Montfort, tant du côté du groupe de résistance que du journal *Le Droit*, suggère que l'objectif n'est pas tant « d'atteindre la vérité, mais plutôt de faire triompher la cause qui est juste » (Deevey, 2003 : 89). Il y a là comme un détournement du passé au service du présent qui obscurcit la compréhension objective du présent.

Sans avoir mené une analyse exhaustive du traitement journalistique durant la crise de Montfort, mais en nous référant à l'ouvrage de Deevey, il est permis d'établir que *Le Droit* a privilégié un traitement qui puise au discours victimaire d'un peuple sans cesse bafoué et menacé. La crise de Montfort permet en outre au quotidien d'Ottawa, seul quotidien de langue française en Ontario, de rappeler son caractère indispensable et, pour y arriver, le lien établi entre Montfort et le Règlement 17 apparaît efficace.

Un éditorial de Pierre Bergeron publié dès le 26 février 1997 donne le ton : « *Le Droit* fut fondé le 27 mars 1913 pour lutter contre le Règlement 17 concocté par les forces obscurantistes de l'écrasement et de l'assimilation des francophones de l'Ontario. [… L]eurs héritiers ont essuyé une autre gifle de même nature avec l'annonce de la fermeture de l'hôpital Montfort […] » (Bergeron, 1997c : 18).

Le 23 mars 1997, Pierre Bergeron, traitant de l'engagement du journal *Le Droit*, prétend que : « nous n'avons pas le droit de nous laisser abattre par l'arbitraire et la déraison. Nous n'avons pas le droit de trahir ceux et celles qui, voilà 84 ans, ont fondé, animé et porté à bout de bras ce journal en se donnant une devise prophétique : l'avenir est à ceux qui luttent. Ils ont mené le premier combat ; ils nous regardent aujourd'hui reprendre, toujours debout, le flambeau de leur histoire avec détermination, loyauté et fidélité » (Bergeron, 1997b : A8). *Trahison, arbitraire, déraison, combat, devise prophétique, flambeau, leur histoire* autant de vocables à consonance nostalgique utilisés par l'éditorialiste et qui inscrivent dans la durée le combat à mener ; le devoir de mémoire auquel la collectivité est appelée dans la *loyauté* et la *fidélité*.

Un tel discours, dominant dans la période qui suit l'annonce de la décision de la CRSS jusqu'à la proposition d'une option alternative par cette même commission, relève essentiellement du symbolique et du mythologique. Les références au passé se placent d'ailleurs sur un registre émotif et populiste et ne sont pas le fait d'experts. Les éléments symboliques victimaires se trouvent dans les discours des leaders de SOS Montfort et dans les médias, les uns nourrissant les autres.

Ces vecteurs touchent la population en tablant sur les émotions et non sur les faits. Les différences de contexte entre 1912 et 1997 sont mises de côté. L'important est de susciter la mobilisation de la communauté en lui rappelant qu'elle a déjà trop enduré l'injustice et qu'elle peut vaincre en ralliant ses membres. L'usage du passé est ici essentiellement politique, il sert la communauté certes, mais aussi ses élites. Le centre d'intérêt est déplacé pour servir la cause. Du même coup, la réflexion sur le sujet initial – la restructuration des services de santé – est obnubilée.

Ainsi, lorsque le professeur Gilles Paquet, du Centre d'études en gouvernance de l'Université d'Ottawa, effectue une sortie publique le 24 août 2001 pour souligner, notamment, la désinformation faite par des élites franco-ontariennes et *Le Droit* autour des travaux de la CRSS, les résistants de SOS Montfort sont choqués. Cette réaction ne surprend pas René Bédard qui, le 1er septembre, intervient dans une lettre d'opinion : « Les réactions à l'opinion du professeur Gilles Paquet à propos de l'hôpital Montfort ont été rapides. Il fallait d'ailleurs s'attendre à ce que des "défenseurs" de l'hôpital Montfort s'empressent de monter aux barricades et de crier leur opposition à l'opinion de Gilles Paquet [...]. Mais avant que les réactions de "certains défenseurs" de Montfort ne tombent dans la démesure (cela a d'ailleurs déjà débuté), il serait important de se demander ce qu'illustre et ce que signifie la justification que donne Gilles Paquet à ses opinions » (Bédard, 2001 : 17). Non seulement l'auteur de ces lignes n'est pas surpris qu'il y ait un tollé autour des propos de son collègue, il met en doute l'authenticité des défenseurs de Montfort. Pour lui, les élites ont faussé le débat dès le départ en l'orientant vers des questions autres qu'administratives. Évidemment, cette critique est marginale en Ontario français durant la crise et, même en 2001, il est trop tôt pour que les meneurs du mouvement SOS Montfort acceptent une analyse critique des événements, comme celle formulée par Gilles Paquet.

Si on resitue ces constatations dans la réflexion initiale sur les usages du passé, nous sommes tentée, comme historienne, de nous méfier des risques d'anachronismes, de déformation du passé, de simplification et, comme le dit Roger Chartier, des discours qui « entretiennent avec le passé une dimension affective, militante ou manipulatrice » (2002 : 9). En ce sens, un éditorial du *Droit*, brossant le bilan de l'année 1997 et soulignant la fierté du journal d'être entré dans une bataille, celle de Montfort, « qui nous a fait replonger nos racines dans la francophonie ontarienne » (Bergeron, 1997a : 10), n'est pas sans inquiéter. N'y a-t-il pas là une sorte de jubilation devant l'adversité ? Des propos similaires seront repris dans un cahier spécial du *Droit*, le 27 mars 2003.

L'usage du passé dans un tel contexte sert la communauté en assurant cette dernière d'une place dans la mémoire collective de la majorité ; on peut même l'interpréter comme une prise de contrôle ponctuelle, mais réelle, sur la majorité (Galanter, 2002). En outre, l'insistance sur les éléments douloureux apparaît comme une manière d'entretenir une dette symbolique et jamais réglée. Une dette qu'une collectivité, et surtout les minorités, peuvent rappeler à des moments stratégiques. Comme Tzvetan Todorov, nous croyons que « si l'on parvient à établir de façon convaincante que tel groupe a été victime d'injustice dans le passé, cela lui ouvre dans le présent une ligne de crédit inépuisable » (2000 : 32). Et, bien qu'elle puisse avoir quelque succès, cette « mise en service du passé » a pour conséquence de ralentir le travail de deuil puisque le mal est rappelé et, en quelque sorte, entretenu.

L'usage du passé dans le cadre juridique n'est pas non plus exempt de risques de dérive même s'il est le fait d'experts-témoins. Nous y notons cependant, et surtout dans le cas de Montfort, un souci de substituer la rationalité à l'émotivité. Bien sûr, il n'est pas sans danger de voir les éléments historiques « anesthésiés » et, en quelque sorte, ligotés dans la jurisprudence. Pourtant, nous insistons, les caractéristiques de la rhétorique judiciaire rejoignent quand même davantage celles de l'historien qui considère le passé et la mémoire comme objet d'enquête.

LE RECOURS AUX TRIBUNAUX :
INSTITUTION ET CONSTITUTION

À partir des ajustements apportés par la CRSS, et jugés insuffisants par le mouvement de résistance, ce dernier, sous les conseils de juristes, déplace le combat sur un autre terrain : le judiciaire. En relativement peu de temps, des conseillers du groupe de résistance élaborent un autre type d'argumentation. S'ils puisent eux aussi au passé, ce n'est cependant pas pour mobiliser, mais plutôt pour apporter un éclairage précis sur la question des droits linguistiques.

Notre étude dégage donc deux types d'usage du passé. Le premier, déjà présenté, est plus émotif et vise essentiellement à rallier les forces vives de la communauté en leur rappelant que leur existence est combat et lutte constants. Dans ce discours initial, les experts-témoins n'ont pas été convoqués. La mémoire collective est ravivée par les médias, les responsables politiques, les militants. Les liens faits entre les deux événements sont, après analyse, assez fragiles, mais ils sont indéniablement efficaces. Nous avons là, nous le verrons, un mode discursif qui, situé dans les champs politique et médiatique, justifie et légitime l'action des acteurs politiques et médiatiques. Ce recours au passé par *Le Droit* et par les élites du mouvement de résistance contribue à raviver la mentalité de résistance et de vigilance, mais il provoque aussi une espèce de brouillage sur l'interprétation du présent. En effet, les circonstances de 1997 ne sont pas les mêmes que celles de 1912. Et, de même que les acteurs sociaux et politiques ont changé, de même les stratégies changent elles aussi.

Cela nous conduit au deuxième discours que nous identifions durant la crise qui entoure l'affaire Montfort : le recours à l'histoire pour amorcer une démarche de reconnaissance juridique. L'objectif se situe au-delà du champ politique puisqu'il s'agit d'imposer un champ de savoir préalable à l'exercice du pouvoir. Il inscrit les droits des minorités dans un espace où il est moins question de lutte que d'une expertise, d'une compréhension et d'un usage des règles juridiques et constitutionnelles. L'objectivité et l'analyse se substituent à l'éthique de vigilance qui constitue, pour une bonne part, le bagage des élites qui ont jusque-là été les porte-parole des Canadiens français. « Les sciences sociales complètent l'histoire pour fournir le cadre contextuel pertinent concernant l'interprétation du droit constitutionnel » (Foucher, 2000).

La remarque introductive du jugement de la Cour d'appel de l'Ontario dans le cas *Lalonde* et al. *c. Commission de restructuration des services de santé* est éloquente de l'importance du passé et de l'interprétation historique dans la rhétorique juridique qui a entouré Montfort. Ainsi, nous nous permettons d'en reproduire l'intégralité (les expressions en italique sont notre fait).

> « Pour le meilleur ou pour le pire, la langue a *toujours* préoccupé notre pays. Pour le pire, parce qu'elle a *trop souvent* été la cause de profondes et douloureuses divisions. Pour le meilleur, parce qu'elle s'est avérée *à l'occasion* une source féconde de diversités qui fait l'envie des autres nations. C'est précisément à cause de cette dimension *symbolique*, pivot de notre cohésion nationale, *hier*, aujourd'hui et demain, que nous devons maintenir [...] le pari de la *Confédération*, en veillant à ce que les droits linguistiques soient reconnus clairement et sans équivoque dans notre loi constitutionnelle fondamentale. [...] La question de la dualité linguistique est une préoccupation de vieille date au Canada, un pays dans l'histoire duquel les langues française et anglaise sont solidement enracinées » (2001 [en ligne]).

Les juristes reconnaissent que les communautés linguistiques ont vécu, dans le passé, des traumatismes et des injustices[4]. Toutefois, ils dirigent la réflexion dans une autre orientation, historique aussi, la fondation même du Canada. Les principes sous-jacents à cet État qui rassemble deux communautés linguistiques distinctes porteraient en eux la solution à bien des questions litigieuses – notamment, les limites de l'action gouvernementale quand il est question des droits

---

4. Les injustices passées sont, dans cette rhétorique comme dans celle du groupe de résistance, le point de départ de l'action. On pourra reprocher aux avocats et aux intervenants de diriger le regard vers autre chose que la logique administrative qui sous-tendait les décisions de la Commission. Cela dit, notre étude s'intéresse surtout aux recours au passé et aux choix de passés bien précis. Dans le cas de l'argumentation juridique, l'accent est mis sur les possibilités qu'offre la Constitution canadienne dans l'esprit de sa formulation et les principes non écrits.

des minorités officielles. À l'évidence, les avocats de SOS Montfort – Mᵉ Ronald Caza, Me Pascale Giguère, Me Marc Cousineau – et la plupart des intervenants dans l'affaire – la commissaire aux langues officielles, Dyane Adam, et les juristes Mᵉ Johanne Tremblay et Mᵉ René Cadieux, la Fédération des communautés francophones et acadiennes (FCFA) – sont convaincus que bien saisis et interprétés, ces principes permettent une théorie de la justice concernant les droits collectifs ou, tout au moins, des accommodements satisfaisants. La rhétorique à laquelle ils puiseront éloigne la discussion des questions de logique administrative et resitue le débat sur les droits collectifs des minorités au sein de la Confédération. L'examen de l'argumentation des avocats et des intervenants qui ont défendu la cause Montfort révèle un exercice de la rhétorique qui repose sur une analyse des principes constitutionnels, implicites plus qu'explicites, en fonction du contexte de rédaction. Ce discours, qui puise au passé de la nation, s'adresse surtout aux gouvernants.

Le champ juridique recourt au passé en tentant de resituer l'esprit des lois constitutives du pays en regard de ses minorités de langues officielles. Le débat judiciaire permet, selon Pierre Foucher, de « structurer la discussion dans des cadres formels, de cerner les problèmes, d'y réfléchir posément à partir de preuves sociales et historiques et de principes, et, ainsi de proposer des éléments de solutions » (2000 [en ligne]). Ainsi, pour Ronald Caza, et les juristes qui le secondent dans l'étude du dossier, c'est dans les principes non écrits de la Constitution canadienne et dans l'esprit et le contexte de l'époque qu'il faut chercher les limites de l'action gouvernementale quand les droits des minorités sont concernés. Les juristes n'hésiteront alors pas à solliciter des témoins experts pour éclairer ce que la Constitution canadienne recèle d'avenues.

Se référant au *Renvoi relatif sur la sécession du Québec* (1998), les avocats de Montfort rappellent que quatre principes constitutionnels non écrits sous-tendent l'ordre constitutionnel canadien. Ces quatre principes sont *le fédéralisme, la démocratie, la primauté du droit* – qui inclut le constitutionnalisme – et, enfin, *le respect et la protection des minorités*. C'est ce dernier principe qui doit retenir notre attention puisque dans une cause qui relevait normalement du droit administratif, l'action juridique, dans le cas de Montfort, prend une tournure constitutionnelle et a, par conséquent, des répercussions bien plus larges que prévues.

> « Dans le silence des textes, l'existence des principes invite les tribunaux à transformer ces principes en prémisses d'une thèse constitutionnelle qui amène à combler les vides des dispositions expresses du texte constitutionnel » (*Renvoi relatif à la sécession du Québec*, 1998).

S'inspirant de ce renvoi et ne limitant pas la notion de principes structurels au cas d'une sécession, les avocats de Montfort parviennent à montrer qu'il y a un principe constitutionnel non écrit – le respect et la protection des minorités –, suffisamment puissant pour abroger les décisions d'un groupe de travail dans un domaine de juridiction provinciale.

Un coup d'œil sur le site du Barreau canadien suffit à convaincre des répercussions possibles du cas Montfort : « Dans *Lalonde*, un principe constitutionnel non écrit a été utilisé pour abroger une directive, mais la portée précise de ces principes demeure insaisissable. Il faudra explorer plus à fond la manière d'identifier les "trous" dans les textes constitutionnels » (Morrison et McInnis, 2002 [en ligne]). Il apparaît que les principes non écrits « insufflent », « informent » et décrivent les « contours » de la Constitution canadienne. On imagine alors toutes les possibilités d'interprétation désormais possibles et l'importance d'adjoindre au travail des juristes des équipes de témoins experts – sociologues, historiens, anthropologues, etc.

Pour l'heure, le jugement de la Cour d'appel montre que les juges ne restent pas insensibles à l'argumentation présentée et qu'ils reconnaissent tant la portée des principes non écrits que l'interprétation du contexte de rédaction de la Constitution. « Reléguer ces "principes" au grenier de l'édifice constitutionnel, c'est les condamner à la poussière et à la noirceur » (Cour d'appel de l'Ontario, décembre 2001 : *Lalonde c. Ontario (CRSS)*).

En outre, par le *Renvoi relatif au rapatriement*, les tribunaux et les gouvernements doivent tenir compte que :

> *Des principes constitutionnels sous-jacents peuvent, dans certaines circonstances, donner lieu à des obligations juridiques substantielles* [depuis la Loi de 1982 sur le Canada] *qui posent des limites substantielles à l'action gouvernementale. Ces principes peuvent donner naissance à des obligations très abstraites et générales, ou à des obligations plus spécifiques et précises. Les principes ne sont pas seulement descriptifs ; ils sont aussi investis d'une force normative puissante et lient à la fois les tribunaux et les gouvernements.* (Commissariat aux langues officielles, 2001).

Cette argumentation rejoint le jugement de la Cour divisionnaire de l'Ontario qui déclarait que :

> [*l*]*a CRSS n'avait ni le pouvoir ni la compétence requise pour entreprendre la restructuration des services en français fournis par l'hôpital Montfort.* [...] [*L*]*a Commission avait pour mandat de restructurer les services de soins de santé dans le but de réaliser des économies budgétaires.* [...] *Le mandat du ministre de la santé se limite aux questions de santé.* [La Commission] *n'était pas habilitée à se prononcer sur toute décision qui pouvait toucher l'avenir des services en français à l'hôpital Montfort sans d'abord se référer au ministre délégué aux affaires francophones. Le ministre de la santé le doit tout autant* (Cour d'appel de l'Ontario, *Lalonde c. Ontario (CRSS)* : 7 décembre 2001).

Le 20 novembre 2000, le procureur général du Canada a présenté un mémoire aux juges de la Cour d'appel dans le cas *Lalonde c. Commission de restructuration des services de santé* qui va dans le même sens que ce jugement. Les avocats Alain Préfontaine et Warren J. Newman ont insisté sur l'historicité de la protection des minorités au Canada et, dans ce cadre, de la loi 8 en Ontario. Puisant, entre autres, dans le *Renvoi relatif à la sécession du Québec*, leur rapport rappelle que « la protection des droits des minorités a clairement été un facteur essentiel de l'élaboration de notre structure constitutionnelle même à l'époque de la Confédération ». Ils poursuivent en soulignant le caractère conséquent de la loi provinciale ontarienne (loi sur la prestation des services en français par le gouvernement de l'Ontario) dans l'esprit de la Constitution. Citant le discours en chambre de Bernard Grandmaître du 1er mai 1986, les procureurs suggèrent que le temps n'est plus aux sempiternelles luttes entre groupes linguistiques : « this government believes the era of struggles, confrontation and concession between Ontario's francophone community and the provincial government should be replaced by an era of justice, equality, clarity and understanding » (Cour d'appel de l'Ontario, *Lalonde c. Ontario (CRSS)* : 7 décembre 2001).

L'équipe juridique de la Commissaire aux langues officielles a invoqué, quant à elle, l'article 16 de la Charte canadienne des droits et libertés de 1982. L'article 16 stipule que l'anglais et le français sont les langues officielles du Canada. Insistant sur le principe de l'égalité réelle de ces deux langues, la Commissaire estime que l'Ontario et la CRSS n'ont pas favorisé la progression vers l'égalité réelle puisque la décision de la CRSS de fermer Montfort constitue plutôt une régression.

Le rapport de la commissaire insiste sur trois points précis. Ainsi, dans un premier temps, les directives de la CRSS heurtent le *texte écrit* de l'article 16 dans l'esprit de sa formulation en 1982. Dans un deuxième temps, les directives entrent en conflit avec les principes « d'égalité réelle » et de progression enchâssés dans l'article 16 et avec le principe de « protection des minorités [linguistiques] » – ces deux points impliquant une prise en considération de principes non écrits de la Constitution. Dans un dernier temps, le rapport de la Commissaire, arguant du principe de progression vers l'égalité réelle, suggère qu'un *principe d'encliquetage* devrait être pris en compte. Le principe d'« encliquetage » ou « ratchet » assure qu'une fois obtenue la reconnaissance de droits précis, il n'est pas permis d'aller par la suite en deçà de l'acquis. C'est le principe de progression et non plus de simple maintien qui est central dans cette argumentation. Les dispositions de la Constitution fournissant un plancher, mais non un plafond, on peut penser qu'elles garantissent non seulement la protection des droits, mais la progression vers l'égalité. Il est clair que cette interprétation de l'*esprit de la loi* était audacieuse. L'argument concernant l'article 16 et le principe d'encliquetage ne sont pas retenus par la Cour. Il faut bien comprendre que la Cour y voit une véritable boîte de Pandore, tant pour les législateurs que pour les politiques.

Le mémoire de la Commissaire aux langues officielles exige, on le constate, un retour sur le passé à plusieurs égards. Il invite la Cour à retourner à la genèse de l'article 16 de la Charte canadienne des droits et libertés afin de bien saisir l'esprit dans lequel il a été constitué en 1982. Selon les intervenants, les termes de la formulation suggèrent un principe d'égalité réelle, mais aussi un principe de progression ; ils impliquent « d'examiner la genèse des textes écrits de la Constitution pour ensuite *extraire* l'objectif qui doit animer les principes qui *s'en dégagent* » (Commissariat aux langues officielles, 8 janvier 2001). Encore ici, la contribution de témoins experts est nécessaire. L'intervention de la commissaire n'est cependant pas vaine puisque, s'appuyant sur le témoignage du sociologue franco-ontarien Roger Bernard en Cour divisionnaire, l'argument de la complétude institutionnelle sera retenu par les juges.

L'affidavit présenté par Roger Bernard a fait l'objet d'une édition posthume. Il est donc aisé d'en prendre connaissance. Adoptant une démarche résolument sociologique, Bernard a divisé son mémoire en 27 points qu'il regroupe en cinq thèmes : *Langue, culture et identité* ; *La décision de parler anglais ou français* ; *Des expériences différentes* ; *Bilinguisme et assimilation* ; *Montfort une institution franco-ontarienne*. À notre avis, l'argumentation s'aligne essentiellement autour d'axes linguistiques et institutionnels. En ce sens, il est permis de penser que le recours au passé ne constitue pas un point clé de cette argumentation. Au contraire, hormis quelques références historiques dans l'introduction et la conclusion du mémoire, le discours s'en tient à présenter les conséquences d'une politique de bilinguisme qui ne prendrait pas en compte la nécessité de maintenir et d'assurer le développement (la progression) d'institutions francophones. Bernard rappelle notamment à la Cour la secondarisation de la langue conséquente à un repli de la langue maternelle à la sphère privée, d'où l'importance de préserver, sinon de créer, des espaces et services publics où la langue soit valorisée.

Dans le jugement de la Cour d'appel, les juges présenteront longuement la valeur effective du principe de progression vers l'égalité réelle à la lumière de telles observations. Ils ne rejetteront pas que l'article 16 implique un principe d'encliquetage assurant au jugement une valeur jurisprudentielle importante, ils référeront même à des cas où ce principe a été reconnu – *Katzenbach c. Morgan* (États-Unis, 1966), *New Zealand Maori Council et alii. c. Attorney General of New Zealand* (Nouvelle-Zélande, 1994) –, mais ils ne retiendront pas l'argument d'encliquetage dans le cas de Montfort. On notera enfin que les juges soulignent simultanément qu'il faut éviter d'aller en deçà de ce qui est acquis, soit un réseau d'institutions historiquement constitué et légitime :

> *Nous soumettons que la preuve retenue par la Cour divisionnaire démontre clairement que la situation visée par l'appel n'en est pas une de « ratchet up »,* […]*, mais bien d'une situation qui doit résister au « ratchet down ». Le témoignage en première instance du commissaire Goldbloom* [précédent commissaire aux langues officielles, auquel Dyane Adam succède] *sur l'importance des institutions homogènes pour les communautés minoritaires des langues officielles ne peut que soutenir cette proposition* (Cour d'appel de l'Ontario, *Lalonde c. Ontario (CRSS)* : 7 décembre 2001).

Si l'on résume, la rhétorique juridique dans l'affaire Montfort a largement fait place à une analyse contextuelle et historique pour rejeter la décision de la CRSS. Les intervenants sollicités ont fait appel à des experts – des sociologues, en l'occurrence – pour mesurer l'importance de l'institution en cause. D'autre part, les juges ont aussi effectué une analyse contextuelle afin de dégager, de principes non écrits, l'esprit des dispositions constitutionnelles de 1867. Un cas comme celui de Montfort permet de mesurer « l'élargissement du droit et la contribution inestimable de l'histoire dans l'interprétation de la Constitution [et] l'arrimage du phénomène de la judiciarisation des conflits avec les

grandes questions de la théorie du droit » (Foucher, 2000 [en ligne]).
La dernière partie approfondit ces aspects.

MONTFORT… ET APRÈS ?

La victoire juridique de Montfort permet désormais aux Franco-
Ontariens d'envisager des pressions dans le champ politique par des
voies autres que la mobilisation et l'action des groupes de pression. Le
document envoyé par Gérald Savoie, le 28 mai 2002, à Roy Romanow,
président de la Commission des soins de santé au Canada, en témoigne.
À la lecture de ce document, on peut présumer que certaines élites
franco-ontariennes ont vite assimilé les leçons de Montfort. Ainsi, « le
jugement historique de Montfort plane maintenant […] sur toutes les
politiques, toutes les initiatives, toutes les décisions prises par tous les
gouvernements de notre pays, autant que sur leurs ministères et sur
leurs commissions » (Savoie, 2002 : 3). Si l'on poursuit la lecture de
ce mémoire, on découvre un peu plus loin que les référents au passé
ne sont plus victimaires ou douloureux. Peut-on penser qu'à la suite
de la saga juridique et de ses résultats, les élites de l'Ontario français
auraient refait leurs devoirs d'histoire ?

Citant le jugement de la Cour d'appel *Lalonde et alii. c. Commission
de restructuration des services de santé*, Gérald Savoie précise non pas
les circonstances entourant le Règlement 17 et les vicissitudes passées,
mais plutôt que « [l]es protections accordées aux minorités linguistiques
et religieuses sont un trait essentiel de la Constitution d'origine de 1867,
sans lequel la Confédération ne serait pas née ». Puisant ensuite à un
renvoi de 1932, il rappelle les conditions dans lesquelles les minorités
ont adhéré au pacte confédératif canadien : « il est important de ne
pas perdre de vue que le maintien des droits des minorités était l'une
des conditions auxquelles ces minorités consentaient à entrer dans la
fédération et qu'il constituait la base sur laquelle toute la structure allait
par la suite être érigée » (2002 : 6).

Nous interprétons un tel rapport et les références au passé qu'il
véhicule comme le signe d'un changement de discours sur le passé de la
collectivité. Nous ne pouvons prétendre que ce changement est assimilé

par la majorité, mais, dans ce cas, il apparaît que sans renoncer à la vigilance et aux stratégies de mobilisation habituelles, la judiciarisation offre une protection plus tangible et qu'elle sollicite la responsabilité de chacun dans l'action politique, militante ou juridique. En l'occurrence, les références au cas Montfort par Gérald Savoie suggèrent que « la Commission [CRSS] était obligée par la loi [qui la créait] d'exercer ses pouvoirs conformément à l'intérêt public. Afin de décider ce qui était de l'intérêt public, la Commission était tenue de prendre en considération le principe constitutionnel fondamental du respect et de la protection des minorités » (2002 : 7), et cette réalité est vraie pour toutes décisions administratives qui heurteraient ce principe.

La cause Montfort permet évidemment de se pencher sur la question des droits collectifs au sein d'États-nations dont les fondements puisent au libéralisme. Sur cette question épineuse quand il s'agit de la réparation des torts passés et de l'usage du passé à des fins politiques, nous nous sommes référée aux travaux de Michel Seymour de l'Université de Montréal qui, lui-même, puise aux travaux de Will Kymlicka (1995), John Rawls (1999) et Charles Taylor (1994). Michel Seymour trouve l'affaire Montfort intéressante parce que la résistance de la communauté francophone montre un « vouloir-vivre » collectif. Dans cette perspective, on se rend compte que l'élément fondamental est la prise de conscience par une communauté qu'il s'agit désormais de consolider, ce qui permet de vivre individuellement à l'intérieur d'une communauté sociétale. Penser, après Montfort, qu'il y a prise de conscience par l'ensemble de la communauté est peut-être exagéré. Ce qui est certain, c'est que la rhétorique tenue durant les événements passe d'un registre victimaire et affectif à un registre plus rationnel de légitimation des droits d'une minorité de langue officielle par la judiciarisation.

Autrement dit, c'est avec une identité institutionnelle précise que les collectivités se présentent sur la place publique. Ainsi, pour le philosophe montréalais, la défense de droits collectifs, comme dans le cas de Montfort, n'empiète pas forcément sur les sacro-saints droits individuels dans la mesure où ils en sont plutôt une « adjonction ». En outre, et c'est la clé de voûte selon nous de son argumentation, il est possible d'arriver à une forme acceptable de théorie de la justice dans le cas des droits collectifs si on restreint ces droits aux cultures sociétales.

Le recours au juridique par les minorités lésées n'est cependant pas sans soulever d'inquiétudes. Charles Taylor, notamment, s'est penché sur cet aspect et il dénonce certains effets pervers des solutions judiciaires. Ainsi, il affirme que « les jugements concernant les droits sont conçus de plus en plus comme des absolus. […] La tendance à confier les solutions au système judiciaire, après que les débats aient été polarisés par les campagnes des groupes de pression, abolit pratiquement toute possibilité de compromis. » Un tel mode de fonctionnement risque alors d'entraîner un système déséquilibré, qui reproduit et renforce la fragmentation sociale. Ce système est alors « mû par un esprit de confrontation qui incite le citoyen à faire valoir ses droits, quelles qu'en soient les conséquences pour la collectivité » (Taylor, 1992 : 147-149).

La réflexion de Charles Taylor est on ne peut plus pertinente ; on y entrevoit que le recours au judiciaire se justifie si ne se confondent pas l'intérêt que porte une communauté linguistique à l'égard du maintien de sa culture et de sa langue et les motivations d'un groupe d'intérêt d'abord soucieux de préserver des privilèges. Dans le cas de Montfort, en l'occurrence, le recours au juridique a montré, à notre avis, que les Franco-Ontariens pouvaient être perçus autrement que comme un groupe d'intérêt. La démarche entreprise en justice tendrait plutôt à confirmer que la communauté peut se définir désormais comme détentrice d'une culture sociétale dont l'existence est conditionnelle au maintien et à la progression des biens institutionnels historiquement acquis.

Une culture sociétale ?

« Les seuls groupes sociaux qui sont susceptibles d'être des sujets de droits collectifs sont les groupes linguistiques, culturels et nationaux. […] On peut les décrire comme des cultures sociétales plus ou moins complètes, c'est-à-dire

---

311

> comme des populations dotées d'un ensemble plus ou moins grand de biens institutionnels. [...] La plupart du temps, il s'agit de minorités "historiques", c'est-à-dire de minorités qui sont à l'origine de certaines des institutions fondamentales de la société et à l'égard desquelles on peut présumer qu'il existe une volonté de survivre à long terme. Cette présomption à l'effet qu'un tel vouloir-vivre collectif caractérise les minorités nationales les distingue des minorités issues de l'immigration est renforcée par le fait que ces minorités sont à proximité d'une majorité nationale voisine. Ces minorités veulent réclamer un ensemble beaucoup plus important de biens institutionnels tels que des écoles, collèges, universités et hôpitaux [...]. Elles veulent avoir le droit de se doter librement de telles institutions et de les gérer elles-mêmes. Elles peuvent même réclamer le droit de faire financer publiquement certaines de ces institutions. Un bel exemple est celui de la minorité franco-ontarienne ou de la minorité anglo-québécoise. Ces minorités ont, au Canada, besoin d'institutions pour assurer leur pérennité » (Seymour, 2001 : 7).

Nous croyons que c'est exactement ce que montrait Roger Bernard dans l'affidavit présenté à la Cour divisionnaire de l'Ontario. L'insistance avec laquelle le sociologue met de l'avant la notion de complétude institutionnelle nécessaire à la survie et à l'épanouissement de la communauté franco-ontarienne s'inscrit dans une tendance qui croit qu'en reconnaissant des communautés institutionnelles, le respect des droits collectifs entre moins en conflit avec les droits individuels.

La Constitution canadienne porte d'ailleurs en elle, dans des principes non écrits, cette possibilité de reconnaissance. L'ensemble de la rhétorique juridique de Montfort montre que les droits des minorités de langue officielle sont protégés dans le système constitutionnel canadien, le recours au passé contribue ici à légitimer à la fois le groupe et le système politique.

*
* *

Les questions que pose l'affaire Montfort sont nombreuses et les angles sous lesquels nous pouvions choisir d'aborder le sujet dans la perspective des usages politiques du passé l'étaient aussi. En effet, il a été question d'injustices passées d'abord, de stratégies de mobilisation, de désir de reconnaissance ensuite, de légitimation du respect des droits d'une minorité, de judiciarisation du politique, des possibilités de récupération par des groupes d'intérêts, des rhétoriques adoptées selon les buts visés et, enfin, du caractère exemplaire de l'affaire.

Au début de l'étude, nous pensions confirmer que les défenseurs de Montfort avaient essentiellement appuyé leur argumentation sur des éléments victimaires tirés du passé – ce qui aurait été conforme aux stratégies habituelles des élites traditionnelles favorisant l'appel aux sentiments et à la tradition, les voies informelles et le lobbying. Or, nos recherches montrent que c'est plutôt une judiciarisation de l'affaire qui s'est produite et que, contre toute attente, la rhétorique affective de mobilisation a été rapidement remplacée par une rhétorique de légitimation par les voies légales.

Les experts convoqués, même s'ils liaient les événements à des revers passés ou s'ils puisaient dans l'ancrage historique de l'institution, envisageaient surtout l'affaire d'une manière froide, calculée, maîtrisée, professionnelle, oserions-nous dire. Nous avons vu, dans un premier temps, que le discours tenu tisse des liens avec le Règlement 17 parce que les souvenirs douloureux liés à cet événement constituaient une stratégie de mobilisation de la communauté. Ce recours au passé est émotif et puise à une rhétorique qui joue sur les sentiments d'une communauté que l'on montre condamnée à la lutte et au combat. La vigilance ne doit pas cesser. Les tenants de ce discours sont surtout des élites politiques ou des militants de la cause francophone dont le discours est depuis longtemps hégémonique. La plupart occupent des postes dans les médias ou la vie publique – domaines du service publique, système scolaire, politique municipale, etc. Sans les taxer d'opportunisme, nous pensons que la crise de Montfort permet tout de même aux élites traditionnelles de rappeler leur nécessité.

La partie de l'étude qui s'est penchée sur la rhétorique plus juridique de l'affaire a aussi montré une récupération du passé. Le but en est cependant autre dans la mesure où l'usage du passé qui est fait s'éloigne des éléments victimaires ou simplement douloureux. Les données historiques amenées en cour rappellent plutôt l'esprit qui aurait initié la fondation du pays. Nous avons bien constaté que l'on ne gomme pas les erreurs passées qui ont pu être commises. Cependant, il est permis d'interpréter le contexte historique comme éclairant le présent et invitant à inscrire les droits des minorités pour de bon. En un sens, la rhétorique juridique, avec ses emprunts au passé, est un pas en avant qui met entre parenthèses la lutte constante. Qui permet de penser que l'on n'a peut-être pas toujours à se battre. Que l'on n'a pas à montrer sans cesse ses cicatrices pour être écouté.

C'est un tout autre fonctionnement discursif qui est proposé ici. Les tenants de cette approche judiciaire, de cette utilisation plus objective du passé sont surtout des juristes, des commissaires, des experts témoins, des sociologues, en l'occurrence. Le discours est plus ou moins repris dans le champ politique et médiatique parce que nous croyons qu'il compromet, jusqu'à un certain point, le rôle que se sont attribué les élites traditionnelles. Nous estimons que le recours au passé dans le contexte juridique qui a entouré l'affaire Montfort, plutôt que de brouiller l'interprétation du présent par un discours douloureux et inquiétant, contribue à fournir des avenues nouvelles pour la protection et les droits des minorités. Il reste évidemment à mesurer les conséquences à moyen et à long terme de la jurisprudence issue de Montfort. Nous devons en ce sens admettre que l'on n'a pas résolu la tentation de diriger le regard vers ce qui convient davantage à la minorité. Pas plus que ne sont épuisées toutes les possibilités d'interprétation des principes non écrits qui peuvent, à terme, devenir extrêmement problématiques. Enfin, les discours des experts sollicités, bien que rationnels et objectivants, sont récupérés et détournés pour servir une cause précise, et leur mise à jour, leur critique et la contre-argumentation à laquelle ils pourraient être soumis dans le champ scientifique sont évacuées.

BIBLIOGRAPHIE

BARKAN, Elazar (2000), *The Guilt of Nations, Restitution and Negociating Historical Injustices*, Baltimore, Johns Hopkins University Press.

BÉDARD, René (2001), « Aux défenseurs de l'hôpital Montfort », *Le Droit*, 1er septembre, p. 17.

BENASAYAG, Miguel (2002), « À qui profite le crime ? », dans Dimitri NICOLAÏDIS (dir.), *Oublier nos crimes*, Paris, Autrement, p. 218-227. (Coll. « Mémoires ».)

BERGERON, Pierre (1997a), « La confiance enfin retrouvée », *Le Droit*, 31 décembre, p. 10.

BERGERON, Pierre (1997b), « SOS Montfort, Debout ! », *Le Droit*, 23 mars, p. A8.

BERGERON, Pierre (1997c), « La gifle », *Le Droit*, 26 février, p. 18.

BERGERON, Pierre (2003), « Il était grand temps », *Le Droit*, 7 août, p. 12.

BERNARD, Roger (2000), *À la défense de Montfort*, Ottawa, Le Nordir.

CHARTIER, Roger (2002), « Le passé au présent », *Le Débat, histoire, politique et société*, n° 122 (novembre-décembre), p. 4-11.

CHOQUETTE, Robert (1980), *Langue et religion. Histoire des conflits anglo-français en Ontario*, 2e édition, Ottawa, Éditions de l'Université d'Ottawa.

COMMISSAIRE AUX LANGUES OFFICIELLES (2002), *Les langues officielles du Canada : notre passé, notre avenir*, Allocution prononcée par Dyane Adam au Colloque sur l'application des droits linguistiques au Canada devant la Faculté de droit de l'Université de Moncton, Moncton, le 15 février [en ligne]. [www.ocol-clo.gc.ca/archives/sp_al/2002/2002-02-15_f.htm] (10 novembre 2002)

COMMISSARIAT AUX LANGUES OFFICIELLES (2002), *Droits linguistiques, 2001-2002*. [http://www.ocol-clo.gc.ca/archives/lr_dl/2001-2002/2001_fw-ap_f.htm] (15 octobre 2003)

COMMISSARIAT AUX LANGUES OFFICIELLES (2002), Mémoire de la Commissaire aux langues officielles à la Cour supérieure de justice de l'Ontario–Cour divisionnaire, 4 décembre, *Tremblay et al. c. The Corporation of the Town of Lakeshore* [en ligne]. [http://www.ocol.clo.gc.ca/archives/interventions/2003-05-06_f.htm] (6 mai 2003)

COMMISSARIAT AUX LANGUES OFFICIELLES (2001), Mémoire de la Commissaire aux langues officielles à la Cour d'appel de l'Ontario, 8 janvier, *Commission de restructuration des services de santé (Ontario) c. Lalonde et al.* [en ligne]. [http://www.ocol.clo.gc.ca/] (7 octobre 2003)

Cour d'appel de l'Ontario, 7 décembre 2001. Lalonde et al. c. Commission de restructuration des services de santé [répertorié : *Lalonde c. Ontario (Commission de restructuration des services de santé]* [en ligne]. [http://www.uottawa.ca/associations/ctdj/cases/lalonde.htm] (7 octobre 2003)

DEEVEY, Roxanne (2003), *Montfort et Le Droit : même combat ?*, Ottawa, Le Nordir.

DUBÉ, Marco (2001), *De Mahé à Summerside. Quinze réflexions sur l'évolution de l'Ontario français de 1990 à 2000*, Ottawa, Le Nordir.

DUFOUR, Frédérick-Guillaume (2001), *Patriotisme constitutionnel et nationalisme. Sur Jürgen Habermas*, Montréal, Liber.

FOUCHER, Pierre (2000) « Les droits scolaires des minorités linguistiques : le système judiciaire et le système scolaire », dans *Actes du colloque sur la recherche en éducation en milieu francophone minoritaire : Bilan et prospectives*, Moncton, novembre, Association canadienne d'éducation de langue française [en ligne]. [http://www.acelf.ca/publi/crde/articles/o4-foucher.html] (15 octobre 2003)

GAFFIELD, Chad (1993), *Aux origines de l'identité franco-ontarienne. Éducation, culture et économie*, Ottawa, Presses de l'Université d'Ottawa.

GALANTER, Marc (2002), « Righting old wrongs », dans Martha MINOW, *Breaking the Cycles of Hatred*, Princeton, Princeton University Press, p. 107-131.

GAUTHIER, Michel (2003), « Toujours la même mission », *Le Droit*, 27 mars, p. 3.

GINGRAS, François-Pierre (1998), *De Montfort à Queenspark : Le rôle des politiciens franco-ontariens dans l'affaire Montfort*, communication préparée pour le colloque de la recherche sur la francophonie canadienne et acadienne dans le cadre du Congrès de l'ACFAS, Québec, 14 mai 1998 [en ligne]. [http://aix1.uottawa.ca/~fgingras/polcan/ontario-francos.html] (7 octobre 2003)

GRATTON, Denis (2003a), « À la défense de l'âme du village », *Le Droit*, 5 juin, p. 8.

GRATTON, Denis (2003b), « Gisèle Lalonde honorée pour SOS Montfort », *Le Droit*, 20 janvier, p. 2.

JEWSIEWICKI, Bogumil, et Jocelyn LÉTOURNEAU (1996), *L'histoire en partage, Usages et mises en discours du passé*, Paris, L'Harmattan.

JÉZÉQUEL, Myriam (2002), « La justice à l'épreuve des revendications minoritaires », *Le journal du Barreau*, vol. 34, n° 18 (1er novembre) [en ligne]. [http://www.barreau.qc.ca/journal/frameset.asp?article=/journal/vo34/no18/regards.html] (7 octobre 2003).

KYMLICKA, Will (1995), *Multiculturalism Citizenship*, Oxford/New York, Oxford University Press.

LALONDE, Gisèle (2000), « SOS Montfort ! Sachez tous que Montfort et notre lutte sont devenus un symbole de notre identité », extraits de l'allocution de Madame Gisèle Lalonde, présidente de SOS Montfort à la conférence de presse du 7 novembre 2000 à la Maison Ludger-Duvernay, *SSJBM Bulletin*, décembre, p. 4 [en ligne]. [http://www.ssjb.combo-11/bulletin-dec.pdf] (7 octobre 2003).

LALONDE, Gisèle (2003), « *Le Droit*, de tous les combats franco-ontariens », Allocution présentée par Gisèle Lalonde à l'occasion du 90e anniversaire du quotidien *Le Droit*, célébré le 22 septembre 2003 aux Archives nationales et reproduite dans *Le Droit*, mardi 30 septembre 2003, p. 17.

MARTEL, Marcel (1997), *Imaginaire national et diaspora : le cas des Franco-Ontariens et l'hôpital Montfort*, texte inédit.

MARTEL, Marcel (2005), « Usage du passé et mémoire collective franco-ontarienne : le souvenir du Règlement 17 dans la bataille pour sauver l'hôpital Montfort », *Mens, Revue d'histoire intellectuelle de l'Amérique française*, automne (vol. VI, n° 1), p. 69-94.

MARTIN, Véronique (2002) « Francophonie et santé – Concepts et méthodes – Initiative de recherche collaborative interfacultaire », Volet II, *Document de travail – Cadre d'analyse pour les politiques de santé : l'Ontario français*, mai [en ligne]. [www.circem.uottawa.ca/rech_f.asp] (28 octobre 2003).

MINOW, Martha (2002), *Breaking the Cycles of Hatred. Memory, Law and Repair*, Princeton, Princeton University Press.

MORRISON, Harvey L., et McInnes COOPER (2002), « Jurisprudence : Lalonde c. Commission de restructuration des services de santé » [en ligne]. [www.abc.cba.org] (15 octobre 2003).

NICOLAÏDIS, Dimitri (2002), *Oublier nos crimes*, Paris, Autrement, Collection Mémoires.

PAQUETTE-LEGAULT, Dianne (2003), « Deux luttes épiques ont marqué l'histoire du *Droit* : Du règlement 17 à SOS Montfort », *Le Droit*, Cahier spécial, 27 mars, p. 18.

PRÉFONTAINE, Alain, et Warren J. NEWMAN (2000) Mémoire du procureur général du Canada, intervenant devant la Cour d'appel de l'Ontario, *Lalonde et alii. c. Commission de restructuration des services de santé*, le 20 novembre [en ligne]. [http://Canada.justice.gc.ca/fr/news/nr/2000/doc_25748html] (20 octobre 2003).

PROCUREUR GÉNÉRAL DU CANADA (2000), *Mémoire du procureur général du Canada*, intervenant devant la Cour d'appel de l'Ontario, Lalonde c. Commission de restructuration des services de santé, 20 novembre [en ligne]. [http://Canada.justice.gc.ca/fr/news/nr/2000/doc_25748.html] (20 octobre 2003).

RAWLS, John (1999), *The Law of Peoples*, Cambridge, Harvard University Press.

RUEL, Jacynthe (1996), « Rhétorique et mémoire », dans Bogumil JEWSIEWICKI et Jocelyn LÉTOURNEAU, *L'histoire en partage, Usages et mises en discours du passé*, Paris, L'Harmattan, p. 71-101.

SAVOIE, Gérald (2002), *Mémoire présenté à la Commission sur l'avenir des soins de santé au Canada*, Ottawa, 28 mai, 8 p. [en ligne]. [www.healthcoalition.ca/F-montfort.pdf] (20 octobre 2003).

SEYMOUR, Michel (2001), « Qui a peur des droits collectifs ? », dans José WOERLHING (dir.), *La protection internationale des minorités linguistiques*, numéro thématique de la revue *Terminogramme*, Office de la langue française, Québec, Les Publications du Québec, n°s 95-96, hiver, p. 37-60 [en ligne]. [www.philo.umontreal.ca/prof/michel.seymour.html] (15 octobre 2003).

TAYLOR, Charles (1992), *Grandeur et misère de la modernité*, Montréal, Bellarmin.

TAYLOR, Charles (1994), « La politique de la reconnaissance », *Multiculturalisme*, Paris, Aubier, p. 41-99.

TURCOTTE, Claude (2001), « Dossier explosif : la bataille de Montfort reprend », *Le Devoir*, 14 mai [en ligne]. [http://ledevoir.com/ott/2001b/mont140501.html] (7 octobre 2003).

NOTICES BIOBIBLIOGRAPHIQUES

Amélie BOLDUC a terminé des études en histoire à l'Université Laval, et s'est particulièrement intéressée aux mouvements d'extrême droite de l'Europe contemporaine. Elle a publié entre autres sur le discours anti-européen du Front National au moment du Traité de Maastricht, article qui est paru dans *Artefact* en 2006. Elle travaille aujourd'hui comme recherchiste dans le monde des communications.

Professeur d'histoire de l'Europe contemporaine à l'Université de Moncton, Joceline CHABOT s'intéresse aux questions méthodologiques liées à la biographie et aux témoignages en histoire. En 2003, elle a publié aux Presses Universitaires de Lyon un livre intitulé *Les débuts du syndicalisme féminin chrétien en France, 1899-1944*. Membre du groupe de recherche sur les récits de survivance à l'Université Laval, elle poursuit ses travaux sur le récit du génocide arménien. Avec Richard Godin, elle a rédigé un article sur «Les deux temps du récit du génocide arménien dans la presse québécoise : survivre, témoigner et commémorer» à paraître en 2007 dans un ouvrage collectif aux Presses de l'Université Laval.

Hélène CHARRON est rattachée à l'Université de Montréal et à l'École des hautes études en sciences sociales à Paris. Elle s'est intéressée comme historienne aux représentations des rapports sociaux de sexe dans le savoir sociologique français du tournant du XXe siècle. Ses recherches en sociologie portent sur l'insertion des intellectuelles dans les sciences sociales françaises au début du XXe siècle. Elle a également réalisé, pour la Chaire d'étude Claire-Bonenfant sur la condition des femmes, une étude portant sur les jeunes femmes de la région de la Capitale-Nationale.

Julie DESMARAIS a acquis une formation aux cycles supérieurs en histoire à l'Université Laval. Ses études portent sur l'analyse des représentations contemporaines (1942-2005) des femmes tondues en France lors de la

Deuxième Guerre mondiale. Ses intérêts se concentrent sur l'histoire sociale et politique de la première moitié du XXᵉ siècle au Canada et en Europe. Elle travaille présentement dans le domaine de la communication de l'histoire pour l'Agence Parcs Canada.

Ayant une formation multidisciplinaire en philosophie et en histoire, Patricia-Anne De Vriendt s'est penchée notamment sur la judiciarisation de l'histoire française, plus particulièrement sur le parcours mémoriel français d'après la Deuxième guerre mondiale. Cette recherche lui a permis d'approfondir la question de l'éthique historienne à l'heure où les témoignages, les appels à la barre et les mémoires blessées éprouvent l'historien dans sa quête d'objectivité. Elle est actuellement en congé de maternité et se consacre à l'écriture d'un premier roman.

Professeur associé au département des littératures de l'Université Laval, Richard Godin se spécialise en anthropologie des médias et s'intéresse plus particulièrement à l'usage du rituel comme mode d'expression politique dans l'espace public. Il a publié plusieurs articles à cet égard au cours des dernières années, dont « La soirée électorale à la télévision : un mode récent de légitimation du pouvoir » (in *Bulletin d'histoire politique*, vol. 14, nº 1, 2005). Membre fondateur du Groupe de recherche sur les récits de survivance (GRERÉS) à l'Université Laval, il dirige actuellement, avec Christiane Kègle, un ouvrage collectif à paraître en 2007 aux Presses de l'Université Laval sous le titre : *Les récits de survivance. Modalités génériques et structures d'adaptation au réel*. Par ailleurs, il s'intéresse au récit médiatique du génocide arménien. Il est coauteur avec l'historienne Joceline Chabot d'un article portant sur « Les deux temps du récit du génocide arménien dans la presse québécoise : survivre, témoigner et commémorer » (ouvrage collectif à paraître en 2007 aux Presses de l'Université Laval).

Marie LeBel est professeur d'histoire contemporaine à l'Université de Hearst. Les recherches qu'elle mène sur les intellectuels et les créateurs franco-ontariens s'inscrivent dans le domaine de l'histoire intellectuelle. C'est à travers les écrits et les idéologies véhiculées en Ontario français depuis 1970 qu'elle cerne la contribution des intellectuels à la formulation d'un discours identitaire dans et pour leur communauté d'appartenance. Parmi ces travaux, on soulignera une étude produite sur Fernand Dorais qui révèle une figure marquante de l'horizon culturel et intellectuel du Nouvel-Ontario. Marie LeBel collabore également à de nombreuses revues notamment *Liaison, la revue des arts en Ontario français* et *Mens, Revue d'histoire intellectuelle de l'Amérique française.*

Professeur au département d'histoire de l'Université Laval, Martin PÂQUET œuvre en anthropologie historique et s'intéresse aux diverses manifestations de la culture politique au Québec et au Canada modernes. Ses travaux sur l'immigration et les politiques étatiques l'ont amené à étudier aussi l'influence de la pensée scientifique dans la prise de décision politique. Parmi ses publications, mentionnons *Tracer les marges de la Cité. Étranger, Immigrant et État au Québec, 1627-1981* (Montréal, Boréal, 2005); *Vers un ministère québécois de l'Immigration, 1945-1968* (Ottawa, Société historique du Canada, 1997) ; avec Jean Morency, Hélène Destrempes et Denise Merkle (dir.), *Des cultures en contact : visions de l'Amérique du Nord francophone* (Québec, Nota bene, 2005) ; avec Yves Frenette et Jean Lamarre (dir.), *Les parcours de l'histoire. Hommage à Yves Roby* (Québec, Presses de l'Université Laval, 2002) ; avec Andrée Courtemanche (dir.), *Prendre la route. L'expérience migratoire en Europe et en Amérique du Nord du XIVe au XXe siècle* (Hull, Vents d'ouest, 2001).

Mathieu PONTBRIAND est un historien du Québec contemporain. Ses travaux actuels portent sur l'histoire des libéralismes québécois au tournant du XXe siècle, avec un intérêt plus particulier pour la pensée libérale du premier ministre Lomer Gouin

Stéphane SAVARD étudie la culture politique et les questions identitaires se rattachant au Québec et à la francophonie canadienne. Il s'est intéressé aux transformations de l'ordre symbolique canadien, entre 1968 et 1984, et à ses conséquences identitaires sur les Franco-Ontariens. Ses recherches actuelles se concentrent sur le rôle d'Hydro-Québec comme lieu-carrefour des représentations identitaires du Québec entre 1944 et aujourd'hui. Il co-dirige un numéro de la revue électronique *Conserveries mémorielles* portant sur l'importance des images dans les (re)formulations de la mémoire collective et dans la (re)construction de nouveaux référents identitaires.

Révision : Julie Bérubé
Copiste : Aude Tousignant
Composition et infographie : Compomagny
Coordination de l'édition : Isabelle Tousignant
Conception graphique : Caron et Gosselin, communication graphique

Diffusion pour le Canada : Gallimard ltée
3700A, boulevard Saint-Laurent, Montréal (Qc), H2X 2V4
Téléphone : (514) 499-0072 Télécopieur : (514) 499-0851
Distribution : Socadis

Diffusion pour la France et la Belgique :
DNM (Distribution du Nouveau-Monde)
30, rue Gay-Lussac, 75005, Paris
France
site : http://www.librairieduquebec.fr
Téléphone : (33.1) 43.54.49.02 Télécopieur : (33.1) 43.54.39.15

Éditions Nota bene
1230, boul. René-Lévesque Ouest
Québec (Qc), G1S 1W2
mél : nbe@videotron.ca
site : http://www.notabene.ca

ACHEVÉ D'IMPRIMER
CHEZ MARQUIS IMPRIMEUR INC.
CAP-SAINT-IGNACE (QUÉBEC)
EN NOVEMBRE 2006
POUR LE COMPTE DES ÉDITIONS NOTA BENE

Ce livre est imprimé sur du papier enviro blanc 100 % recyclé.

Dépôt légal, 4ᵉ trimestre 2006
Bibliothèque nationale du Québec